역사를 다시 쓴
10가지 발견

Ten Discoveries That Rewrote History

역사를 다시 쓴
10가지 발견

인류의 역사를 바꾼
위대한 고고학적 발견들

패트릭 헌트 지음 ― 김형근 옮김

오늘의책

서문

　고고학자들에게 우리가 알고 있는 역사를 '다시 쓰게 한' 고고학적 발견이나 사건 가운데 가장 흥미롭고 중요한 것을 꼽으라면 무엇을 꼽을까? 먼저, 바로 떠오르는 투탕카멘의 묘, 마추픽추, 로제타스톤, 트로이, 폼페이 그리고 사해문서 등을 꼽을 것이다. 그리고 다소 덜 유명한 그리스 에게해의 티라섬(산토리니섬), 중국의 만리장성, 아슈르바니팔 왕의 아시리아 왕족 도서관, 리키 가족의 올두바이 협곡과 아프리카 대열곡대에서의 발굴 작업 등을 꼽을 것이다. 이 모두 18세기 중반부터 20세기 말 사이에 이루어진 인류 역사상 가장 중요하고도 훌륭한 고고학적 발견들이다.

　이 발견들 가운데 몇몇은 우연히 발견됐다. 예를 들어 폼페이, 로제타스톤, 사해문서 등이 그렇다. 몇몇 발견은 아마추어들이 오랜 기간 연구하고 발굴을 시작하긴 했지만 결국은 전문적인 고고학자들이 작업에 참여했다. 투탕카멘의 무덤, 티라섬의 아크로티리, 니네베, 올두바이 협곡과 마추픽추 등은 몇 년 동안의 지속적인 노력 끝에 찾은 발견들이다. 물론 논쟁의 여지가 없진 않지만 하인리히 슐리만(Heinrich Schliemann,

1822~1890)의 일기 및 후기를 그대로 받아들인다면 트로이 발견 또한 후자에 해당한다. 여러 발견들 가운데 일부는 고고학이 제대로 확립되기 전 보물찾기가 결정적으로 작용해 발굴이라기보다 도굴된 것이다. 그럼에도 불구하고 고고학적 철학 및 방법적인 측면에서 당시 발굴 작업은 지난 몇 세기 동안 현장 모델로써 반영됐다. 폼페이와 트로이 모두 이 경우에 해당되며 현재도 연구가 지속적으로 이루어지고 있다. 만리장성을 포함한 다른 큰 발견들은 근래에 이루어졌으며 불과 지난 몇십 년 사이 발굴된 것들이다. 때로는 정치나 관광산업이 고고학적 연구에 끼어들기도 한다. 그러나 그 결과 고고학적 발굴과 유물에 대한 관심이 높아지고 이러한 문화역사적 자원을 보호해야 한다고 많은 사람들이 생각한다면 이는 숨겨진 인류 역사에 대한 지속적인 발견을 위해 좋은 것일 수도 있다.

이 책은 18세기 이후 서서히 발전해온 고고학에서 의도적이거나 우연히 발견한 것 가운데 10가지를 살펴볼 것이다. 각각의 발견들이 이루어진 당시의 시대적 상황과 정치 및 철학적 경향을 간략하게 설명하며 현재와의 연관성을 살펴볼 것이다. 비록 고고학이 1750년 이후 대대적인 변화를 겪었지만 이전 세대의 일을 지금의 관점과 가치로 다시 평가하고 해석할 수 있는지는 의문이다. 역사에 대해 이해하고 기술하는 것 또한 고고학 및 물질적 문화의 새로운 발견에 따라 상당히 변화해왔다. 또한 이 책은 각각의 발견들이 이후 발견에 있어서 어떻게 역사의 관점 및 현장 연구를 변화시켰는지에 대해서도 깊이 있게 설명하고 있다. 고고학적 발견들 가운데 어떤 것이 가장 중요한 발견이었는지에 대해 다음 세대 학자들은 동의하지 않을 수 있다. 하지만 이 책에서 소개

하는 10개의 발견들이 고고학자는 물론 고대 역사 및 발견이나 탐험을 좋아하는 사람들에게 영원히 돋보일 것은 분명하다.

이 10가지 위대한 발견들이 이루어진 정확한 시기는 다소 논란이 있다. 몇몇은 한 세기 혹은 그전에 이루어진 것이고 다른 것들은 그에 관한 기록이라고는 발견된 뒤 다수의 각기 다른 기억 혹은 관찰에 의해 정해진 것들과 한 사람이 기록한 일기도 모순이 되기도 한다. 비록 이 발견들이 과도하게 소설화한 것이 아님에도 상세한 정보들은 여전히 추측에 의존할 수밖에 없다. 그래서 개인적이지만 가장 신뢰할 만한 구체적인 발견설들을 합쳤다. 이 발견들을 재구성하는 과정에서 나오는 이 책의 결점과 오류는 전적으로 저자인 나의 책임이다. 사무엘 존슨 (Samuel Johnson, 1709~1784)의 말을 빌리자면 책은 우리가 역사에서 아는 것을 모두 기록하고 있다고 한다. 이 말에 대해 전적으로 존중하지만 제대로 된 고고학자라면 이에 반대할 것이다. 이는 땅에서 발굴되는 인공적인 유물이 문서보다 더 많은 것을 알려주기 때문이다. 물질의 역사는 최소한 기록의 역사만큼 중요한 것이다. 종종 기록적 발견의 기반이 되기도 한다. 그렇기 때문에 고고학과 이를 통한 발견들은 우리의 과거를 이해하는 데 있어서 없어서는 안 될 것이다. 고고학적 문헌들이 불충분하거나 존재하지 않을 때 역사를 다시 쓸 수 있게 하는 것이 바로 고고학이다.

차
례

REWROTE HISTORY

고대 이집트의
비밀을 풀어준 열쇠

1799년, 이집트 나일강 삼각주

1799년 이집트를 정복하려는 나폴레옹(Napoléon I, 1769~1821)의 야망으로 이집트 사막엔 군사들이 나일강에는 배들로 가득 차게 만들었다. 강렬한 태양이 내뿜는 열기는 유유히 흐르는 나일강 하구에서 이집트 일꾼들을 감독하는 프랑스군 장교의 목덜미를 땀으로 흠뻑 젖게 했다. 이전엔 맑았지만 지금은 흙탕물이 된 나일강은 아프리카 깊은 열대에서 시작해 급류를 타고 빠르게 빠져나온 뒤 모래와 돌뿐인 생명이 살지 않는 사막을 지나 마지막에 삼각주를 지나며 느려져 지중해에 이른다. 프랑스 기술자들은 나일강 하구에 있는 오래된 항구 서쪽 기슭에 위치한 생줄리엥 요새를 방어할 진지 구축에 매달리고 있었다. 요새를 더 넓히기 위해 주변에 있는 오래된 벽들을 부쉈다. 프랑스군은 이미 이집트와 여러 번 전투를 치렀기 때문에 그들과 싸우기 위해서는 군사력을 공고히 할 필요가 있었다. 그리고 영국이 이집트를 자신의 손에 넣고 싶어 한다는 첩보가 있었기에 이 요새가 돌발적인 영국의 공격을 막는데 도움이 되길 바랐다.

현재 영국의 영국박물관(대영박물관)에 소장돼 있는 로제타스톤. 같은 내용이 세 가지 언어 즉, 고대 그리스어와 이집트 민중문자 그리고 상형문자로 기록돼 있어 해독이 가능했던 고대 그리스어를 토대로 상형문자를 해독해낼 수 있었다.

프랑스군 공병장교 피에르 부샤르(Pierre-François Bouchard, 1772~1832)는 진지를 구축하는 작업을 감독하고 있었다. 그는 오랫동안 방치돼 있던 벽을 부수기 위해 일꾼들에게 육중한 돌덩이 사이에 갈라진 틈을 찾으라는 명령을 내렸다. 그들이 끙끙거리며 갈라진 틈을 잡아당겼을 때 벽이 허물어지면서 암석 판 하나가 밖으로 떨어졌다. 부샤르는 1미터 정도 길이에 30센티미터 두께에 평평한 면이 먼지 속에 뉘어져 있는 큰 돌덩이를 바라봤다. 그 돌덩이의 한 귀퉁이는 사각으로 되어 있고 나머지 모서리는 부서져 있었다. 자욱한 먼지가 가라앉자 그 돌덩이는 곧바로 그의 눈을 사로잡았다. 평평한 면에 정교하게 새긴 문자들이 빼곡한 것을 보고 놀라움을 금치 못했다. 그는 일꾼들에게 작업을 멈추라고 지시했다. 그리고 돌덩이로 가까이 가서 자세히 보았다. 밝은 태양 아래서 그가 본 돌덩이는 그의 호기심을 완전히 사로잡았다. 자세히 본 그는 너무나 놀라고 도저히 믿겨지지 않았다. 고대 이집트의 다른 수많은 유물과 달리 이 돌에는 세 가지의 서로 다른 고대 문자가 새겨져 있었다. 그는 이집트 상형문자를 알아볼 정도로 이집트에 오래 있었다. 그러나 이 돌에는 그가 모르는 언어로 된 문구가 맨 위에 있고 그다음엔 생소한 그리스 문자 그리고 맨 아래에는 A, E, N, H로 보이는 철자들 같이 좀더 쉽게 알아볼 수 있는 글자들이 있는 친숙한 고전적인 문자들로 이어져 있었다.

부샤르는 자신이 발견한 것이 고대 이집트 언어를 해독할 수 있는 가장 중요한 실마리라는 것을 몰랐으나 호기심이 많았다. 그는 자신의 예감에 따라 행동했다. 그는 일꾼들에게 그 돌덩이를 잘 보관하라고 한 뒤 상관에게 알렸다. 그는 압둘라 자쿠스 메노우(Abdallah-Jacques Menou,

1750~1810) 장군을 찾아 보고했다. 이 돌덩이는 로제타스톤이라는 이름으로 불리며 세계에서 유래 없는 가장 흥미로운 주인공이 됐다.

로제타스톤의 발견 소식은 프랑스인들 사이에 들불처럼 번졌다. 이 소식은 곧 영국에도 전해졌고 그뒤 문자 해독을 함께하게 된다. 처음엔 역사학자와 고고학자 그리고 문자를 해독할 수 있는 이집트학자들 가운데 어느 누구도 로제타스톤의 중요성을 알아보지 못했다. 1820년대 초에야 문자를 해독해 고대 이집트의 언어와 문자의 비밀의 문이 열렸다. 만약 로제타스톤이 발견되지 않고 문자 해독이 없었다면 고대 이집트의 역사는 잃어버린 과거로 남아 있었을 것이다. 또한 로제타스톤은 당시 알려진 언어와 알려지지 않은 언어가 섞인 세 가지 문자로 되어 있어 역사상 가장 중요한 문서가 됐다. 이렇게 고대 역사를 드러내는 중대한 모든 암시에도 불구하고 당시엔 그저 평범한 사건으로 다뤘다. 이 발견과 이에 대한 반응은 당시 이집트에 진군해 있던 영국을 자극했다. 앙숙이던 프랑스와 영국은 이집트에서 여러 해에 걸쳐 경쟁을 벌이고 있었다. 로제타스톤의 문자를 해독하기 위한 학문적 경쟁도 치열했다. 결국 이 비석을 둘러싸고 쟁탈전으로 번지기까지 했다. 흥미로운 것은 비문의 해독을 둘러싸고 벌인 19세기 가장 중요한 천재 라이벌의 이야기다.

과연 로제타스톤이 발견되지 않았다면 고대를 연구하는 역사가들은 무엇을 할 수 있을까? 기원전 196년 세워진 이 비석이 발견될 당시에는 어느 누구도 이것에 대해 몰랐다. 그러나 이 비석은 그 어떤 것보다 세상을 크게 변화시켰다. 비문이 세 가지 언어로 새겨져 있었기 때문에 거의 2000년 동안 잊혀져 있던 고대 이집트를 이해할 수 있는 실마리를 줬다. 로제타스톤이 발견된 지 20여 년이 흐른 뒤 영국의 천재 물리학자 토머스 영(Thomas Young, 1773~1829)과 프랑스의 재기 넘치는 젊은 학자 장 프랑수아 샹폴리옹(Jean-François Champollion, 1790~1832)이 그 비문을 해독해냈다. 로제타스톤은 우리가 알고 있던 과거에 대한 지식에 일대 변혁을 일으켰다.

로제타스톤이라고 불린 까닭은

1799년 이 비석이 발견된 나일강 어귀의 삼각주 지역의 이름을 따 '로제타(Rosetta)'로 불리게 됐다. 나일강 삼각주는 프랑스군이 생줄리엥 요새를 건설하고 있던 엘 라시드라는 도시와 가까웠다. 넓고 유유히 흐르는 나일강은 지중해로 흘러나가기 전 이곳 근처의 삼각주에서 여러 개의 물줄기로 나뉜다. 특히 서쪽으로 난 물줄기는 수세기 동안 로제타 지류로 불렸다. 로제타스톤이라는 이름은 현대 역사에서 굳어졌다. 이 비석이 발견된 곳은 원래 있던 자리가 아니었다. 그리고 과거 언젠가 깨져서 완전한 모습이 아니다. 그 크기는 114.4센티미터 높이에 너비가 72.3센티미터로 원래 크기의 3분의 2 정도 된다. 이 비석은 본래 프톨레마이오스 왕조의 석비 위에 있던 것으로 둥글게 돌아가면서 왕조의 관례들이 담겨 있었다. 세워놓는 작은 기념비로 무덤의 묘비처럼 생겼으나 단지 아주 조금 더 크다. 로제타스톤의 상형문자 문구 맨 마지막 줄에서도 그 예가 보인다. 그러나 남아 있는 비문만으로도 여전히 우리가 알던 고대 역사를 바꾸기에 충분하다. 로제타스톤의 비문은 29행이었을 것이라고 추측하지만 단지 14행만 남아 있는 상형문자와 귀족들이 사용하는 고급스러운 상형문자와 달리 민중들이 사용한 전체 32행의 민중문자와 54행의 그리스어 이렇게 세 가지 문자로 되어 있다.

로제타스톤은 언제 만들어졌나

로제타스톤은 프톨레마이오스 왕조의 프톨레마이오스 5세(Ptolemaios V, 기원전 204~기원전 181)가 이집트를 통치하던 기원전 196년으로 거슬러 올라간다. 이집트인이기보다 그리스인에 가까운 프톨레마이오스 5세는 고대의 다른 지역들과 함께 이집트를 정복한 위대한 알렉산드로스(Alexandros, 기원전 356~기원전 323) 대왕이 남긴 유산과 관련이 있다. 프톨레마이오스 왕조를 세운 프톨레마이오스 1세(Ptolemaios I, 기원전 367~기원전 283)는 알렉산드로스 대왕이 총애하는 부하 장군으로 같은 마케도니아 사람이었다. 기원전 323년 알렉산드로스 대왕이 병으로 죽자 지중해 세계는 그처럼 강력하진 않지만 여전히 막강한 후계자들에게 분할되었다. 이집트는 프톨레마이오스 1세가 재빨리 차지했다. 프톨레마이오스 1세는 알렉산드로스 대왕의 석관을 탈취해 그리스로 향하는 길목에 안치할 정도였다. 그는 사회를 통합하고자 한 알렉산드로스의 세계주의 이상을 가장 잘 드러낼 수 있는 새로운 도시 알렉산드리아를 정치적으로 활용했다. 자신의 지배를 합법화하고 이집트 국민의 안정과 통합을 꾀하기 위해 알렉산드리아에 알렉산드로스 사원을 지었다. 이집트 국민과의 관계를 개선하기 위해 석관을 전시한 것은 교묘하면서도 성공적이었다. 많은 사람들이 알렉산드로스 대왕을 신으로 추앙하고 있었으며 그가 죽은 뒤에는 반신이라고 믿었기 때문이다.

알렉산드리아는 이집트인과 그리스인, 마케도니아인, 아프리카인, 셈족 아시아인 그리고 국제적인 분위기에 매료된 사람들이 한데 뒤섞여 활기가 넘치는 도시였다. 이들 가운데 그리스인들은 몇 세기 동안이나 이집트 특히, 나일강 삼각주 지역에서 그리스식의 그래피티(벽이나 기둥에 긁어서 그려 넣은 그림-옮긴이)를 직접 그리기도 하고 오래된 기념물이나 무덤에 있는 그래피티를 거래하며 살았다. 이집트 내의 첫 그리스 식민지는 알렉산더로스 대왕이 등장하기 약 4세기 전에 건립된 나우크라티스였다. 그러나 이 새로운 도시 알렉산드리아는 단순한 정복의 징표가 아니었다. 이 도시는 훗날 알렉산드로스가 바라던 동서양의 융합이라는 이상을 실현한 헬레니즘 문화와 아주 밀접한 곳이 됐다. 알렉산드로스 대왕은 동방 정벌을 위해 병사들을 지휘하느라 알렉산드리아에 머무를 시간이 없었다. 그러나 이 도시에 많은 투자를 했다. 그는 이곳을 어떤 방법으로든 서로 다른 문화들을 통합해 세계를 융합하는 장소로 만들고자 했다. 희게 빛나는 대리석 열주들이 늘어선 넓은 도로와 연못을 만드는 등 알렉산드리아는 예술적으로 대성공이라 할 수 있는 여러 가지 건물과 시설들이 들어섰다. 세계 최고의 도서관인 알렉산드리아 도서관이 지어지고 고대 이집트와 그리스의 여러 신 그리고 그에 대한 제례 의식의 요소들이 기묘하게 혼합된 종교를 받는 사원들이 세워졌다. 프톨레마이오스 정복자들을 포함해 도시의 반은 그리스 사람들이었기 때문에 그리스어는 구어와 문어 모두 필수적인 언어가 됐다.

이집트와 그리스라는 두 문화의 공존으로 고대 이집트 사제들은 그리스 문화를 그들의 종교체계로 흡수시키거나 전통적인 모습들이 줄어들게 됐다. 그러나 사제들은 살아남는 것을 택했고 그들의 지시를 받는 서기들은 그리스 문자와 거의 몇 천 년이 된 전통적 상형문자와 함께 속기와 필기체로 된 민간용 문자를 같이 사용했다. 두 언어를 공용으로 사용한 것이다. 사제와 서기들은 고대 이집트 상형문자에 혁명을 일으킬 정도였다. 로제타스톤의 상형문자 역시 이전의 문자들을 모아 쓴 것이다. 그러나 표의문자, 표음문자, 리부스(rebus, 표현하고자 하는 단어나 어구의 소리와 비슷한 이름을 가진 물체를 그려 그 단어나 음절을 상징적으로 나타내는 것-옮긴이)적인 요소들이 불가사의하게 조합돼 뒤범벅되는 대신 그리스 문자와 같이 하나하나 발음할 수 있도록 상형문자들이 좀더 음을 갖도록 만들었다.

세 가지 언어

로제타스톤의 비문의 구체적인 내용보다 그것이 세 가지 언어로 쓰여 있다는 것이 더 중요하다. 이는 이집트와 그리스 문화가 섞여 있어 서기들과 몇몇 지역의 기록하는 사람들은 여러 행사들에 대한 내용이나 법령들을 여러 언어들로 기록해야만 했다. 예를 들자면, 로제타스톤에 여러 언어로 새겨 이집트와 그리스 사원의 사제들이 쉽게 읽을 수 있도록 했다는 것이다. 우리는 로제타스톤의 비문 내용이 다른 어디에도 없는 유일한 원문인지 다른 것의 사본인지 모른다. 우리는 비문의 상형문자는 그리스어를 번역한 것이라는 것을 알고 있다. 당황스러운 것은 이 비석에 새겨진 비문의 내용이 너무나도 평범하다는 것이다. 여기까지가 로제타스톤에 대한 배경이다. 또한 로제타스톤은 오늘날까지도 상형문자의 비밀을 풀어줄 실마리가 되는 유물 가운데 충분히 상세한 내용이 있고 세 가지 언어로 된 유일한 것이기도 하다.

로제타스톤의 비문 내용은 멤피스 칙령(Memphis Decree)이라 불리는 정말 평범한 내용의 글로써 곡물 저장고와 농장들뿐만 아니라 왕실에 대한 숭배를 확립하기 위한 세부 사항이다. 이 칙령은 열여섯이라는 어린 나이에 왕위에 오른 프톨레마이오스 5세의 왕권을 확립하고 공고히 하기 위해 만들어진 것이다. 그래서 이집트 사제들은 그들의 힘을 프톨레마이오스 5세에게 공식적으로 실어준 당시의 칙령을 로제타스톤에 기록한 것이다. 이 비석이 부서지기 전 온전한 모습일 때는 높이가 약 149센티미터였을 것으로 보이며 기원전 196년 3월 27일이라는 날짜가 기록된 전통적인 비문 형식이다. 이 칙령은 혼란과 동요가 일던 시기에 왕을 공식적으로 지원하는 역할을 했다. 국왕에 대한 숭배와 충성의 대가로 사제들은 세금을 면제받는 혜택을 누렸으며 또한 왕의 총애도 받았다. 그래서 로제타스톤에 세 가지 언어로 새긴 것이 정치적인 동기를 지녔다고 볼 수 있는 것이다.

알려진 언어와 알려지지 않은 언어

로제타스톤이 역사상 가장 중요한 자료가 된 것은 알려진 언어와 알려지지 않은 언어를 같이 사용한 점이다. 고대 문자를 해독하는데 있어서 관련된 고대 문헌 자료가 없고 오늘날 쓰지 않는 '죽은' 언어일 때 아주 힘든 작업이다. 예를 들자면, 크레타섬에서 발견한 기원전 약 1700년 무렵 크레타 문명을 대표하는 선형 A문자(Linear A)는 비교하거나 참고할 만한 문헌 자료가 없기 때문에 여전히 매우 불확실하며 정확히

로제타스톤의 탁본. 로제타스톤을 통해 고대 이집트 문자를 해독할 수 있게 됐고 그것으로 고대 이집트에 관한 우리의 지식을 넓힐 수 있었다. 이집트 상형문자를 해독할 수 있게 되면서 잊혀진 고대 이집트 역사가 되살아 난 것이다.

풀리지 않고 있다. 20세기 초반에 발견된 크레타의 유명한 점토판이 파이스토스 원판(Phaistos Disc) 역시 마찬가지다. 이 점토판에 새겨진 문자의 의미에 관한 논쟁은 계속되고 있으며 아직 풀리지 않은 상태이다. 이 뿐만이 아니다. 이보다 훨씬 뒤에 발견된 서기 300~800년 무렵에 사용한 것으로 추정되는 고대 마야 문자들이 초칠(Tzotzil)과 끼체(Quiche) 같은 방언에 오늘날까지도 그 흔적이 있음에도 불구하고 마야 문명의 상형문자도 그 의미가 완전하게 밝혀지지 않고 있다. 그러나 현대 이집트에서 고대 그리스어와 고대 이집트어가 혼합된 콥트어 문자는 그 경우가 다르다. 현대 콥트어에서 예전 이집트어의 흔적이 없어지는 데 시간이 더 오래 걸리고 그 잔해들을 찾아내는 일은 예전 이집트어를 재구성하는 언어학자들을 돕기에 충분하지 않지만 수천 년 동안 존재해왔다.

로제타스톤은 이른바 사장된 언어들의 조합으로 더욱 돋보인다. '사장됐으나 잊혀지진 않은' 즉, 해독이 가능한 후기 프톨레마이오스 왕조의 그리스어 어형을 포함하고 있다. 이미 사장되고 잊혀진 문자인 고대 이집트 상형문자를 해독할 수 있는 실마리를 다른 언어들이 제공하는 것이다. 로제타스톤에 같은 내용을 이집트 상형문자, 민중문자, 고대 그리스 문자로 새겼기 때문에 고대 이집트 문자를 해독할 수 있었던 것이다.

고대 이집트 문자의 비밀을 열다

로제타스톤을 통해 고대 이집트 문자를 해독할 수 있게 된 것은 고대 역사에 관한 우리의 지식을 넓히는 데 큰 도움이 되고 있다. 고대 이집트의 예술과 비석들만이 아니다. 이집트 고유의 역사를 비롯해 법·종교·문학·과학·의학·기술 등과 그들 고유의 언어로 된 문화의 다양한 면을 이해할 수 있다. 유적과 유물을 통해 예술적 형상을 볼 수 있고 그 형상과 함께 그들의 문자를 읽고 이해할 수 있는 것이다. 외적인 구조와 건축물만 보는 것이 아니다. 그들이 기록해놓은 것을 통해 얼마나 많은 노동자와 농부 그리고 군인과 가축이 동원됐는지 알 수 있다. 어떤 건축물을 만드는데 동원된 총 노동력을 헤아릴 수 있는 것이다. 그리고 얼마나 많은 양의 돌을 생산해 건축에 이용했으며 곡식을 얼마나 수확했는지 밝혀낼 수 있다. 세금 정보나 재고량과 그 외 다른 행정적이며 경제적인 자료들은 우리에게 날짜, 통치 방식, 다른 민족들과의 교류 그리고 여러 문화적 행사들이 어떻게 열렸는지에 대해 알려준다. 이렇게 고대 이집트를 이해할 수 있는 것은 거의 2000년 만인 1822년 상형문자들을 해독해 그 비밀들이 밝혀지기 전까지만 해도 불가능했다. 이렇게 잊혀졌던 역사적인 자료들은 영과 샹폴리옹이 로제타스톤을 통해 고대 이집트 문자를 해독하기 전까지는 수수께끼였다. 즉 고대 문명의 발상지이며 유구한 역사를 간직한 이집트의 고대 문화가 1822년 이후 그전에는 상상할 수 없을 정도로 화려하게 되살아나 생기를 띠기 시작한 것이다.

로제타스톤의 재질

영국박물관(대영박물관)에서 몇 년 동안 가장 유능한 이집트학자로 통한 캐롤 앤드루스(Carol Andrews)는 19세기 말에서 20세기 초까지 이 박물관의 이집트 분야 책임자였던 윌리스 버지(Willis Budge)가 고집불통으로 유물을 일단 한번 분류하면 절대로 바꾸지 않았다는 농담을 던지곤 했다. 버지의 고집은 로제타스톤에도 영향을 미쳤다. 모든 증거들이 아님에도 그의 고집으로 로제타스톤의 재질이 현무암으로 분류됐다. 내가 런던에 살던 1987년 무렵 영국박물관에서 많은 시간을 보냈다. 나는 로제타스톤이 현무암이 아니라는 것을 알았다. 로제타스톤의 재질은 나의 박사학위 논문의 초점이었다. 그래서 캐롤 앤드루스는 나에게 돌의 재질에 대해 종종 문의해왔다. 그녀는 내가 로제타스톤이 결코 현무암일 수 없는 이유에 대해 처음 얘기한 사람 가운데 한 명이다. 나의 박사학위 논문 지도교수이자 나와 가까이 살고 있던 고고학연구소의 다피드 그리피스(Dafydd Griffiths) 박사 또한 이런 나의 생각에 동의했다. 1991년 영국박물관에서 이 유명한 로제타스톤에 관한 학술대회가 열렸다. 나는 이 학술대회를 계기로 로제타스톤을 자세히 관찰할 수 있는 기회를 얻었다. 로제타스톤의 재질이 화강암에 가까운 알갱이 구조뿐만 아니라 아래쪽에는 석영이 포함된 결이 있다는 것을 확인할 수 있었다. 분명히 현무암은 아니라는 것이다. 나는 이러한 내용을 이집트의 돌에 관한 권위자인 디에트리치 클렘(Dietrich Klemm)을 비롯해 학술대회에 참가한 학자들에게 발표했다. 영국박물관은 로제타스톤의 재질이 여전히 모호하긴 하지만 화강암에 가까운 것으로 다시 분류했다. 특이한 점은 로제타스톤을 처음 발견한 프랑스는 화강암에 가깝다고 기록했다는 것이다. 현무암이라고 한 것은 윌리스 버지가 프랑스인이 한 일이라면 아무것도 인정하고 싶지 않아 처음 발견하고 기록한 내용을 무시한 듯하다.

주도권 쟁탈전

로제타스톤의 중요성은 즉각 퍼졌다. 그래서 몇 년 동안 국제적인 주도권 쟁탈전이 벌어졌다. 브라이언 파간(Brian Fagan)이 그의 책《나일강의 강탈(The Rape of the Nile)》에서 보여주듯이 1800년대는 고대 이집트의 유물과 소장품을 얻으려고 안달이 난 유럽 국가들의 쟁탈전이 최고조에 이르던 시기였다. 1799년 나폴레옹의 프랑스 원정군은 이미 수백 톤에 달하는 유물을 수집해 프랑스로 보내기 위해 카이로에 보관하고 있었다. 수백 점의 고대 이집트 형상들은 말할 것도 없고 람세스 2세(Ramses Ⅱ)가 앉아 있는 모습의 약 2.5미터 높이의 흑동상과 타니스에서 발굴한 4미터 높이의 거대한 스핑크스도 포함돼 있었다. 이 유물들은 현재 프랑스의 루브르 박물관이 자랑하는 것들이다. 이집트에서 프랑스가 약탈해 수집하는 것을 목격한 다른 유럽 국가들도 이에 질세라 프랑스를 따르기 시작했다.

한편 로제타스톤을 발견할 당시 부샤르의 보고를 받은 메노우 장군은 이것이 아주 중요한 것임을 알아채고 자기 막사에 보관하면서 숨겨버렸다. 요새를 구축하기 위해 오래된 벽을 허무는 과정에서 발견된 로제타스톤은 그곳이 원래 있던 자리가 아니었다. 발견될 당시 이미 일부분이 부서져 있었던 것으로 미뤄볼 때 아마도 기원전 500년 무렵 로마의 이집트 점령 시기나 혹은 그 뒤에 그곳으로 옮겨졌을 것이다. 처음 발견한 당시 부서진 잔해들을 찾기 위해 노력했으나 아무것도 찾지 못했다. 부서진 뒤 옮겨졌을 것이라는 걸 뒷받침한다. 당시에도 이 잔해들은 "다이아몬드만큼 가치 있다"고 여겨졌다.

이집트 원정에 따라간 프랑스 학자들은 조심스럽게 로제타스톤을 연구했다. 그들은 아랫부분의 문자가 기원전 200년 무렵의 그리스어라는 것뿐만 아니라 이미 언급했듯이 중간 부분은 속기 형태의 초서체로 이집트 민중문자라는 것을 밝혀냈다. 민중문자는 기원전 200년 무렵 프톨레마이오스 시대의 후기 이집트에서 그리스어와 같이 행정적인 문서용 문자로 사용됐다. 로제타스톤은 카이로의 프랑스 이집트 연구소(French Institute of Egypt)로 옮겨져 보관했다. 그러자 수많은 프랑스인들이 그것을 보러왔고 학자와 장교들 또한 마찬가지였다. 당시 이집트에서 돌은 여러 곳으로 보내기 위해 잉크로 여러 장 찍어내는 석판처럼 활자를 찍는 일종의 인쇄용 원판으로 사용됐다. 1799년 후반 프랑스의 한 신문에 이 발견이 "상형문자의 열쇠"가 될 만한 가치가 있는 것으로 보도될 정도였다. 1800년 가을 프랑스 파리아카데미 소속 학자들이 로제타스톤에 관한 몇 가지 지식을 일반 대중들에게 전달할 정도였다.

로제타스톤을 발견했다는 소식은 프랑스에서 영국으로 급속히 퍼져나갔다. 영국이 점차 강해지는 것에 대한 프랑스의 우려는 곧 현실이 됐다. 1801년 영국은 이집트에 있던 프랑스군을 성공적으로 물리쳤다. 프랑스가 물러가면서 그동안 수집한 이집트 골동품을 영국에 넘기는 협상이 벌어졌고 그 중심에 로제타스톤이 있었다. 메노우 장군이 로제타스톤을 개인 소장품으로 가지고 싶은 욕망에 당시 어촌에 불과하던 알렉산드리아로 옮겼다. 그래서 다른 이집트 골동품과 함께 프랑스로 가져갈 기회를 놓쳐버린 것이다. 영국군이 나일강을 봉쇄하며 압박해

올 당시 카이로 이집트 연구소 학자들과 좋은 사이가 아니었고 개인적으로 소장할 수 없다는 생각에 로제타스톤을 가진 채 알렉산드리아로 퇴각해버렸다. 프랑스군은 후퇴하며 최대한 많은 유물들을 가지고 가기 위해 최선을 다했다. 메노우 장군이 너무 지체하는 바람에 그 기회를 잃어버렸다. 그가 욕심을 버리고 좀더 빨리 카이로로 보냈다면 아마 프랑스의 소장품이 됐을 것이다.

영국은 프랑스군의 동태를 살피기 위해 항구에 스파이를 심어둔 것이 틀림없다. 로제타스톤이 아직 이집트에 있다는 것을 알고 있었다. 영국군은 어떤 희생을 치르더라고 로제타스톤을 반드시 찾아 영국으로 보내라는 명령을 받은 상태였다. 영국군의 존 허친슨(John Hutchinson) 장군은 프랑스로 보내려고 하는 모든 골동품은 싸워 이긴 전리품이기 때문에 영국이 모든 권한을 행사하겠다고 프랑스군에게 으름장을 놓았다. 1800년 영국과 프랑스 사이에 협상이 열렸다. 프랑스는 성직자인 에드워드 클락(Edward Clarke)과 수완 좋은 외교관인 윌리엄 해밀턴 경(Sir William Hammilton)이 참여했다. 영국군은 직접 메노우 장군을 추적한 끝에 로제타스톤을 찾아냈다. 리처드 파킨슨(Richard Parkinsons)은 《암호 해독(Cracking Codes)》이라는 책에서 영국군이 로제타스톤을 포기할 것을 강요하자 "세상에 이렇게 약탈된 적은 없었어!"라며 자신의 막사에서 울부짖었다는 메노우 장군의 일화를 소개했다. 그러나 이 일화는 영국인들의 눈에는 너무나 우스꽝스러운 일이었다. 그들이 보기에 메노우 장군 역시 프랑스 정부를 대표해 이집트로 파견된 공식적인 약탈자였기 때문이다. 개인적으로나 프랑스를 대표해 항의해야 할 처지의 메노우 장군이 매후 화를 낸 것도 당연하긴 하다. 예술적 가치보다 세 가지 문자로 된 비문의 가치가 매우 크다는 것으로 이미 프랑스의 보물이 된 로제타스톤을 영국에 빼앗길 처지가 됐기 때문이다. 로제타스톤은 이집트를 둘러싸고 수십 년 동안 영국과 프랑스 사이에 벌인 민족주의적 경쟁의 초점으로 남게 됐다. 프랑스의 샹폴리옹과 영국의 영 사이에 로제타스톤의 문자 해독을 둘러싸고 이 경쟁은 부활했다. 이들의 해독 작업은 프랑스와 영국 역사가들 모두 높이 평가하기도 했으며 경시되기도 했다.

샹폴리옹과 영

로제타스톤의 해독을 둘러싼 일화는 천래 라이벌이 벌인 거대한 탐정 이야기이다. 1802년 조지 3세(George Ⅲ, 1738~1820)의 칙령에 따

영국의 천재 물리학자인 토머스 영(왼쪽)과 프랑스의 젊은 학자 장 프랑수아 샹폴리옹(오른쪽)이 로제타스톤의 비문을 해독해냈다. 이 해독으로 우리가 알고 있던 고대 이집트에 대한 지식에 일대 변혁을 가져왔다. 로제타스톤이 발견되지 않고 문자를 해독하지 못했다면 고대 이집트는 여전히 베일에 가려져 있었을 것이다.

라 로제타스톤은 영국박물관에 안치됐다. 1800년 석고를 뜬 사본 일부가 이집트로 환수되기도 하는 등 사본과 탁본들이 바티칸, 웁살라대학교, 레이덴대학교, 필라델피아철학협회 등 여러 곳에 소장용으로 퍼져나갔다. 이렇게 퍼져나간 로제타스톤은 여러 학자들이 해독하려고 시도했으나 대부분 실패했다. 몇 년 뒤 고대 그리스어를 아는 몇몇 언어학자들이 어느 정도 해독해냈다. 그들 가운데 동양학자이자 언어학자로 1802년 민중문자로 된 이름을 해독해낸 바론 실베스트르 드 사시(Baron Silvestre de Sacy, 1758~1838)와 스웨덴 학자 애커블래드(J. H. Ackerblad)가 있었다. 그러나 어느 누구도 상형문자 해독에 있어서는 진척이 있다는 인정을 받지 못했다.

거의 신화가 되어버린 이 이야기의 절정에 있는 인물은 장 프랑수아 샹폴리옹이다. 그는 언어에 천재적인 소질을 보였다. 이미 열여섯 살 때 히브리어와 그리스어 그리고 라틴어를 포함해 8가지 언어에 능통했다. 1822년 로제타스톤에 관한 논문을 발표하기도 전에 이미 그는 주위의 관심을 한 몸에 받고 있었다. 그는 그르노블의 고등학교에 다니던 열아홉에 교수가 됐다. 그에 필적할 다른 인물은 영국 출신의 안과 의사이자 언어학자인 토머스 영이다. 로제타스톤의 해독을 둘러싼 프랑스와 영국 천재 사이의 불꽃 튀는 경쟁이 시작됐다. 영은 처음으로 암호판독법이라고 할 수 있는 논리적 원리를 공식화하고 이용한 사람 가운데 한 명이다. 그도 샹폴리옹과 마찬가지로 10대 때 이미 7가지 언어를 마스터했고 천재 과학자이자 만능 학자로 널리 인정받으며 '신동'으로 통했다. 둘 다 로제타스톤의 사본을 가지고 연구했다. 두 천재가 프랑스인과 영국인이라는 사실은 로제타스톤의 해독 경쟁에 국가 사이의 긴장감까지 더하게 했다. 프랑스 입장에선 자신들이 발견한 로제타스톤을 빼앗은 영국을 절대 용서할 수 없었다. 그래서 오늘날까지도 프랑스에선 로제타스톤을 해독한 사람으로 샹폴리옹만 인정하고 있다.

그르노블대학교의 그리스어 교수였던 샹폴리옹의 형 자크 조셉 샹폴리옹 피작(Jacques Joseph Champollion Figeac)은 1802년 열두 살에 불과했던 동생에게 이집트학에 마침표를 찍고 싶은 마음이 있다면 로제타스톤의 비문을 연구하라고 격려했다. 형의 격려에 힘입어 샹폴리옹은 실베스트르 드 사시의 제자가 되어 파리에 위치한 프랑스대학에서 고대 이집트어의 가장 마지막 형태이자 그리스 철자를 사용하며 로마시대에도 살아남은 언어인 콥트어를 공부했다. 사시의 지도 아래 샹폴리옹은 열여섯 살이 되던 1806년 그르노블대학교의 과학예술협회에 콥트어는 고대 이집트인의 유물이자 고대 이집트어의 가장 마지막 언어임을 주장하는 논문을 발표했다. 10년에 걸친 과정들을 통해 그는 점점 고대 이집트의 상형문자에 접근하기 시작했다. 그는 광적이라고 할 정도로 나폴레옹을 숭배했다. 나폴레옹이 공식적으로 샹폴리옹을 박사로 승인해준 것은 학계의 관례를 무시한 파격적인 일이었다. 그러나 놀랄 만한 일도 아니었다.

1814년 스물네 살이 된 샹폴리옹은 상태가 더 좋은 로제타스톤의 '석판' 사본을 구하려고 했다. 발견 초기 프랑스로 가져온 오래된 자료들과 영국의 사본들과 잘 맞지 않았기 때문이다. 그는 당신 마흔으로 자신보다 열일곱 살이나 많은 영국의 토머스 영과 왕래를 시작해 영국왕립협회의 외국계 비서로 일했다. 샹폴리옹은 특정한 단락을 확인하고 싶었다. 여러 면에서 그에게 관대했던 토머스 영은 신속하게 확인해주었다. 그러나 필요 이상으로 도와주진 않았다.

1815년 바론 실베스트르 드 사시는 토머스 영에게 자신의 제자였던 샹폴리옹을 경계하라고 주의를 주는 편지를 보냈다. 토머스 영이 자신의 연구물들을 보다 주의 깊게 관리하라는 충고였다.

제가 생각하기에 귀하는 (샹폴리옹보다) 훨씬 앞서 있으며 이집트 상형문자를 충분히 읽을 수 있는 것으로 사료됩니다. 그래서 제가 감히 충고를 드리자면 귀하의 연구 결과를 샹폴리옹과 과도하게 나누지는 말기 바랍니다. 샹폴리옹이 먼저 발견(해독)했다고 주장하는 일이 일어날지도 모르기 때문입니다.

이집트 유물에 관한 이해관계를 둘러싸고 프랑스와 영국 사이에 극심한 경쟁이 계속해서 벌어지고 있는 가운데 고대 이집트 상형문자를 해독할 수 있는 '열쇠'로 여겨진 로제타스톤을 영국에 빼앗겼다는 것으로 프랑스의 분노는 대단했다. 1816년에 이르러 토머스 영은 이집트 황실 이름 주위에 표시된 카르투슈(cartouche, 이집트 상형문자에서 왕이나 신의 이름을 나타내는 문자를 둘러싸고 있는 난형(卵形) 혹은 장방형의 형상─옮긴이)가 에워싸고 있는 것에 대한 중요성을 깊이 인식했다. 그는 상형문자 가운데 카르투슈로 둘러싸인 프톨레마이오스라는 이름을 정확히 해독하고 다른 문자들 가운데 p, t, i, s, m의 발음기호를 정확히 밝혀냈다. 그러나 영은 사후에서야 명성을 얻을 수 있었다.

나폴레옹은 1815년 영국과 마지막 일전을 벌인 워털루 전투에서 패해 세인트헬레나섬으로 추방됐다. 그럼에도 샹폴리옹은 나폴레옹에게 계속해서 조용한 지지를 보냈다. 결국 1821년 그르노블대학교에서 교수 자리를 잃고 형의 도움으로 파리에서 살게 됐다.

1819년 토마스 영은 상형문자 가운데 프톨레마이오스와 클레오파트라 이름 해독해 《브리태니커 백과사전 부록(Supplement to the Encyclo-paedia Britannica)》에 실었다. 이에 그를 지지하는 학자들은 그의 독창적인 생각이라는 내용의 주석을 붙였다.

1822년 9월 14일 샹폴리옹은 오래 기다려온 아부심벨신전의 상형문자들에 관한 상세한 보고서를 이집트 여행 중 알게 된 한 친구에게 받아 읽게 됐다. 여기에는 파라오 투트모세 3세(Thutmose III, ?~BC 1426)와 함께 람세스 2세 그리고 지혜의 신 토트(Thoth)를 위한 비문이 포함돼 있었다. 비문을 해독해 재구성한 사건들에 대해 여전히 논쟁이 있지만 그가 추론해낸 결론은 다음과 같다. 샹폴리옹은 로제타스톤의 비문 사본과 비교해 이미 제안한 발음기호 일부를 증명하고 되살릴 수 있었다. 프톨레마이오스의 변형된 어음인 k, l, m, p, r, s, t와 프톨레마이오스와 클레오파트라의 이름을 둘러싼 카르투슈 사이에 쓰인 철자들인 l, p, t, r에 대한 그의 뛰어난 논리적 추론을 포함하고 있었다. 당시 샹폴리옹은 태양신 라(Ra)를 나타내며 두 s자로 이어지는 타원형 기호를 발견했다. 그는 Ra와 ss 사이에 위치한 기호가 분명히 m 소리가 날 것이고 바르게 해독해냈다. 그리고 이것을 비슷한 m과 s가 결합되어 토트를 나타내는 따오기 심벌(ibis symbol) 형태의 기호를 검토해 증명해냈다. 이집트 상형문자의 발음기호에 대한 첫 대성공이었다. 다행히도 샹폴리옹은 프톨레마이오스 시대의 이집트인들이 그리스어를 상형문자로 번역하는 과정에서 이전에는 사용하지 않던 몇 가지 모음을 추가했다는 것을 알아냈다. 그가 혼자만의 힘으로 알아낸 것은 아니다. 그러나 샹폴리옹의 성과로 이집트어에 몇 가지 음성 알파벳 철자들과 함께 오늘날 표어문자라 불리는 읽을 수 있는 비음성적인 기호가 있었다는 것이 증명됐다. 후자는 글자와 그림이 조합된 리부스와 같은 기능을 한다. 리부스는 생각을 조합한 것으로 종종 시각적으로나 음성적으로 축약된다. 예를 들어 눈 하나와 심장 하나 그리고 철자 U의 그림의 합치면 'I love you'가 되는 것이다. 의심할 여지없이 언어비교학적 구조를 제공하며 토머스 영과 샹폴리옹이 연구를 추진할 수 있었던 것은 세 가지 고대 언어로 쓰인 로제타스톤이 발견됐기 때문이다. 이 유명한 비석에 관한 대중의 관심은 비문의 해독에 대한 실베스트르 드 사시, 요한 애커블래드, 스테픈 웨스턴과 같은 다른 학자들의 학자적 호기심과 언어학적 능력을 자극하고 관심을 끌기에 충분했다. 그리 오래지 않아 샹폴리옹은 수학자 토머스 영이 몇 년에 걸쳐 논리적인 정보와 언어학적 이론을 갖춰 연구 방향을 잡아준 그의 새로운 상형문자 연구를 결국 확증해낼 수 있었다.

한 일화에서는 샹폴리옹이 연구소에 있는 형의 사무실로 달려가 "내가 해냈어!"라고 소리쳤다고 한다. 다른 일화는 그가 정신적 과로로 5일 동안 쓰러지기도 했다고 하나 꾸며낸 이야기로 보인다. 샹폴리옹의 형은 당시 프랑스 비문과 순문학 연구소(French Institute for Inscriptions and Belles Letters)의 간부인 바론 조제프 다시에(Baron Joseph Dacier)의 조수로 이 연구소에 출입할 수 있었다. 샹폴리옹은 연구 결과를 바로 발표하기 위해 해독의 비밀을 발견한 뒤 며칠 동안 '다시에 씨에게 보내는 편지'를 작성했다. 그러나 그는 이것을 신중하게 하기 위해 편지를 쓴 날짜를 소급해 12월 22일로 적었다. 아마도 주목받는 것에 대한 두려움 때문으로 짐작된다. 이런 소급에 대해 영국의 많은 역사가들은 샹폴리옹이 드러내진 않지만 토머스 영에게 빚을 진 것에 대한 자책의 증거라고 여긴다. 하지만 샹폴리옹은 공식 문서에서 그의 개인적인 발견과 상형문자를 해독하는 방법을 발음기호와 함께 설명했다. 거의 한 주가 지난 뒤 그는 이 문서를 파리에서 열린 프랑스연구소 총회에서 발표했다.

샹폴리옹의 발표를 들은 청중들은 놀라움과 함께 격찬했고 이는 곧 유럽 전역으로 퍼져나갔다. 이제 로제타스톤 해독에서 영국을 누른 영웅 샹폴리옹은 천재이자 2000년 동안 가려져 있던 고대 이집트 상형문자의 미스터리를 풀어낸 유물언어학자로 불리며 널리 환영받았다. 그는 한때 어느 누구에게도 인정받지 못한 적이 있다. 특히 그의 라이벌이자 그에게 연구의 토대를 마련해준 공을 인정받지 못했던 토머스 영에게는 더욱 그랬다. 알려지지 않은 것 가운데 하나는 샹폴리옹이 자신의 연구 결과를 발표해 우레와 같은 갈채를 받던 바로 그 자리에 토머스 영이 있었다는 사실이다. 토머스 영은 그렇게 씁쓸해 하지는 않았다. 그는 당시 가장 유명한 골동품 수집가였던 윌리엄 해밀턴 경에게 다음과 같은 미묘한 내용의 편지를 썼다.

저는 이제 알게 됐습니다. … 로제타스톤의 비문에 10년 동안 매달려온 샹폴리옹이 해독에 성공했다는 것을 말입니다. … 그는 연구에 실마리를 영국에서 찾았다고 할 수 있을 것입니다. … 당신은 제가 부적절한 열정의 희생자인 것을 쉽게 믿으실 수 있을 겁니다. 저는 다른 마음 없이 샹폴리옹의 성공에 대해 크게 기뻐해야만 합니다.

묘하게도 샹폴리옹과 토머스 영 사이의 불규칙적인 왕래는 끝까지 자신의 연구에 대해 비밀을 고수하지 않고 관대했던 영이 1829년 세상을 뜰 때까지도 계속됐다. 샹폴리옹은 1828~1829년 사이 이집트로 여행을 하고 1829년 루브르 박물관의 관장이 됐다. 그는 오늘날까지도 로제타스톤을 해독하는데 가장 큰 역할을 했다는 명성을 쥐고 있다. 그는 1832년 마흔한 살의 나이로 세상을 떠났다.

고대 이집트와 로제타스톤

로제타스톤은 고대 이집트 프톨레마이오스 시대와 연결해줬다. 또한 잊혀진 언어를 되찾도록 이끌어주었다는 것엔 의문이 없다. 이집트학자인 매닝(J. G. Manning)은 2007년 로제타스톤의 중요성에 대한 나의 질문에 이런 답을 보내왔다.

로제타스톤의 우연한 발견과 그것에 새겨진 기호들에 대한 샹폴리옹의 눈부시며 개척적인 작업은 이집트 언어를 그대로 이용해 처음으로 이집트 문명으로의 문을 열어주었다. 동시에 또 다른 중요한 점 하나는 이집트의 고대 역사를 복원하던 시기에 프톨레마이오스 왕조와 이집트 성직자들 사이의 관계에 대한 중요한 실마리를 준다는 것이다. 이제 로제타스톤은 이집트학의 토대가 되는 문서이며 고대 이집트가 우리에게 전해줄 유산을 이어주는 중대한 매개체이다.

1822년 샹폴리옹이 로제타스톤을 해독해낸 지 7년 뒤인 1829년 토머스 영은 그의 공적을 인정받지 못한 채 쉰 중반의 나이로 세상을 떠났다. 그러나 그의 과학적 천재성은 세상을 떠난 뒤에도 기억되고 기려지고 있다. 토마스 영은 1827년 프랑스 과학 아카데미에 8명밖에 없는 외국인 회원에 선출되기도 했다. 그가 선출된 이유는 모순적이지만 로제타스톤을 해독해낸 성과가 아니라 과학 분야에서 이룩한 공적 때문이다. 토머스 영과 샹폴리옹을 신뢰할 수 없고 그 이후의 학자들 역시 신뢰할 수 없더라도 고대 이집트 세계에 대한 우리의 이해가 로제타스톤의 발견 이후 완전히 바뀌었다는 것은 분명하다.

호메로스와
그리스 역사의 열쇠

Hundstadt

Gemünden

Niederlauken

Oberlauken

Rod

Merzha...

Altweilnau

Neuweilnau

Hundstall

...lbach

Heisberg

Finsternthal

Brombach

Mauloff

Dorfweil

...eubach

Schmitten

1870년, 터키 히사를리크

하인리히 슐리만은 좋아하는 책을 손에 들고 북쪽에서 불어오는 바닷바람을 맞으며 언덕에 서 있었다. 내리쬐던 해가 뉘엿뉘엿 지기 시작하자 바다는 은빛 물결로 빛났다. 그가 손에 든 책은 트로이에 관한 호메로스(Homeros)의 서사시 《일리아스(Ilias)》였다. 슐리만은 시모에이스와 스카만데르 강이 흘러 바다로 가는 내용이 나오는 부분으로 책장을 넘겼다. 그는 다시 고개를 들어 아래 계곡을 바라봤다. 그곳은 몇천 년 전에 강이 굽이쳐 흘렀을 수도 있는 지형이었다. 그는 바다까지의 거리를 가늠했다. 지금은 퇴적물이 쌓여 지형이 바뀌었지만 옛날에는 배들이 드나들던 만이었을지도 모른다. 그는 그리스 군함에서 수많은 병사들이 상륙하는 장면을 상상하며 바로 그곳이 여기가 맞을 거라고 생각했다. 그는 제자리에서 한 바퀴 돈 다음 남쪽을 향해 멈췄다. 그리고 오래전 이 언덕에 살았던 사람이라면 누구나 보았을 그날의 저물어가는 마지막 불빛을 쫓기 위해 안간힘을 썼다.

슐리만은 다시 《일리아스》에서 트로이 남쪽으로 언급한 이다산이 나

하인리히 슐리만의 트로이 발견은 지금도 논쟁의 대상이다. 그러나 그가 신화 속의 트로이를 역사의 무대로 되돌려놨다는 것은 틀림이 없다.

오는 부분을 찾아보았다. 책에 묘사된 광경과 자신이 서 있는 이곳의 풍경이 맞아떨어진다는 것을 깨달았다. 무언가를 알아차린 그는 낡고 오래된 도자기 파편을 주웠다. 지금은 깨진 조각에 불과하지만 오래전 물이나 곡식 또는 올리브오일을 담아두었을 것이라고 생각했다. 그는 바닥의 흙을 차 먼지를 일으키며 조각을 몇 개 더 주웠다. 그러나 주운 조각들의 이가 맞지 않았다. 이가 맞지 않는다는 것은 이곳에 도자기 조각들이 많이 있다는 걸 암시하기에 분명 좋은 징조였다. 이곳에 도자기 파편들이 많다는 것 언젠가 많은 사람들이 살았다는 걸 말해준다. 날은 점점 어둑해져 갔다. 주운 도자기 파편들을 코트 주머니에 넣었다. 내일 아침 도구들을 가지고 다시 와야겠다고 생각하며 언덕을 내려갔다. 슐리만은 마음이 다급해졌다. 그는 이곳이 정말 트로이였는지 궁금해졌다. 호메로스가 트로이의 요새에 대해 상세히 설명한 내용이 이 언덕과 완벽하게 들어맞는다고 믿기 시작했다. 그는 마치 그리스의 영웅 아킬레우스(Achilleus)의 목소리가 들리는 것 같았다. 신화에 가까운 이 이야기가 사실이든 아니든 트로이가 실제로 존재했다는 점에서는 슐리만의 판단이 옳았다.

트로이의 파멸

언덕의 거리는 피로 물들었고 밤공기는 칼과 방패가 부딪치는 소리로 가득 찼다. 사람들의 비명소리가 여기저기서 들렸고 불길에 타는 역한 냄새가 가득했다. 거대한 돌로 만든 벽들은 괜찮았으나 나무로 만든 문들은 부서지고 불탔다. 타워가 타오르며 거대한 화염을 일으켰다.

이 언덕을 보호해주던 자랑스러운 요새는 거대한 불길과 두꺼운 연기로 뒤덮였다. 만약 대피한 사람들이 있다면 언덕 아래 그리 멀지 않은 곳에 배를 정박시켜 놓은 곳에서 침략자들로부터 멀어져 동쪽이나 남쪽으로 도망쳤을 것이다. 한때 강력했던 트로이가 파괴되면서 잿더미가 될 때까지 모든 것을 태워버린 화염은 몇 킬로미터 떨어진 곳에서도 볼 수 있었다.

침략자들은 피를 흘리며 아직 살아 목숨이 붙어 있는 남자들과 흐느끼는 여자들을 노예로 끌고 가버렸다. 약탈당한 도시 트로이는 그렇게 수세기 동안 버려져 있었을 것이다. 성곽은 세월이 흐르며 무너졌을 것이다. 바다에서 불어오는 바람에 부드러워진 언덕을 풀과 나무들이 뒤덮었을 것이다. 마침내 피비린내 나는 전쟁이 있었던 트로이를 다른 곳과 다를 바 없는 평범한 곳으로 변한 것이다. 몇 세대가 흐른 뒤 이 언덕에서 어떤 과거의 흔적도 발견하기 어려웠을 것이다. 아이들의 노랫소리와 상인의 외침이나 왕의 명령 그리고 전쟁의 외침도 들을 수 없을 것이다. 오직 적막만이 긴 세월 트로이를 지배했다.

우리는 이 사건이나 비슷한 사건이 다시 일어날 수 있다는 것을 안다. 이것은 단시 시나 신화의 주제가 아니다. 이 사건은 기원전 1200~1100년 사이 어느 때 위대한 문명이 파괴된 마지막 시간이다. 거대한 하나의 전쟁 혹은 작은 전투들이 연속적으로 있었건 아니면 외부의 침략인지 내부의 반란인지 간에 이 이야기는 전설이 됐다. 이와 비슷한 전설은 청동기 시대의 미케네, 테베, 티린스 등 그리스 및 그 주변의 많은 다른 요새 도시들에서 반복됐다. 질서는 혼돈으로 변해 수백 년 동안 암흑기가 닥친 때다. 그런 당시 영웅들의 활약과 전설은 잊혀지지 않았지만 언어는 많이 변화했다. 소리를 쓰는 방식도 완전히 달라졌다. 기원전 1100년쯤 끝난 후기 청동기 시대에 그림을 기반으로 표기하던 기존의 방식을 대신해 크노소스나 필로스 같은 오래된 도시에서 발견된 점토판에서 볼 수 있듯이 새로운 문자 표기 방식이 등장했다. 기원전 900년 이후 페니키아 무역상들로부터 알파벳을 빌려 사용하기 시작한 것이다. 이전 방식으로 쓰인 것은 선형 B문자(Linear B)라고 하며 미케네 양식의 문서로 확인되고 있다. 이제 우리는 선형 B문자가 고대 그리스 초기의 문자라는 것을 안다. 새로운 표기 방식은 문명이 전환기를 맞이하면서 변화한 것이다.

그러나 그리스인들은 새로운 시대를 맞았지만 입에서 입으로 대대손손 이야기를 전해주면서 이어갔다. 또한 지난날의 영광을 듣고 싶어 하는 사람들에게 길가에 앉아 시를 읊어주는 시인들 통해 이야기가 전해졌다. 트로이 이야기는 오랜 시간에 걸쳐 구전을 통해 전해지던 내용을 우화로 꾸며낸 것이다. 이야기에 몰입한 청중들은 아마도 일부 친숙한 단어들과 표현들을 들을 수 있었을 것이다. 또한 한때 위대했던 트로이에 대한 시인들의 획기적인 생각에 감탄해 기꺼이 받아들였을 것이다.

19세기 이후 트로이는 신화에서 역사로 탈바꿈했다. 트로이와 트로이전쟁에 대한 이야기들이 1000년 동안 서양의 상상력을 지배했다. 또한 현대 고고학의 발전에 영감을 불어넣어 주었다. 과거 트로이의 시간을 들여다 본 지금의 세대는 다음과 같은 질문을 받을 필요가 없을 것 같다. "트로이 그리고 트로이 발견이 왜 그렇게 중요한가?" 트로이를 다시 발견할 수 있었던 것은 호메로스의 서사시에 묘사된 풍경을 지형학에 근거해 현재 지형에 맞춰보는 방법으로 가능했다. 이는 다른 발견들에 선례를 남긴 것으로 현대적인 고고학을 확립하는 데 기여했다. 사실 트로이는 단순히 청동기 시대의 서사시와 연결되는 장소만은 아니다. 트로이는 수천 년 동안 누적된 많은 문명의 층을 가지고 있다. 트로이를 첫 번째로 발굴한 하인리히 슐리만은 놀라운 수완과 언론 플레이로 세상을 놀라게 했다. 물론 이러한 동기와 방법은 의심스러울지 몰라도 그가 트로이의 존재를 세상에 알렸다. 트로이는 신화에 묻힌 역사적 사실로써 좋은 예를 보여줬다. 트로이의 핵심적인 신화 가운데 하나인 트로이전쟁은 헬레네(Helene)라는 아름다운 여성이 아니었다면 일어나지 않았을지도 모른다. 그러나 아마 그보다는 무역권을 둘러싼 영토 전쟁이었을 것이다. 신화의 또 다른 핵심은 트로이 목마다. 이는 중앙아시아의 대초원 지대에서 이용하던 말이 지중해 세계에 알려졌다는 역사적인 뿌리를 설명해주고 있다. 트로이는 그리스의 바깥 세상에 알려져 있었다. 그것은 청동기 시대 히타이트의 문헌들을 통해 알 수 있다. 고대 터키 지방의 탁월한 문화는 그들이 일리온이라고 불렀던 윌루사 같은 지역을 이미 알고 있었다는 것을 보여준다. 일리온과 윌루사는 트로이의 다른 이름으로 당시 트로이의 존재를 증명해준다. 슐리만이 트로이 지역인 지금의 터키의 히사를리크에서 첫 번째 발굴 작업을 시작한 뒤 오랫동안 새로운 현대식 발굴이 이어졌다.

기원전 480년 폐허가 된 트로이 언덕 위에서 페르시아의 황제 크세르크세스 1세(Xerxes I, BC 519?~BC 465)는 그리스를 정복하기 위해 떠나기 전 수천 마리의 소를 트로이 전사들의 제단에 바치라고 했다. 이것은 이 지역이 아시아와 유럽 사이의 오래된 갈등을 보여준 호메로스의 전설을 확인시켜준다. 1453년 콘스탄티노플을 정복한 오스만 제국의 술탄 메메트 2세(Mehmet Ⅱ, 1432~1481)는 당시 대부분이 헐벗은 히사를리크 언덕에 말을 타고 올랐다. 트로이가 유럽이 아니라 아시아의 영토라는 것을 과시하기 위해서였다. 이것은 호메로스의 서사시에서 그리스가 트로이를 불태웠고 트로이가 일리온으로 불렸다는 부분과 들어맞는 이야기다. 1453년 오스만 제국은 이곳이 고대 트로이 지역이라는 것을 알았다. 그러나 비잔티움 세계가 정복당하고 콘스탄티노플이 이스탄불로 바뀐 뒤 역사적인 트로이는 신화의 트로이로 대체됐다. 실제로 400여 년이 지난 뒤 슐리만이 트로이를 발견할 때까지 트로이는 신화로 격하되고 거의 모든 사람들이 트로이가 실제로 존재했다는 것을 믿지 않았다.

트로이의 재발견과 현대 고고학의 등장

1872년 전까지만 해도 유럽에서는 트로이를 세상에서 가장 뛰어난 서사시의 주제로만 다뤘다. 트로이라는 곳은 신화 속의 공간이지 실제로 존재할 것 같지 않다고 생각했다. 사실 호메로스의 서사시를 많은 학생들이 배워 암기할 수 있는지가 중요하지 역사적인 사실로 기대하는 경우는 없었다. 아킬레우스나 오디세우스(Odysseus) 그리고 헥토르(Hektor) 같은 그리스 신화에 등장하는 영웅들의 이름을 떠올리는 것은 단순히 문학적인 취미에 불과했다. 19세기 초에는 아무도 이러한 전설적인 인물들이 실존했을 것이라고 주장하지 않았다. 이 같은 판단은 트로이에 대해서도 마찬가지였다. 그러나 트로이의 영원성은 부정되지 못하고 계속 이어져 왔다. 호메로스보다 훨씬 늦게 등장한 영국의 극작가 크리스토퍼 말로(Christopher Marlowe, 1564~1593)는 트로이의 영원성을 다시 한번 강조했다. 그는 튜더왕조 시대 연극의 선두에 있던 대표적인 인물이다. 그는 트로이전쟁의 불씨가 된 헬레네의 독백을 이렇게 표현했다. "수천 척의 배가 일리온의 끝없이 높은 탑을 불태워 없애도록 만든 것이 바로 이 얼굴이었단 말인가?" 더구나 우리가 현재 알고 있는 고고학은 유럽의 유명한 대학들이 가르치던 학문 분야가 아니었다. 고고학은 당시 초기 단계였으면 유럽의 대저택을 꾸미기 위한 고대 골동품이나 건축물 사냥에 이용하는 정도에 불과했다.

우리는 고고학에 대한 서양의 생각을 통해 고대 그리스까지 추적할 수 있다. 고대 그리스의 이도메네우스(Idomeneus)라는 역사학자는 이미 기원전 3세기에 《고대의 단어들(Archaiou Logou)》에 대해 썼다. 이것은 오래된 언어들에 대한 것이다. 고고학이라는 단어의 정의는 지난 몇 백 년 동안 크게 달라졌다.

처음으로 방대한 영어사전 집필에 착수한 사무엘 존슨은 1755년 완성한 《영어사전(A Dictionary of the English Language)》에 우리가 역사에 대해 알 수 있는 모든 것을 기록했다고 했다. 그러나 과거의 어떤 부분이 물질적 유물을 통해 기록될 수 있는지에 대해서는 어떤 견해도 표명하지 않았다. 그뒤 고고학은 문서를 통해 일반적인 고대 역사에 대해 얻을 수 있는 것으로 정의되었다. 다음 세기로 넘어가면서 물질적인 유물의 연구를 포함하며 점차 그 정의가 확대됐다. 그렇게 변하는 추세에서 트로이의 역할을 과소평가해서는 안 된다. 《옥스퍼드 영어사전(Oxford English Dictionary)》에 따르면 영국에서 고고학이라는 단어를 처음 사용한 것은 1607년 "유대인이 고고학(archaeology of the Jews)"

이라는 말에서이다. 이것은 대부분의 문서와 일반적인 유물에 관한 것이었다. 1872년 사전에는 "고고학은 먼 과거의 오래된 구조들과 파묻힌 유물들을 나타낸다"고 정의했다. 이렇게 정의가 변화한 것은 트로이의 중요한 발굴이 끝난 뒤인 1880년의 일이다. 트로이 발굴은 "고고학자들이 유물의 연구를 과학의 수준까지 끌어올렸다"고 주장하기에 충분했다. 이후 하인리히 슐리만이 찾아 헤맨 잃어버린 고대 도시 트로이는 다른 연관된 고대 유적 발굴에 방법론적인 차원에서 커다란 분수령이 됐다. 고고학은 단순히 고대 문헌을 읽는 패턴에서 벗어나 분야가 세분화되고 새로운 문헌 해석 방법이 도입되기 시작했다. 묻혀 있는 과거의 고대 유물들이 다시 고고학의 새로운 초점이 됐다.

트로이를 비롯한 다른 고대의 장소들을 새로운 방법으로 접근함으로써 선구적인 고고학자들은 단순히 유물을 약탈하기 위해 파헤치던 기존 패턴에서 벗어나 이야기로 전해오는 고대 도시들이 존재하는 것을 증명하기 시작했다. 물론 트로이의 발굴이 기여한 공이 아주 크다고 할 수 있다. 의문으로 가득 찬 학문의 세계에 참여하기 위해서는 물질적인 증거가 필요했다. 슐리만은 논쟁의 소용돌이에 휩싸였다. 그러나 적어도 그가 흔히 말하는 '프리아모스(Priamos)의 보물'이라는 것을 조작했거나 현대적인 모조품으로 트로이를 속였다는 데에 대한 책임은 조금도 없다. 중요한 것은 그가 1000년 동안이나 묻혔던 고대 유물들을 다시 빛을 보게 했다는 사실이다. 슐리만의 말과 행동은 신뢰할 수 없을지도 모른다. 그러나 고고학의 핵심이 되는 정신은 물질적인 유물로부터 과거를 재구성하는 것이다. 따라서 슐리만이 트로이에서 벌인 초기 작업으로 트로이가 신화가 아닌 역사로서 세계의 주목을 이끌었다는 점에서 충분히 인정받을 자격이 있다.

슐리만이 트로이를 발견하고 발굴을 시작한 이후 지난 몇 세대 동안 많은 논쟁이 벌어졌다. 그러나 트로이에 대한 인식을 신화에서 역사로 변화시킨 그의 역할은 아무리 과대평가해도 지나치지 않다. 교회에서 쫓겨난 성직자의 아들 슐리만은 전 세계를 돌아다니며 많은 재산을 모은 사업가였다. 그는 그런 재력을 바탕으로 고고학이 하나의 학문으로 막 움트기 시작하던 당시 트로이에 관심을 가진 것이다. 기민한 사업가, 조작에 능한 사기꾼, 형편없는 외교관, 거짓말쟁이, 도둑놈 그리고 선구자적인 고고학자 등 그를 지칭하는 말은 많다. 아마 모두 사실일 수도 있다. 1875년 당시 그는 이런 비난 속에서도 트로이에 대한 대중의 의견을 바꾸려고 노력했다. 슐리만의 방법들은 그저 의심받는 정도였으나 최악의 경우 상당히 파괴적이었기 때문에 그를 둘러싼 트로이 논쟁은 충분히 이해할 수 있다. 돌이켜보면 슐리만 이전에는 지금과 같은 고고학적인 방법들을 쓰며 새로운 길을 개척한 사람이 없었다. 그래서 시간이 흘러도 그에 대한 일부 불명예스러운 과거가 여전히 세간의 주목을 받으면서도 그의 선구적인 위상이 입증되면서 그의 공로를 인정하는 사람들도 나타나기 시작했다.

슐리만을 둘러싼 이러한 논쟁 즉, 꼼꼼하게 정리한 연구 노트가 아니라 진실을 조작하려 했다는 논쟁은 종종 그가 트로이 지층의 비밀을 알아내기 위해 노력한 점들을 간과한다. 그 대신 그에게 부분적이고 평범함에 상관없이 도자기들을 이용해 연대를 밝혀주길 바랐다. 그러나 이것에 대해선 쉽게 잊었다. 현대 고고학은 지층에 대한 연구와 유물의 연대 측정이 근간을 이룬다. 지질학에서 나온 층서학(stratigraphy)은 현장의 지층을 출토되는 도자기 같은 유물의 분류하는 체계와 연대 측정 등을 통해 시대를 구분하는 것을 말한다. 이런 연구 방법들을 슐리만과 그의 제자인 빌헬름 도프펠트(Wilhelm Dorpfeld)와 뒷날 그를 대신한 칼 브레겐(Carl Blegen)에 의해 트로이 발굴 현장에서 처음 시작됐다.

내가 고고학자로서 초창기 시절 슐리만의 노트를 직접 본 것은 대학 원생 때인 1984년 아테네에서이다. 그는 노트에 도자기를 세밀하게 그리고 그것에 대해 자세하게 기록해놓았을 뿐만 아니라 그것들을 다시 자세하고 신중하게 몇 가지 언어로 원고에 그려 놓았다. 나는 그것을 보고 최초의 고고학 조사관일지도 모른다는 사실에 감명받았다. 그는 다른 정보들과 함께 도자기들이 어디서 발견됐고 연대를 언제로 결정했는지에 대해 정확한 맥락들을 기록해놓았다. 비록 슐리만의 초기 방법이나 품성을 따르려고 하진 않았지만 1984년 당시 내가 본 그의 현장 노트가 나를 전문적인 고고학의 길로 이끌어준 것은 사실이다.

서사시의 풍경과 실제 지형을 맞추다

터키 북부의 평지에 위치한 히사를리크의 흥터처럼 보이는 언덕 꼭대기에서 북쪽을 바라보면 바닷새들이 남쪽을 향해 날아가지만 다르다넬스 해협의 푸른 바다는 보이지 않는다. 바다에서 불어오는 바람은 때론 거친 돌풍이 된다. 그러나 지금 불고 있는 여름의 산들바람은 수천 년 동안 이곳에 대해 위대한 시인들이 읊은 노래는 전혀 안중에 없는 듯이 매미가 울어대는 맹렬한 더위를 휘젓기에는 무리가 있다. 우리는 이제 평지 위에 특별한 것 없이 그저 평범한 이 작은 구릉이 더 이상 신화가 아니라 역사가 된 전설적인 트로이의 현장이라는 것을 안다. 다음은 호메로스가 《일리아스》(I. 129-30; IV. 30-34)에서 트로이에 대해 쓴 구절이다.

> 설사 제우스(Zeus)가 약탈당한 트로이의 강한 성벽을 지닌 요새를 우리 손에 쥐어주더라도….
> 당신은 영원한 분노에 차 강하게 만들어진 도시 일리온을 몰락시켜버릴 수 있을 것인가? 만약 당신이 문을 통해 진입해서 높이 솟은 성벽을 지나 들어갈 수 있다면….

아마도 고대 신화들 가운데 가장 유명한 트로이와 트로이전쟁은 그리스 문학의 여명기에 불멸의 소재였다. 호메로스가 살았던 기원전 700년 무렵의 트로이는 세월이 지나면서 잊혀지기 시작했다. 2000년이 훨씬 지난 1850년 무렵이라면 사람들의 기억에서 완전히 사라질 정도로 오랜 세월이 흐른 뒤다. 이곳을 찾은 사람들이라면 여기저기 튀어나온 성벽들의 잔해 위로 올리브가 높게 뻗어 있어 성곽을 무색하게 만들고, 그러한 성벽의 파편들로 지은 농부들의 오두막들을 볼 수 있을 것이다. 그러나 노래 속의 트로이는 인생보다 더 커다랗게 보이는 삶과 사랑 속에서 맞물리는 신과 영웅들의 이야기와 함께 영원하다. 오래된 기억의 잔해들은 역설적이고 거의 신화에 가까운 호메로스의 시 속에 잘 보존됐다. 비록 장소와 지형들을 잘 묘사했지만 그가 실존 인물인지 트로이를 여행한 적이 있는지 모른다. 비록 그가 트로이로부터 그리 멀지 않은 오늘날 터키 서부 지방에 위치한 이오니아 출신이라고 알려

트로이 유적지. 슐리만이 트로이를 발견하기 전까지 트로이는 신화 속의 꾸며낸 이야기라고 생각했다. 슐리만은 호메로스의 서사시에 표현된 것을 바탕으로 실제 지형과 맞춰 그 위치를 찾아냈다. 트로이는 지금도 계속해서 발굴과 연구가 이루어지고 있다.

져 있다 해도 말이다. 호메로스는 맹인이었다고 알려져 있기 때문에 더욱 놀랍다. 우리는 이런 결론을 내릴 수 있을 것이다. 호메로스는 그가 상상한 것들 가운데 가장 오래된 신화들 가운데 몇 가지와 다른 누군가가 시로 재창작한 매우 오래된 자료들을 이용해 서사시《일리아스》를 완성했다고 말이다.

19세기 중반 슐리만이 트로이를 발견하기 전까지 트로이는 꾸며낸 이야기라는 것이 전반적인 의견이었다. 프랭크 칼버트(Frank Calvert, 1828~1908)는 슐리만보다 앞서 1852년 이후 거의 20년 동안 히사를리크에 있었다. 많은 사람들이 주장하듯이 칼버트가 슐리만에게 영감을 주었으며 히사를리크가 트로이였다는 생각도 칼버트의 아이디어였다는 것도 가능한 이야기다. 비록 1872년 터키 히사를리크 주변을 호메로스의 묘사와 처음으로 비교한 사람이 슐리만인지 그의 동료 칼버트인지 확인하기 어렵다. 그러나 호메로스가 시에서 묘사한 것처럼 트로이에서 이다산이 보여야 한다는 생각을 확고히 한 것이 중요하다. 슐리만이 스스로 했건 칼버트의 도움을 받았건 말이다. 호메로스의 묘사와 일치한다고 일부 역사가들이 대체적으로 선호하는 발리 다하 언덕의 부나바시나 치블락 마을에 있는 다른 장소가 이 점에서 호메로스의 묘사와 지형이 일치하지 않는다는 것을 슐리만이 처음으로 밝혀냈다. 지형을 문헌과 비교하는 또 다른 기준이 있다. 세월이 흘러 퇴적물이 베식만의 대부분을 채우기 전 배들이 항구로 들어오는 것을 볼 수 있는 곳이라야 한다는 것으로 시모에이스와 스카만데르 강이 가로지르는 평지가 여기에 해당한다. 히사를리크 언덕은 이런 기준을 만족시켰다. 비록 바다는 시야에서 꽤 멀어졌지만 이 지역은 시모에이스와 스카만데르 강이 갈라지는 곳에 있고 남쪽으로는 산이 보였다. 호메로스가 서사시에 얼마나 많은 내용을 담았는가 하는 문제는 답을 필요로 하는 귀찮은 질문이었다. 그러나 히사를리크의 지형은 호메로스의 시에 묘사된 세 개의 기준에 충족했다. 만약 지형을 문헌과 연결한 슐리만의 자료가 자신만의 관찰에서가 아니라 프랭크 칼버트의 것이라면 슐리만은 히사를리크를 트로이에 연결시켜 트로이를 재발견해 세상에 발표한 궁극적인 영예를 칼버트에게서 빼앗은 것이라고 할 수 있다. 윤리적이든 아니든 간에 어쨌든 슐리만은 트로이를 넘어 고고학적인 측면에서 논란이 많은 전설적인 선구자로 기억되는 학자임에는 틀림없다.

그러나 슐리만과 칼버트의 예상 또한 찰스 매클라렌(Charles Maclaren, 1782~1866)이라는 스코틀랜드의 지질학자에게 영향을 받은 것으로 보인다. 매클라렌은 1822년 '이사를리크'가 고대 트로이라고 주장했다. 그는 슐리만과 칼버트처럼 확인하기 위해 현장을 직접 방문한 적이 없었으면 그의 주장은 학자들 사이에서 거절당했다.

1872년 슐리만이 호메로스의 서사시에 묘사된 지형을 실제 지형과 비교해 트로이를 발견했다는 발표가 있자 고대 문헌과 현재 지형을 맞추는 새로운 전통이 장려됐으면 현재까지도 이어지고 있다. 성서에 묘사된 고대 현장들과 도시들 그리고 길들을 찾는 최근의 고고학자들을 들자면, 20세기 가장 유명한 고고학자 윌리엄 올브라이트(William F. Albright 1891~1971), 이가엘 야딘(Yigael Yadin, 1917~1984)과 넬슨 글루엑(Nelson Glueck, 1900~1971) 등이다. 이스라엘에 있는 드빌, 기브온, 라기스 그리고 마사다 유적 등은 성경에 언급된 것을 바탕으로 대규모 현장조사를 통한 분석과 다른 고대 문헌들을 교차 분석함으로써 확인됐다. 1920년대 고대 메소포타미아의 도시인 우르를 처음 발굴한 고고학자 찰스 레너드 울리(Charles Leonard Woolley, 1880~1960)조차도 꾸며낸 우르 이야기로부터 영감을 얻었다. 지중해 세계에 대한 최근의 다른 예는 로마의 역사가 폴리비우스(Polybius, BC 203?~BC 120?)나 티튜스 리비우스(Titus Livius, BC 59?~17)의 역사서 같은 고전 문헌에서 묘사된 한니발(Hannibal, BC 247~BC 183?)의 알파인 루트와 지형학적으로 일치하는 곳을 찾는 작업들이다. 나를 포함한 많은 역사가들과 고고학자들은 고대 문헌들을 가지고 고전 작가들이 방문했을 거라고 짐작되는 곳과 현재의 지형을 비교하기 위해 알프스산맥을 직접 오르며 수년 동안 이런 작업을 지속하고 있다.

문명이 켜켜이 쌓인 도시 트로이

지금 우리는 트로이가 적어도 8개로 나눌 수 있는 문화의 깊은 '층들 (layers)'이 있었다는 것을 안다. 4000년이라는 시간을 거슬러 과거로 갈 수 있는 문화의 층이다. 슐리만은 의미가 없다고 생각해 문화의 층을 뒤죽박죽 헝클어 버렸다. 그는 문화의 층이 담겨 있는 거대한 참호의 중

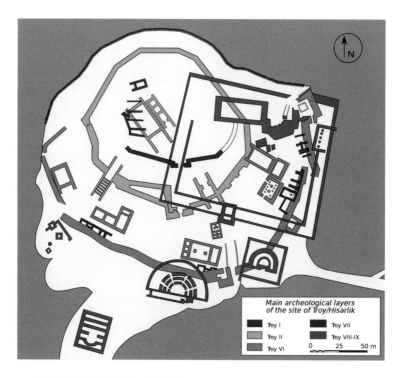

트로이는 수천 년에 걸쳐 시대에 따른 문화의 층이 켜켜이 쌓여 있는 곳이다. 이 그림은 여러 층들을 동시에 표시한 것이다.

심부에서부터 초창기시대의 층까지 거의 바닥까지 뒤덮으며 대부분의 증거를 파괴해버렸다. 그러나 출토된 유물의 매장 깊이와 여러 유물을 비교해 일부는 구별할 수 있다.

19세기에 이르러 발견된 언덕 꼭대기는 고전층으로 지층 9(Stratum IX)로 불린다. 대부분 기원전 85년에서 서기 500년 정도까지의 로마시대에 해당한다. 이 도시는 고대의 이름을 따서 일리움으로 불렸다. 트로이라는 이름도《일리아스》와《오디세이아》두 편에 모두 나오는 고대 도시 이름이다. 그러나 청동기 시대 영화를 만끽한 이후 오랜 세월이 지나자 이 트로이라는 이름은 가장 중요한 고전적인 이름도 그리스인들과 다른 사람들이 가장 잘 알고 있는 나라도 아니었다. 이 로마의 도시에는 신전과 극장 그리고 여러 다른 구조물들이 있었다. 이 문화의 층 아래는 지층 8(Stratum VIII)로 기원전 700년에서 85년 사이의 그리스 시대로 보인다. 알렉산드로스 대왕이 기원전 약 332년에 트로이를 방문했다는 것은 분명하다. 이 층에는 신전과 극장들 그리고 여러 건축물들이 포함돼 있으며 보다 새로운 문화의 층의 기반으로 사용됐다.

아래쪽 더 깊은 지층 7(Stratum VII)은 더 오래된 것으로 그 가운데 일부는 기원전 약 1250년에서 1100년까지의 후기 청동기 시대로 연대가 측정된다. 지층 7과 8 사이에는 특별한 문화적 특징은 없다. 왜냐하면 이곳은 그리스의 암흑에서부터 이오니아에서의 그리스 식민지 팽창 그리고 서부 아나톨리아 시대 대부분까지 약 500년 사이로 그 동안 버려져 있었기 때문이다. 또한 지층 7은 식민지가 되기 전 트로이의 마지막 파괴와 일치하며 일부 학자들은 '그리스인'들과 '트로이인'들 사이에 전쟁이 일어난 시기이며 호메로스의 시대 서사시와 가장 잘 일치한다고 믿는다. 그 밑의 지층 6(Stratum VI)은 두 개의 다른 기간으로 나뉘지만 대부분의 학자들은 기원전 약 1700년에서 1250년 사이로 미케네 시대의 영웅들과 가장 잘 들어맞는다고 믿는다. 이때가 바로 호메로스가 기술한 '트로이전쟁'이 일어난 시기이며 다른 미케네의 도시들 또한 파괴로 고통받은 때다. 지층 6 또한 위대한 성벽이 세워졌을 때인 후기 청동기 시대로 트로이의 문화 역사상 가장 크고 긴 시간이었다. 초기 그리스의 후기 문화에서는 이러한 돌 하나하나가 너무 크고 사람의 힘으로 옮기기에는 너무 크다고 생각했기 때문에 이 벽을 '거대한 석조 건축'이라고 불렀다. 이는 당시에 이런 기술이 침체에 빠져 있었다는 것을 알려준다. 지층 6 아래의 지층 5(Stratum V)에서 3(Stratum III)은 기원전 약 1700년에서 2200년으로 트로이가 영고성쇠를 거듭하는 기간이었다.

이렇게 오랜 기간 쌓인 문화의 층들 가운데 가장 깊은 층이라고 할 수 있는 가장 아래 지층 2(Stratum II)는 기원전 약 2400년부터 약 2200년 초기 청동기 시대의 마지막까지로 연대가 측정된다. 당시 도시는 더 작은 마을 규모로 슐리만이 생각한 것보다 1000년 정도 더 오래됐다는 사실에도 불구하고 그가 바로 유명한 '프리아모스의 보물'을 발굴했다고 알려진 층이다. 지층 1(Stratum I)은 기원전 약 3000년에서 2400년 사이의 초기 청동기 시대로 거슬러 올라가며 성벽 요새는 언덕 꼭대기 정도에 불과했을 것이다. 아마도 자연적인 암석 근처에 요새를 세우고 그 주위에 나무 울타리를 친 정도로 신석기 시대일 수도 있다.

비록 슐리만이 트로이의 많고 다양한 문화의 층을 이해하는 데 있어서 자료들을 대단히 잘못 해석했지만 아나톨리아에서 그가 실행에 옮긴 그러한 고고학적 연구는 선례가 없었다. 1890년 이후 빌헬름 도프

펠트와 1930년대 칼 브레겐 그리고 1980~1990년대 만프레드 코프만 (Manfred Korfmann, 1942~2005)을 포함해 슐리만의 추종자들과 계승자들은 트로이의 많은 층들에 대한 연구를 조정하고 수정했으며 원래 약 20미터보다 더 깊이 조사했다. 이런 방법을 통해 우리는 다르다넬스 해협을 따라 흑해와 지중해를 연결하는 필수적인 수로와 함께 유럽과 아시아 사이의 중요한 무역로 가운데 하나로 전략적인 지점에 위치했기 때문에 트로이가 점령당하지 않고 긴 역사를 가질 수 있었다.

트로이의 존재를 세상에 알린 슐리만

그 동기와 방법이 어쨌든 간에 슐리만은 세상에 트로이가 존재했다는 것을 밝히고 설득했다. 1870년에서 1890년에 이르는 기간 동안 트로이에서의 다양한 활동을 통해 슐리만은 어느 누구도 하지 못한 일을 해냈다. 그는 문학과 지형을 연결시키는 새로운 방법으로 학문의 세계를 설득했다.

당시 고고학계에서 말썽의 대상이던 슐리만은 1872년 학자들 사이의 일반적인 의견에 도전해 히사를리크가 트로이였다는 것을 확인한 것에 대해 엄청난 공격을 받았다. 그가 어떤 증거도 전혀 없이 자신이 발굴한 유물에 대해 멋대로 이름을 붙였고 특히, 1873년 히사를리크에서 '프리아모스의 보물'을 발굴했다고 주장한 것이 슐리만이 공격받은 대표적인 논쟁이다. 슐리만은 트로이를 가능한 실제 장소로서 그리고 호메로스를《일리아스》에서의 초기 트로이전쟁과 같은 사건의 기록자로 인식을 바꿔 세상의 주목을 끌었다. 1874년 런던에서 그의 책《트로이와 유적들(Troy and Remains)》가 나왔을 때 많은 비평가들은 지나친 망상에서부터 간통, 도둑질 그리고 허풍에 이르기까지 온갖 비난을 받았다. 비평가들은 부끄러움을 무릅쓰고 다음과 같은 어리석은 논평을 남겼다. "만약 트로이가 결코 존재하지 않는다면 과연 그가 그것을 어떻게 찾을까?"

그러나 슐리만에게는 그의 의견을 옹호해주는 동료들도 있었다. 그들이 슐리만을 존경해서 그런 것이 아니라 생각이 같았기 때문에 적어도 트로이의 발견에 대한 의견은 지지한 것이다. 물론 지금은 인정하는 사실이지만 당시에는 소수 의견이었다. 그 가운데 일부는 오늘날 저명한 학자로 평가받는 사람들이다. 이러한 학문적인 '연합'에는 베를린대학교의 병리학자이자 인류학자인 루돌프 피르호(Rudolf Virchow, 1829~1902) 박사, 런던 영국박물관의 고고학자 찰스 뉴턴(Charles Newton, 1816~1894), 옥스퍼드대학교의 동양학자이자 언어학자인 프리이드리히 막스 뮐러(Friedrich Max M?ller, 1823~1900) 교수 등이 참여했다. 슐리만과 적어도 70여 통에 이르는 편지를 주고받은 학자들이다. 또한 동양학자로 메소포타미아 연구의 권위자인 아치볼드 헨리 세이스(Archibald Henry Sayce, 1845~1933) 박사도 이 연합에 참여했다.

슐리만을 가장 많이 폄하한 비평가인 데이비드 트레일(David Traill)조차 슐리만의 노트는 트로이 발견에 대해 "가장 진실하고 정확한 기록"이라고 인정했다. 트레일은 온 힘을 다해 슐리만의 인생과 그의 말썽 많은 거래들을 낱낱이 파헤쳐 세상에 고발한 학자이다. 비록 슐리만의 사기를 폭로했지만 트레일은 "슐리만의 발굴들은 고고학 역사에서 가장 중요한 것들 가운데 일부를 차지한다"고 인정했다.

트로이전쟁은 무역권을 둘러싼 전쟁이다

사료에 따르면 트로이전쟁은 여자가 아니라 무역권을 둘러싸고 일어난 것이다. 신화는 우리에게 하나의 이야기와 또 다른 역사를 말해준다. 우리는 그리스·로마 신화나 전설들로부터 트로이의 왕자 파리스(Paris)가 헬레네를 유괴한 것이 트로이전쟁의 이유라고 알고 있다. 이러한 신화에 따르면 트로이의 파괴는 파리스가 여신들 사이에서 벌어진 유명한 미녀선발대회에서 헤라(Hera)와 아테나(Athena)를 제치고 아프로디테(Aphrodite)를 선택한 것에서 비롯됐다.

여러 신화학자들이 다양하게 이야기하듯이 제우스는 여신인 테티스(Thétis)가 제우스의 아들을 임신했기 때문에 펠레우스(Peleus)와 테티스의 결혼식에 모든 신들을 초대했다. 아폴론신전 신탁의 예언에 따르면 이 아들은 아버지를 뛰어넘을 것이었다. 제우스는 그의 아들이 자신보다 뛰어난 것을 용납할 수 없었다. 그래서 예언을 피하기 위해 테티스를 병약해 일찍 죽을 왕 펠레우스와 결혼하도록 계획한 것이다. 이 미녀선발대회는 조작된 것이다. 젊은 파리스는 에로스(Eros)의 사랑의 화살에 맞았다. 그는 헤라에 의해 축복받는 조화로운 결혼이나 아테나의 지혜를 빌려 세상을 정복하고 지배하는 일에는 흥미가 없었다. 반면 아프로디테는 그에게 세상에서 가장 아름다운 여인이 될 것을 약속했다. 신화에는 파리스가 아프로디테를 선택했고 이로 인해 헤라와 아테나의 영원한 증오를 사게 됐다고 나온다.

파리스가 스파르타에 도착했을 때 아프로디테는 그와의 약속을 지켰다. 스파르타의 메넬라오스 왕의 아내인 헬레네는 파리스와 눈이 맞아 함께 트로이로 도망쳤다. 그리스인들은 그녀를 되찾고 그들의 국가적인 자존심을 회복하기 위해 복수가 필요했다. 트로이전쟁에 대한 이러한 신화적인 해석은 놀라울 정도다. 그러나 어떤 역사적인 근거도 없다.

영국 총리를 네 번이나 역임한 윌리엄 글래드스턴(William Ewart Gladstone, 1809~1898)은 원래 학자였다. 그는 1858~1876년 사이 《호메로스와 호메로스의 시대(Homer and the Homeric age)》라는 책을 썼다. 그는 이 책에서 트로이전쟁은 내전이었다고 주장했다. 그는 슐리만에게 영향을 받았고 슐리만 또한 글래드스턴에게 영향을 받은 것으로 보인다. 글래드스턴이 네 차례에 걸쳐 총리로 있을 때 두 사람은 서로의 의견을 존중하며 연구했다.

실제 역사는 호메로스의 서사시와 다른 이야기를 하고 있다. 우리 모두가 먼저 해야 할 것은 지도를 펼치고 트로이가 오늘날 터키 북서쪽의 아나톨리아에 위치하고 있다는 것을 확인하는 것이다. 이곳은 흑해와 동부 지중해 특히, 에게해가 만나는 다르다넬스 해협으로 유럽과 아시아를 이어주는 가교이다.

트로이는 동쪽과 서쪽 사이에 위치해 무역에 있어서 핵심적인 곳이다. 해류와 바람은 배들이 베식만에 있는 트로이의 항구로 오는 것을 도와준다. 트로이는 항구에 도착한 배들이 싣고 온 물품에 세금을 매기고 때로는 무역 결정권자가 되기도 했다. 흑해를 따라 동쪽에서 무역을 하는 사람이나 동쪽의 귀중품을 구하던 서쪽의 사람들은 트로이를 거치지 않고서는 장사를 할 수 없었다. 그들을 해협을 통제하던 트로이에 통행료나 세금을 더 지불해야 했다. 지리적으로 독특하고 전략적인 위치 덕분에 트로이는 양쪽에서 오는 상품들이 바람과 해류를 타고 모일 수 있는 중계무역 도시로 기능할 수 있었다. 이는 트로이가 서쪽과 동쪽이 만나는 하나의 큰 시장이 될 수 있었던 이유이다.

그래서 만약 트로이에 전쟁이 있었다면 일종의 무역 전쟁이었다는 것이다. 다른 국가나 부족들이 트로이의 독점을 무너뜨려 무역에 들어가는 비용을 줄이고 높은 상품 가격에 불만을 품고 트로이를 정복하려는 무역 전쟁을 벌였을 것이라고 추측할 수 있다. 기원전 13세기 아카이아 사람으로 불린 호전적인 미케네의 그리스인들은 이웃 도시국가들보다 트로이와 더 자주 부딪쳤을 것이다. 트로이의 남동쪽 히타이트족은 트로이가 서쪽의 무역을 독점했기 때문에 경제적인 위기에 처했다. 그러나 히타히트족이 생존을 위해 필사적으로 투쟁한 것에 대해선 그리스 역사가 기록한 어떠한 서사시도 남아 있지 않다. 그래서 트로이전쟁 또는 전설과 섞인 많은 그런 전쟁들이 필연적으로 영역 주도권 전쟁으로 그려져 있다.

어떤 물품들이 동쪽에서 서쪽으로 혹은 그 반대로 트로이를 거쳐 갔을까? 남쪽의 메소포타미아 쪽 무역로는 해적들과 무법천지의 도둑들로 갈 수가 없어 북쪽을 택했을 것이다. 무역을 보호해줄 만한 군사력을 거느린 중앙집권적인 정부가 없을 때 잘 벌어진다. 역사는 우리에게 기원전 20~15세기 사이 후기 청동기 시대에 이런 종류의 권력 공백이 있었다는 걸 말해준다. 따라서 상인들과 무역업자들은 이동하는 데 가장 싸며 안전한 노선을 찾았을 것이다. 북쪽의 트로이는 가장 신뢰할 수 있는 무역 중심지로 각광받기 시작했다.

이 트로이의 북쪽 무역로를 따라 비단 같은 직물들이 카프카스산맥과 동쪽 카스피해를 지나 서쪽으로 갔다. 보석을 비롯해 청금석과 같은 귀중한 보석들도 이 길을 따랐을 것이다. 향신료와 소금도 위험한 남쪽

노선을 피해 이 길을 이용했을 것이다. 초기 그리스인의 조상들은 직접 생산하지 못하는 와인과 올리브오일 그리고 곡물을 거래하기 원했을 것이다. 또한 동쪽처럼 화려한 귀중품을 만들기 위해 금과 은 그리고 구리 등 기타 금속들까지도 교역하기를 원했을 것이다. 이렇게 트로이는 흑해와 에게해 사이에 위치해 이상적인 장소를 제공했다. 이런 상황에서 트로이의 무역을 둘러싼 전쟁은 불가피했을 것이다. 신화가 말하는 것보다 역사적 사실일 가능성이 높다. 물론 무역을 둘러싼 전쟁보다 아름다운 여인을 차지하기 위해 싸우는 것이 사람들의 흥미를 자아낸다.

트로이의 목마는 신화가 아니다

앞서 언급했듯이 신화는 때로 역사적인 진실의 핵심을 내포할 수 있다. 트로이 이야기 속의 거대한 목마의 존재는 숨겨진 위험보다 더 많은 것을 상징한다. 누구나 트로이 목마에 대해 알고 있다. 그런데 신화의 이면에 무엇이 있으며, 왜 말이 트로이의 몰락을 상징하는 것일까? 동쪽의 말들이 처음 온 곳이 바로 트로이다. 신화에서조차 트로이는 말을 사육한 것으로 유명한 것이 언급된다. 그리스 신화에서 바다의 신 포세이돈(Poseidon)은 말의 신이기도 하다. 아폴론(Apollon)과 함께 트로이의 성벽을 만드는데 도움을 준 신 가운데 한 명이다. 트로이의 황태자는 헥토르이다. 호메로스는 《일리아스》의 마지막 부분에 그를 두고 "말들의 조련사 헥토르"라고 묘사했다. 헥토르의 위대한 헬멧에 있는 긴 깃털 또한 말의 털로 만들었으며 《일리아스》의 많은 인용들에서 헥토르와 트로이인들이 말과 연관된다. 그래서 오디세우스가 꾀를 부

트로이 목마를 표현한 것 가운데 가장 오래된 것으로 알려진 미코노스 꽃병.

려 계획한 함정 트로이 목마에 대한 신화적인 이야기가 설득력이 없는 것은 아니다. 말과 친했던 트로이 사람들에게 트로이 목마는 매혹적이고 친근한 형상이었다.

가축에 대해 연구한 역사가들은 약 기원전 2000년 무렵 말이 처음으로 흑해와 다르다넬스 해협을 거쳐 중앙아시아에서 지중해 세계로 알려졌다고 주장한다. 이는 무역을 통해 이루어졌다. 아시아와 유럽을 연결하는 핵심적인 곳이 트로이였기 때문에 당연히 트로이를 통했다. 말은 원래 이곳에 이주한 사람들이 탔다. 이후 교역의 대상이 됐다. 점차 짐을 나르고 전쟁에서 이륜 전차를 끄는 중요한 수단이 됐다. 말이 있고 다룰 줄 아는 사람은 누구나 큰 이득을 누렸다. 따라서 말은 신화의 이면에 깔려 있는 역사를 푸는 열쇠가 된다. 말을 타고 대초원을 누비는 이주민의 모습을 연상케 하며 최종적으로는 트로이를 통과한 이국적인 교역 상품이라는 단서가 될 수 있다. 아마도 처음에 말이 인간과 한 짝이라는 것과 길들인 동물이라는 것을 알아보지 못한 이들에게는 그리스 신화에 나오는 반인반마의 괴물 켄타우로스(Centauros)처럼 보였을 것이다. 이러한 신화적인 말의 모티브는 아직도 트로이의 재발견 이면에서 찾을 수 있는 조각 그림 맞추기의 일부분이다. 트로이의 중요성이 더 많이 알려지고 신화의 아래 부분에 깔려 있는 역사적인 사실들이 그 베일을 벗을 때 말은 또 다른 매력적인 대답을 들려줄 것이다.

청동기 시대의 트로이

청동기 시대의 히타이트어 문헌은 그들이 일리온을 윌루사로 알았다는 것을 보여주며 당시 트로이의 존재를 증명하고 있다. 트로이의 재발견으로 인해 더욱더 넓어지는 지식의 파문들은 오래된 과거의 쟁점들을 해결해준다. 언어와 언어학 역시 트로이의 존재에 더욱더 구체적인 증거들을 계속해서 제시하고 있다. 고고학적인 사실들은 언어학적 발견들과 연결돼 있다. 기원전 1500~1100년 사이 지금의 터키 아나톨리아의 고대 히타이트 문화에 대한 전문가들은 고대 언어로도 트로이를 발견했다. 예를 들어 한스 구테르보크(Hans Güterbock, 1908~2000)는 그리스어로 일리온이라는 이름은 트로이가 실제로 존재한 장소이고 히타이트식 이름과 밀접하게 연관돼 있다는 것을 보여준다. 분명한 것은 트로이에 대한 히타이트식 이름이 윌루사였다. 이 단어는 선형 B 문자 문헌들 속에서 살아남은 미케네의 최초 그리스 문자들과도 유사하다. 가장 오래된 고대 그리스어에서 'w'의 소리는 모음으로 시작하는 단어 앞에 붙는다. 따라서 히타이트의 단어들과 초기 그리스어를 추적하면 윌루사(Wilusa)에서 'w'를 빼면 바로 알아볼 수 있다.

더구나 에게해 연안 지대와 섬들을 식민지로 만들거나 그들과 교역하는 트로이를 대상으로 약탈을 일삼고 해적질하던 사람들의 히타이트 이름은 아히야와(Ahhiyawa)이다. 이 이름 또한 호메로스의 서사시에서 미케네의 그리스 사람들이라고 불린 사람들과 꼭 같다. 아카이아(Achaea)에서 온 이 사람들의 이름은 고전 역사를 통해 아카이아인으로 계속 남았다. 비록 신화를 대상으로 한 서사시이지만 호메로스의 《일리아스》는 신화와 고대 언어의 일부가 다소 다르게 기록됐다는 언어학자들의 주장에 동의하면 어떨까? 많은 그리스와 트로이 사람들의 이름이 서로 연결된다는 사실을 말이다. 트로이 발굴에서 나온 고고학적 자료들은 동양과 서양 문화가 혼합된 것을 보여준다. 이제 트로이 재발견이 더욱더 넓게 이해되고 있기 때문에 고대 언어는 서서히 베일을 벗고 있다. 만약 트로이 현장과 그 중요성에 대한 재발견이 없었다면 윌루사가 일리온이자 트로이라는 새로운 언어학적 증거 그리고 아카이아인들과의 관계를 연결하지 못했을 가능성이 높다.

이런 내용들을 비롯해 유사한 언어학적 증거들은 트로이가 단순히 호메로스의 서사시의 주제에만 그치지 않는다는 것을 보여준다. 또한 19세기 후반 초기 고고학이 증명했듯이 트로이가 역사적인 장소라는 것을 점점 더 구체화해주고 있다.

최근의 발견들

트로이에서 최근 발견한 것은 계속해서 그 중요성을 보여준다. J. 로렌스 엔젤(J. Lawrence Angel, 1932~1988)은 미국 스미스소니언박물관 출신으로 고대 인류의 뼈를 연구하는 고대 인골학이라는 학문을 개척한 유명한 고고인류학자였다. 그는 트로이 주변의 묘지들이 중요한 사실을 말해준다는 것을 증명했다. 그 지역에서 출토된 유골의 두개골 모양을 통해 엔젤 박사는 그곳에 세 종족이 있었다는 것을 추론했다. 먼저 에개의 두개골은 유럽 쪽의 그리스인으로 추정된다. 다음은 동쪽 또는 남쪽의 히타이트족으로 확인된 아나톨리아의 두개골 그리고 마지막으로 두 특징이 혼합된 두개골로 특히, 트로이 지방에서 발견됐다. 그가 제안하고 싶은 것은 트로이는 교역의 중심지였기 때문에 시간이 흐름에 따라 히타이트족과 미케네인들의 혈통이 혼합된 사람들이었을 것이라는 점이다.

1988년부터 독일 튀빙겐대학교의 만프레드 코프만 교수는 트로이에서 진행한 고고학 프로젝트를 감독했다. 미국 브린모어대학의 마흐텔드 멜링크(Machteld Melink) 교수와 신시내티대학교의 브라이언 로즈(Brian Rose)를 포함한 여러 나라에서 온 동료들과 합동으로 벌인 연구를 통해 코프만은 대담한 결론을 내렸다. 모두가 동의하진 않았지만 그가 펼친 드라마는 또 다시 트로이에 대한 주목을 이끌어냈다. 2005년 코프만이 그리고 2006년 멜링크가 죽었지만 그들의 기념비적인 작업으로 19세기 후반과 20세기 초반 이후 다시 한번 트로이의 역사적인 중요성이 부각됐다. 그들이 제기한 새로운 질문은 이것이다. "트로이전쟁은 과연 정말로 일어난 것일까?"

코프만을 비롯한 연구진은 아직 논쟁 중이지만 원격탐지기술인 GPR(지하탐지레이더)와 자기측정 기술을 이용해 고고학적으로 매우 귀중한 새로운 증거를 찾아냈다. 많은 비평가들은 일찍부터 트로이라는 도시를 둘러싼 성벽의 규모를 비율로 환산해볼 때 도시를 둘러싸기엔 너무 작았기 때문에 히사를리크의 잔해들이 발견된 곳이 트로이라는 데 의심을 품었다. 과학적인 새로운 연구들은 언덕 높이 있는 요새로부터 멀리 떨어진 평지에서 연대 측정이 가능한 후기 청동기 시대에 만들어진 성벽의 일부를 발견했다. 따라서 히사를리크 언덕은 트로이의 여러 고대 도시들과 함께 언덕 위에 세운 단순한 성채였을 가능성이 크며 트로이라는 도시는 이전의 생각보다 훨씬 더 컸을 것이라는 주장이다. 항공사진으로 보면 트로이라는 고대 도시의 '발자국'은 올리브 과수원으로 완전히 가려져 있으며 심지어 울퉁불퉁한 땅 때문에 농사짓기가 쉽지 않다. 이 발견은 사실상 슐리만 또는 카버트의 발굴 초기 직관이 맞았다는 것을 증명한다. 슐리만은 1880년 펴낸 《일리오스(Ilios, The City and Country of the Trojans)》에 "요새는 단지 오래된 트로이의 작은 부분이다"라고 썼다.

나는 처음부터 내가 발굴 작업을 벌였던 히사를리크 언덕이 단지 트로이의 요새가 있던 곳이라고 믿었다. 그리고 히사를리크가 노붐 일리움의 성채였다는 것은 사실이다.

노붐 일리움이라고 한 것은 슐리만이 그곳에 위치했던 훨씬 이후의 로마 도시를 의미하는 주장이다. 그는 그렇게 주장했으나 그의 발굴 결과들은 이 직관과 반대였다. 이러한 예감은 슐리만이 코프만처럼 알맞은 장소를 발굴했더라면 과학적으로 유효한 추론을 이끌어냈을 수도 있었을 것이다.

아마 근래에 진행된 트로이에 대한 고고학적 연구 가운데 가장 흥미로운 요소는 코프만 연구진이 전쟁의 실질적인 증거 또한 발견했다는 점이다. 고고학자들이 탄화된 '화산재 렌즈'라고 하는 불에 탄 나무에 박혀 있는 화살촉을 발굴했기 때문이다. 비록 이에 대해 분류하고 분석 중이고 코프만이 남긴 유산이 지역적으로 아주 작은 범위에 불과하지만 트로이전쟁에 대한 하나의 증거일 것이다. 그러한 전쟁과 관련된 호메로스의 서사시에 등장하는 광범위하고 거대한 용어들이 그 이후 예술가와 시인을 비롯해 역사가들에게 영감을 주었다는 것은 분명하다.

유물 중심의 역사라고 할 수 있는 고고학은 사실 트로이의 발굴과 함께 시작됐다. 결국 고대 역사에 대한 이해할 수 있는 유일한 자료는 문자로 쓰인 문헌에만 있다는 인식을 완전히 바꿔놓았다. 흙 그리고 흙 속에 묻혀 있는 역사는 다른 종류의 역사가 즉, 고고학자들이 해석해야 할 성질의 것들이다. 아무리 트로이의 역사와 슐리만 같은 때로는 의심스러운 발굴가들의 주장이 수정되고 고쳐진다 해도 수천 년 동안 묻혀 있던 트로이가 과거에서 나와 모습을 드러내 세상을 뒤흔들었으며 역사를 다시 써야 하는 중대한 발견으로 남을 것이다.

메소포타미아 문명의
열쇠

Hundstadt

Laubach

Gemünden

Niederlauken

Rod

Oberlauken

Merzha

Neuweilnau

Altweilnau

10

Hundstall

bach

Treisberg

Finsternthal

Brombach

Dorfweil

Manloff

eubach

Schmitten

1849년, 모술 외곽의 쿠윤지크 언덕

적어도 10년 동안 이 순간이 오기를 기다려왔다. 그는 처음으로 홀로 몇 주에 걸쳐 대륙을 건너고 폭풍우가 몰아치는 바다를 지나 뜨거운 사막을 횡단했다. 기도하는 사람들을 부르는 아우성과 소음이 가득한 시장에서 이국적인 내음을 맡았고 횡설수설하는 낙타 상인들과 실랑이를 벌이기도 했다. 이 모든 것들이 이제 그의 기억 뒤편으로 사라졌다.

오스텐 헨리 레이어드(Austen Henry Layard, 1817~1894)가 커다란 언덕을 오르고 때 그의 그림자가 떠오르는 달빛을 갈랐다. 그는 잃어버린 고대 도시 니네베를 찾고 있었다. 그는 런던에서 변호사 교육을 받고 지금은 이 먼 곳에 와서 외교관으로 봉사하고 있었다. 이곳으로 끌어들인 것은 유물, 그를 흥분하게 하는 고대 역사였다. 그가 가장 좋아하는 책 가운데 하나는 니네베의 몰락을 묘사한 히브리 예언자 나훔(Nahum)의 예언서다. 그가 잊혀진 고대 세계를 좋아하게 된 이유는 2년 전으로 거슬러 올라간다. 님루드의 언덕을 몇 킬로미터 정도 발굴하면서 겪은 가치 있는 경험이 그를 모술에서 가까운 이곳으로 이끌었다.

그는 이곳 시장에서 넝마주이들이 보여주는 먼지로 뒤덮인 물건들을 보았다. 어디에서 주웠냐고 묻자 그들은 지금 그가 올라가고 있는 쿠윤지크 언덕을 가리켰다.

적어도 사방으로 4000제곱미터 정도 뻗어나간 이 커다란 언덕을 바라봤다. 이때만 해도 레이어드는 깊게 팬 땅에 말라붙은 돌무더기 잔해가 달빛에 빛나는 이곳이 오래된 고대 성벽의 잔해일 수 있다고 생각했다. 이곳은 그 규모로 짐작했을 때 한때 요새였으며 상당히 큰 규모였을 것이다. 원래 형태를 알아볼 수 없지만 한 성벽은 요새 입구로 보였다. 그는 그 성벽이 도마뱀들의 소굴이라는 것을 주목하면서 그곳을 향해 성큼성큼 걸어갔다. 그는 작업할 인부들이 내일 아침 오면 바로 일을 시작하기로 마음먹었다. 지금은 모술로 돌아가 잠을 청할 시간이었다. 레이어드는 그날 밤 니네베에 대해 꿈을 꿀 것이라고 생각했다. 그는 자신이 쏟는 역사에 대한 모든 열정들로 인해 이 언덕이 정말 그가 바라던 곳이기를 간절히 바랐다. 언덕을 내려오면서 멀리서 자칼의 울음소리를 들었다. 부엉이는 쥐를 찾아 달빛을 가로질러 날고 있었다. 새벽이 얼마 남지 않았지만 흥분에 찬 레이어드에게 시간은 더디게 갔다. 지금 이 이야기는 다른 사람의 설명과 많이 다를지도 모른다. 어쨌든 레이어드는 자신이 고대 도시 발굴에 뜨거운 열정을 가지고 있다는 것을 알고 있었다.

아슈르바니팔 왕의 도서관

1849년 레이어드는 발굴을 시작한 지 며칠 지나지 않아 니네베를 찾

사자를 사냥하는 아슈르바니팔 왕. 오스텐 헨리 레이어드가 전설 속의 도시 니네베를 발견했다. 니네베의 발굴에서 역사를 다시 쓰게 한 것은 아슈르바니팔 왕이 건립한 도서관에 소장된 점토서판들이다. 이 서판들이 역사를 완전히 바꿔놓았다.

는데 성공했다. 작업자들은 왕실의 큰 문을 파냈다. 수염을 길게 늘어뜨린 반신반인들과 거대한 짐승 그리고 엄청나게 큰 독수리의 날개가 있는 석상을 발굴했다. 그리고 자연이 시작하고 인간이 마무리한 이 언덕에 있던 이전 왕족의 기록들에서 나온 설형문자(점토 위에 갈대나 금속으로 만든 펜으로 새겨 쓴 문자, 쐐기문자—옮긴이)가 기록된 점토서판이 가득 나왔다. 이 서판들을 해석하지 못해 수십 년 동안 니네베라고 확인하진 못했다. 그러나 레이어드의 꿈은 이루어졌다. 그 서판들은 아시리아 왕족 도서관에 있던 것이었다. 현재 우리가 아슈르바니팔(Ashurbanipal, 기원전 685~기원전 627) 왕이 만든 이 왕족 도서관으로부터 알 수 있는 것은 이 도서관이 인류의 기존 역사를 완전히 바꿔놓았다는 것이다.

레이어드의 발견을 통해 우리는 니네베가 전설적인 성서 속의 도시와 비슷하기도 하고 다르기도 하다는 것을 알았다. 또한 그것은 놀랍게도 바빌론의 공중정원이 바빌론이 아니라 니네베였을지도 모른다는 것을 말해준다. 아시리아 왕족 도서관의 발굴로 잃어버린 역사가 다시 모습을 드러낸 것이다. 메소포타미아 문명의 전통·과학·약학·미술 그리고 서사시 특히, 〈길가메시 서사시(Epic of Gilgamesh)〉와 같은 작품을 포함해서 말이다. 1849년 레이어드가 이 발굴에 대해 쓴《니네베와 그 유물들(Nineveh and Its Remains)》을 출판하자 역사에 대한 새로운 열정을 불러일으켰다. 몇 년 뒤 조지 스미스(George Smith, 1840~1876)가 발견한 아주 오래된 고대 메소포타미아의 대홍수에 대해 적어놓은 판으로 인해 성서 연구의 중심이 됐다.

니네베에 있는 아시리아 이슈르바니팔 왕의 왕족 도서관에서 나온 눈에 띄는 발견은 고대 아시리아의 설형문자뿐만이 아니다. 그보다 더 오래된 수메르와 아카디아 그리고 바빌로니아와 그 외 다른 문명에서 복제한 문헌들이 새로운 희망을 가져다주었다. 이 위대한 문학의 대부분은 서양에 처음 선보였다. 이런 발견 가운데 다른 무엇보다 〈길가메시 서사시〉와 〈에누마 엘리시(Enuma Elish)〉 그리고 〈함무라비 법전〉에서 보듯이 세계의 문학을 바꿨다. 1847년 이후 니네베는 더 이상 전설이 아니라 현실이 되었다.

아시리아의 배경

기원전 612년 세계에서 가장 훌륭한 도시 가운데 하나인 니네베는 완전히 무너졌다. 니네베는 이집트 사막에서부터 페르시아 산맥에 이르기까지 고대 근동 지역에서 정복으로 맹위를 떨치던 아시리아의 수도였다. 아시리아는 세계사에 처음 등장한 군사적인 왕국이었다. 거대한 군사를 거느린 힘으로 도시와 도시들을 초토화시키며 정복했다. 그런 정복에 앞장선 지휘관은 스스로를 왕 중의 왕으로 만들었다. 아시리아의 잔혹함은 그야말로 전설적이었다. 포로들은 꼬챙이에 꽂힌 채 죽거나 참수되고 자녀들은 장님으로 만들어버렸다. 포로가 된 왕족들은 혀가 청동 갈고리에 뚫리는 조롱을 당해야만 했다. 만약 아시리아인들이 심리전을 발명하지 않았더라면 그들은 이런 참혹한 짓을 계속했을 것이다. 기원전 9에서 기원전 7세기 사이 결코 무찌를 수 없는 천하무적으로 보이던 전성기에 그들이 벌인 교활한 선전 즉, 저항하면 어떤 최후를 맞이할 것인지에 대한 그들의 엄포로 적들은 아시리아의 장갑부대가 내는 철커덕하는 소리만 듣고도 두 손 들고 투항했다.

지금까지 얘기한 것은 역사라는 세력 균형에서 볼 때 아시리아의 입장이다. 무역보다는 노예와 전리품에 의존하면서 국내문제를 등한시한 아시리아는 시간이 흐르면서 점점 약해졌다. 정복당하지 않은 재산들이 거의 없을 정도로 모두 적의 수중에 넘어갔다. 역동적이고 카리스마 넘치는 통치자 나보폴라사르(Nabopolassar, 기원전 658?~기원전 605) 정권이 등장한 남쪽의 식민지 바빌론이 부상했다. 예루살렘을 약탈하고 유대를 멸망시켜 그 악명을 떨친 네부카드네자르 2세(Nebuchadnezzar II, 기원전 634?~기원전 562)의 아버지가 바로 나보폴라사르다. 그는 바빌론 국민들을 아시리아가 옛날에는 대단했지만 지금의 힘없는 과거의 그림자에 불과하다고 설득했다. 아시리아 동쪽에 위치한 미디아로

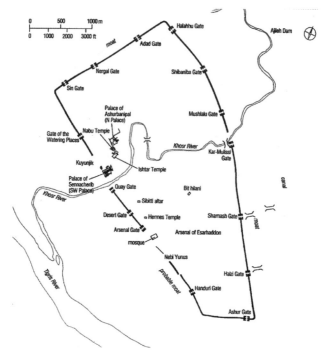

니네베를 간략하게 묘사한 평면도. 니네베는 이집트 사막에서 페르시아산맥에 이르기까지 고대 근동 지역에서 맹위를 떨치던 아시리아의 수도였다. 이곳에서 발견한 도서관에는 잘 보존된 많은 양의 점토서판이 나와 잃어버린 고대 메소포타미아 역사를 되살려줬다.

부터 이미 몇 년 전에 공격받았지만 니네베는 살아남았다. 그러나 니네베는 이제 침략받기 아주 좋은 상황이었다. 나보폴라사르는 재빨리 티그리스에 부대를 집결시키고 곧바로 공격했다. 쉴 틈을 주지 않고 공세를 퍼부어 아시리아 왕도 니네베에 있던 아시리아인 모두 갇히는 신세가 되고 말았다. 나보폴라사르는 어느 누구도 증오스러운 아시리아인들을 구하기 위해 나서지 않을 거라고 생각을 중요하게 고려했다. 이후 왕족 도서관에 있던 1000개나 되는 점토서판 같은 아주 귀한 것 몇 개만 남긴 채 니네베의 모든 것을 파괴했다.

높이가 9미터가 넘는 톱날모양의 니네베 성벽 사이마다 도시로 들어가는 문이 있었고 이 문은 두꺼운 청동으로 둘러싼 나무로 만들어져 있었다. 성벽을 깨는 해머 치면서 커다란 방패로 엄폐하면서 바빌론의 군대가 니네베로 진군했다. 성을 방어하기 위해 쏘는 화살은 무용지물이었다. 바빌론의 사나운 공격은 니네베에 치명적이었다. 웅장한 니네베 성문은 결국 무너졌다. 도시를 지키던 아시리아 군사들은 물밀 듯이 쳐들어오는 바빌론 군사와 그 동맹군에 의해 완전히 압도당했다. 니네베 사람들은 필사적으로 벗어나려고 발버둥 쳤다. 심지어 멀리 떨어진 이스라엘에서도 나훔의 예언은 다음과 같은 노래로 전해졌다. "어디를 가도 쇠사슬 소리가 들리는 피의 도시 니네베는 망하고야 말 것이다." 니네베가 함락되자 아시리아인을 제외하고 우는 사람은 아무도 없었다.

니네베를 향한 복수와 분노의 세월은 파괴자들에게 복수의 인센티브를 주었다. 거대한 화염이 삼나무로 만든 거대한 지붕을 무너뜨렸다. 햇빛에 건조된 진흙 벽돌과 흙으로 만든 물건들이 마치 도시 전체가 거대한 가마인 것처럼 불태워졌다. 진흙 벽돌로 된 거대한 도시 니네베에 남은 모든 것이 먼지가 되어 사라졌다. 몇 천 년이 지난 뒤 오토만 제국이 티그리스와 유프라테스 지역까지 영토를 확장하자 유럽인들은 더 이상 그곳으로 여행할 수 없었다. 그리고 아시리아인들은 역사 속에서 가물거리는 어두운 이름에 불과해졌다. 이후 니네베에 대한 기억은 겨우 성서에서나 찾을 수 있을 정도로 완전히 잊혀진 도시가 돼버렸다. 18세기 프랑스 계몽주의 시대 볼테르(Voltair, 1694~1778)와 같은 회의론자들은 이러한 아시리아인들에 대한 성서의 인용문들의 존재가 의심스럽다고 생각했다. 그는 니네베는 미신이고 신성한 성서를 모독하는 것이라고 비난했다.

그러나 모든 사람들이 니네베를 볼테르와 같이 생각한 것은 아니다. 영국은 영어로 번역된 성경을 그대로 받아들이는 기독교인들로 가득차 있었다. 대영제국의 식민지를 늘리는데 앞장선 교회 목사들은 역사와 성경을 그들의 여행지와 연결시키려는 노력에 열정적이었다. 바로 폐허가 된 성지 팔레스타인과 고대 근동 지역이다. 우리가 나중에 알게된 사실이지만 그것은 이른바 고고학이 아니었다. 골동품과 유물들을 모으는 일은 영국 목사들과 많은 기독교인들의 품격 있는 취미였다. 역사와 성서에 나오는 사람들은 학술지와 일기 그리고 여행기에 줄곧 오르내리는 중요한 인물들이었다. 또한 주일학교에서 배운 이름과 장소를 연결하는 열정을 가진 사람들의 욕망을 충족시켜주었다.

니네베를 처음 찾고자 노력한 나라는 프랑스다. 프랑스는 모술 주재 영사로 폴 에밀 보타(Paul-Émile Botta, 1802~1870)를 보냈다. 보타 영사는 니네베가 아니라 코르사바드 궁전을 발견했다. 영사관은 유물 수집가들과 열정에 가득 찬 아마추어 역사가들에겐 좋은 장소였다. 모험심이 강하고 진취적인 한 젊은 영국 시민은 즉시 콘스탄티노플(이스탄불)에서 영국 시민 자격으로 활동할 수 있는 권한을 신청했다. 그는 오토만 제국 술탄 주재 영국대사를 설득해 메소포타미아에 있는 유적을 발굴할 수 있는 허가를 얻었다. 그가 바로 앞에서 말한 오스텐 헨리 레이어드다. 그는 1845년 고대 아시리아 유적지인 님루드를 발견했다. 그는 그곳을 니네베로 착각했지만 말이다. 그 다음은 모술 외곽에 있는 쿠윤지크 언덕으로 그의 가장 훌륭한 고고학적 성과가 됐다.

레이어드가 쿠윤지크 언덕에 있는 센나케리브(Sennacherib, ?~BC 681) 왕과 아슈르바니팔 왕의 궁전들과 아시리아 왕족의 아크로폴리스인 니네베를 발견한 뒤부터 베일에 가려져 있던 메소포타미아 문명의 역사가 점차 이해되기 시작했다. 처음 궁전의 왕족 도서관을 발굴한 사람이 레이어드인지 그의 조수 라삼(Hormuzd Rassam, 1826~1910)인지 확실하진 않지만 수만 개의 점토서판을 소장하고 있던 이곳은 니네베가 함락당한 기원전 612년에도 잘 보존돼 있었다. 이 점토서판은 세계 역사상 가장 훌륭한 유물 가운데 하나이다. 이 기록된 판들은 이전에 알려지지 않았던 전반적인 고대 세계를 열어주기 때문이다. 이 유물이 특이한 것은 금이나 은으로 된 보석이 아니라 단순한 점토라는 것이다. 이것의 가치는 점토서판에 기록된 글이다. 기원전 612년 화재와 함께 사라진 뒤 오랜 시간이 흐르고 다시 발견된 도시는 그 어느 것보다 점토서판이 가장 가치 있는 것이다.

성서의 도시, 현실의 도시

니네베는 히브리 예언자 요나(Jonah)가 마지못해 회개의 메시지를 갖고 왔던 허구적인 성서의 도시와 같지 않았다. 요나에 따르면 그 도시는 수많은 마차들이 넓은 길을 따라 달릴 수 있었고 도시가 너무 커서 보통 남자가 그 도시를 건너려면 3일이 걸린다는 상상의 도시다. 길이가 거의 23킬로미터나 되는 장벽으로 둘러싸인 공간이 7.3제곱킬로미터에 달했다. 그 당시 그곳을 세계에서 가장 큰 도시로 만든 10만이 넘는 인구가 그곳에 상주했을 것이다. 아시리아 최고의 신인 아슈르(Ashur), 폭풍의

니네베의 성벽에 난 문 가운데 하나인 아다드문의 복원된 모습.

신 아다드(Adad), 달의 신 신(Sin) 그리고 태양의 신 사마쉬(Shamash) 등
아시리아 신의 이름 따서 15개의 거대한 성문들의 이름을 지었다.

　데이비드 스트로나크(David Stronach)가 가장 최근이라고 할 수 있는
1989~1990년 사이 발굴한 유물들 가운데 각종 무기와 화살에 맞은 흔
적이 있는 꽤 많은 유골들이 발견했다. 이들은 아시리아의 마지막 수호
자들로 기원전 612년 할지문(Halzi Gate)이 화마 속에서 사라지면서 운
명을 같이한 병사와 시민들이다.

　중요한 인물이나 사건을 기록한 점토서판은 아마 가장 중요한 고고학
적 유물이지만 발굴될 것이라는 믿음은 없었다. 기원전 702년 무렵 셴
나케리브가 통치한 고대 도시 라키시를 정복해 멸망시킨 것을 묘사하
고 있으며 아시리아 군대의 잔학성을 상징하는 아슈르바니팔 왕의 사자
사냥을 표현하는 내용도 새겨져 있다. 이렇게 돌에다 글과 그림을 새기

는 부조에 가까운 이 조형물은 아시리아 예술의 최대 걸작이라고 할 수 있다. 유다왕국을 점령한 아시리아 센나케리브 왕은 너비가 약 190미터 높이가 180미터로 보는 사람으로 하여금 위압감을 느낄 수 있는 위용을 자랑하는 궁전에 살았다. 그 궁전은 경쟁 상대가 없었다. 약 80개 방들이 들어찬 이 성의 벽은 부조로 장식했다. 이러한 장식을 통해 종속 국가의 왕들은 아시리아의 위대함과 힘이 얼마나 큰지를 느끼고 두려움에 떨었다. 그러한 부조는 벽을 따라 수 킬로미터에 달했다.

그러나 점토판은 다른 이유에서 매우 가치가 크다. 그것은 우리에게 고대 메소포타미아 문명에 대해 놀라울 정도로 자세한 정보를 알려준다. 이것이 없었더라면 우리가 전혀 몰랐을 그런 정보들 말이다. 점토판에 문자를 새기는 기록 방식에서 쐐기문자라고 부른다. 작은 나무로 만든 바늘로 부드러운 점토판을 작은 나무로 만든 바늘로 쐐기 모양의 자국을 눌러서 새긴 것이다. 그 다음은 근동의 뜨거운 태양을 받아 단단해지면 물이 닿지 않는 한 오래 보관할 수 있다. 이 점토판을 높은 열로 충분히 구우면 거의 돌과 같이 되어 영원히 보존할 수 있다.

니네베에 있는 좀더 작은 구릉에는 예언자 요나를 기리는 사당이 있다. 아마 이슬람 전설에 나오는 것과 같은 성서 속 예언을 기념하기 위한 것이다. 성지의 이슬람식 명칭은 예언자 요나를 뜻하는 베니 유나스(Nabi Yunas)이다. 모술 사람들에게는 쿠윤지크 북서쪽에 위치한 더 큰 구릉은 요나를 삼킨 고래가 묻힌 곳이라는 익살스러운 전설이 전해진다.

도시를 건설한 곳을 정할 때 센나케리브 왕은 니네베가 중요한 곳이라는 것을 알았다. 그곳이 두 강의 만나는 위치였고 역사가 깊은 오래된 구릉을 다시 이용할 수 있다고 생각했다. 티그리스 강은 니네베의 도시 경계 장벽과 북동쪽에서 합류하는 고스르 강을 따라 남쪽으로 흘렀다. 사르곤 2세(Sargon II, BC 721?~BC 705) 왕의 아들 센나케리브는 이 오래된 도시를 기원전 700년 무렵 재건했다. 방어를 위해 도시 주위에 수로를 만들어 물을 끌어들였다. 18개의 수로를 통해 온 물은 시민들을 위한 것이기도 했으나 궁전을 보호할 수 있었다. 수로를 통해 끌어들인 물로 연못을 만들었고 풀과 나무들이 자라 유명한 정원이 됐다.

지금 우리는 아슈르바니팔 왕이 이타주의의 발로로 훌륭한 기록보관소를 만들어 메소포타미아의 전통을 보존하려고 노력했다는 것을 안다. 왕은 읽는 방법을 배워 호기심을 충족시키고 싶어 했다. 그는 예언자와 성직자 그리고 필경사를 믿지 않았다. 과거 전임자가 그랬던 것처럼 미신적이었던 그는 성직자들의 사악한 지배력으로부터 벗어나기 위해 엄청난 권력을 행사했다. 결국 병약한 왕이라는 이미지에서 벗어날 수 있었다. 제국의 정책을 만들기 위해 고대 문헌들을 읽어야 한다고 주장하면서 성직자를 비롯한 가신들을 통제할 수 있었다. 아시리아인들은 그들의 오래된 과거 역사에서 나온 사례들을 이용해서 그들의 힘을 확실하게 하고 강화하는 것을 좋아했다. 여기에는 옛 왕조들과 그들이 남긴 유산 그리고 동맹국과 심지어 정복한 속국들도 포함했다.

여기서 내릴 수 있는 결론은 이런 과정을 통해 아슈르바니팔이 메소포타미아 전역에 걸쳐서 훌륭한 고대 문헌들을 모아 하나로 종합할 수 있었던 것이다. 그는 필경사에게 에람과 오래된 아크카드와 심지어 수메르까지 그리고 바빌론과 수사 특히, 아시리아 전역에 있는 사원에 소장된 고대 문서들을 복사하라는 명령을 내렸다. 왕이 시행한 정책들 가운데 하나는 원본 문서는 물론 어떤 식으로든지 간에 점토서판을 소중히 잘 보존하는 것이었다. 따라서 그는 그것들을 적어도 하나 이상 복사해 놓도록 했다. 기원전 645년 무렵의 일이다. 이는 단순히 기원전 7세기 아시리아의 문헌들을 보관했다는 의미만이 아니다. 이 도서관은 아슈르바니팔 시대에서 2500년을 거슬러 올라가는 것을 의미한다. 일부는 원본 그대로 다른 일부는 복사본으로 말이다. 아슈르바니팔의 제국에 있던 이러한 쐐기문자 문헌들은 주제에 따라 확실하게 구분했고 모든 서판들은 참조할 수 있는 파일 시스템으로 이용하기 위한 핵심 서판도 있었다. 비록 지금 모든 서판들이 남아 있는 것은 아니지만 니네베에 남아 있는 다양한 문헌들은 정말 놀라울 정도였다.

잃어버린 과거를 발견하다

쿠윤지크 언덕의 북쪽에 위치한 아슈르바니팔의 궁전을 발굴하는 과정에서 발견된 점토서판의 정확한 연대에 대해서는 일부 논쟁이 되고 있다. 무려 2만 6000개가 넘는 단편적인 초기 서판들을 최초로 발견한 사람이 과연 레이어드인지 아니면 그의 조수 라삼인지에 대해 상당한 논쟁이 계속되고 있다. 이 서판들 대부분은 런던의 영국박물관에 있다. 니네베 서판들의 전체 규모는 니네베가 멸망하기 전 거의 1만 개에 달했다고 한다. 레이어드가 국회에서 경력을 쌓기 위해 고고학에서 손을 턴 1851~1852년 이전인 1849년에 니네베를 발견했는지에 대해서는 토론이 이루어지지 않고 있다. 일부 고고학 기록들은 레이어드가 센나케리브의 궁전에서 많은 서판들을 발견했다고 하지만 단지 그것들을 모술에서 영국박물관까지 옮겼을 뿐이다. 그는 쐐기문자를 읽지 못했기 때문이다. 1850년 당시 그 누구도 쐐기문자를 해독하지 못했기 때문에 그의 무지를 아무도 비난하지 않았다. 서판들은 그저 별 볼일 없는 고대 유물에 지나지 않았다. 1803년부터 게오르크 그로테펜트(Georg F. Grotefend, 1775~1853)가 그리고 1837년 헨리 롤린슨(Henry C. Rawlinson, 1810~1895)이 비시툰(Bisitun, 옛 이름은 베히스툰(Behistun)이다)의 절벽에 3개 언어로 새겨진 글에 대한 연구를 통해 이룬 공헌으로 상당한 진전을 봤다. 레이어드의 뒤를 이어 라삼은 영국을 위해 아슈르바니팔의 궁전을 계속 발굴했다. 또한 1852년 무렵 쐐기문자가 쓰인 서판을 발견했으나 레이어드와 라삼의 기록을 보면 어느 누구도 기록보관소를 쉽게 합치지도 따로 분류하지도 못했다. 그래서 결국 아슈르바니팔 왕족 도서관의 지시문(rubric)에 따라 분리된 두 개의 기록보관소를 합친 것 같다. 적절한 발굴 문헌도 없이 말이다. 우리는 박식한 아슈르바니팔이 그의 왕국에 기록보관소를 만들라고 지시한 것을 잘 알고 있다. 그로 인해 그의 도서관은 신뢰받을 충분한 가치가 있다.

니네베의 기록보관소에서 나온 자료들은 많은 새로운 정보의 기회를 제공했다. 이런 문서들이 없었다면 그들을 완전한 수준으로 파악하기 어려울 정도의 새로운 정보였다. 이 정보들은 잃어버린 고대 근동 언어를 푸는 열쇠가 됐다. 아시리아는 그들의 문화를 보존한 것뿐만 아니라, 그들의 조성들과 현대와 고대의 이웃들을 보존했다. 단순히 고대 문헌들을 아시리아어로 번역한 것에 그치지 않았다. 그것은 새로운 분야들 가운데 아시리아학뿐만 아니라 수메르학과 아카드 연구 그리고 다른 많은 것들이 포함돼 있다.

레이어드의 《니네베와 그 유물들》

레이어드의 탐험서인 《니네베와 그 유물들》은 대중적인 열정을 불러일으켰다. 1894년 이후 런던으로 돌아간 레이어드는 그가 근동에 체류하면서 얻은 영감을 바탕으로 《니네베와 그 유물들》을 비롯한 몇몇 탐험서를 출간했다. 이 책들은 나오자마자 베스트셀러가 됐다. 그 이유는 이 책들이 기독교인인 많은 영국 독자들에게 성서 속의 도시가 실제로 존재한다는 것을 증명했기 때문이다. 레이어드의 글은 아주 좋았다. 거의 여행담같이 읽혀졌다. 다음은 그가 코르사바드(아르곤성)에서 발굴한 날개가 달린 거대한 황소상에 대해 화려하게 묘사한 구절이다.

> 그것은 아주 큰 불안의 순간이었다. 쿠르드 음악가들의 드럼과 날카로운 파이프 연주 소리에 흥분해 반쯤 정신이 나간 이슬람 사람들의 함성은 소음과 혼란을 증폭시켰다. … 황소가 도망쳐 나갔다. … 굵은 밧줄과 로프가 팽팽하게 당겨졌다. 그들이 긴장하고 있을 때 날씨는 건조했다. 롤러는 삐걱거리고 먼지가 날렸다. 물을 뿌렸지만 소용이 없었다. 롤러에서 1미터 정도 아래까지 끌어올렸을 때 당기던 그들의 힘은 빠졌고 소는 땅으로 다시 들어갔다. 갑자기 큰 소음이 나면서 먼지 속으로 밧줄이 끌려들어갔다. 나는 많은 유물들 가운데서 소를 찾기 위해 급하게 뛰어갔다. 내가 그것을 놓고자 한 곳에 안전하게 놓았을 때의 만족감은 말로 표현하기 어렵다.

레이어드의 베스트셀러는 그가 이룬 고고학적 성과보다 여러 면에서 낫다. 당시는 고대 조형물에 대해 정확한 파악이 이루어지기 전이고 발굴 유물들이 현대적이고 과학적인 탐구 과정을 거치지 않은 시기였다. 그를 열렬히 존경하는 런던의 독자들은 그의 말을 모두 그대로 믿었다. 특히 1860년 무렵에 조지 스미스라는 젊은 청년이 그랬다.

조지 스미스가 발견한 대홍수 서판

고대 메소포타미아 문헌 가운데 가장 흥분되게 한 것은 니네베에서 영국박물관으로 옮겨진 쐐기문자 점토서판 가운데 홍수에 관한 것을 조지 스미스가 발견해서 1872년 해독한 '순간'일 것이다. 노동자의 아들이었던 조지 스미스는 고등교육을 받지 못했다. 그는 열네 살 때 지폐를 인쇄할 때 쓰는 원판을 조각하는 일을 배웠다. 조각을 배우면서 예리한 관찰력을 기를 수 있었다. 그리고 머지않아서 니네베에 대한 레이어드의 책을 읽고 고고학에 빠져들었다. 그는 구할 수 있는 모든 자료들을 스펀지가 물을 빨아들이는 것처럼 쐐기문자에 매료되었다. 그가 영국박물관을 드나들다 비시툰의 절벽 부조를 비롯해 쐐기문자를 해독한 '아시리아학의 아버지'라 불리는 헨리 롤린스의 관심을 받게 됐다. 롤린스는 영국박물관의 근동 지역 연구 부서에 스미스를 조수로 고용했다. 예리하고 민첩한 관찰력을 가진 스미스는 쐐기문자 해독이 아직 초창기이던 당시 어려운 아시리아 쐐기문자를 읽는 법을 배웠다.

마치 사랑에라도 빠진 사람처럼 쐐기문자 해독에 열정적이던 스미스는 단편적인 수천 개의 서판들을 서로 연관 지으려고 노력했다. 일부 서판들은 니네베가 멸망했을 때 불타서 없어졌다. 그러나 많은 서판들은 당시 화재로 아주 잘 구워진 상태로 남았다. 햇빛에 말린 점토가 화재로 구워져 도자기처럼 오랫동안 보존될 수 있었다. 니네베의 화재는 고고학에 있어서 가장 운이 좋은 재난이었다고 해도 과언이 아니다. 불은 항상 망치거나 손실을 가져오기 때문이다. 그러나 이 가치 있는 서판들과 유적들은 보존되었다. 스미스가 영국박물관으로 옮겨진 쐐기문자 점토서판들이 들어 있는 상자들을 살펴봤을 때 몇 개는 번호가 매겨져 있고 목록으로 정리되어 있었다. 그러나 다른 많은 것들은 레이어드나 라삼이 영국으로 보내기 위해 포장한 그대로였다. 스미스의 예리한 눈이 상태가 좋은 한 서판에 멈췄다. 이 특별한 서판에는 레이어드가 발굴했다고 적혀 있고 ANE K 3375라는 번호가 매겨져 있었다. 여기서 K와 번호는 그것이 초기 쿠윤지크의 서판이라는 것을 알려준다. 스미스는 쌓인 먼지를 털어냈다. 상태가 양호한 글자를 읽기 위해 2밀리미터 굵기의 가늘고 긴 쐐기문자를 따라서 손가락을 움직이면서 몸을 구부렸다.

그 순간 스미스는 매우 놀랐다. 그는 지금 막 읽은 것을 믿을 수 없어서 다시 읽어 내려갔다. 그 내용은 신의 급박한 계시를 받고 대홍수에 대비하기 위해 온 생애에 걸쳐 배를 만들고 그 배에 모든 생명체들로 가득 채운 우트나피시팀(Utunapishitim, 대홍수에서 살아남은 인간)에 대한 것으로 이제까지 알려지지 않았던 아시리아의 〈길가메시 서사시〉의 내용을 담고 있었다. 비가 와 6일 동안 홍수가 났다. 배에 탄 우트나파시팀과 몇몇 사람들을 제외하고 모든 인간은 멸망했다. 니무시라고 하는 산봉우리로 올라간 우트나파시팀은 비둘기와 제비를 풀어줬지만 다시 돌아왔다. 우트나파시팀이 까마귀를 풀어주니 돌아오지 않았다. 그는 물이 빠진 마른 땅을 찾았다는 것을 알게 됐다. 스미스는 빅토리아 시

〈길가메시 서사시〉의 일부분이 담긴 점토서판.

대의 다른 영국 사람들처럼 구약성서 창세기 6~11장에 나오는 노아와 대홍수에 대한 성서의 내용을 마음속 깊이 새기며 암송하고 있었다. 그러나 처음엔 이곳이 성서에 나오는 곳과 다른 곳이라고 여겼다. 크게 흥분한 스미스는 단추도 채우지 않은 채 방을 뛰어다녔다.

스미스는 곧바로 런던에 있는 성서고고학회(Society of Biblical Archaeology) 회의에서 그의 발견을 발표했고 세계를 놀라게 했다. 그러나 아쉽게 스미스는 아직 밝혀지지 않은 많은 고고학적 연구를 진행하다 불과 몇 년 뒤 젊은 나이에 죽고 말았다. 고대 사회의 전반적인 부분에 대해 아시리아 왕족 도서관만큼 획기적인 발견은 없었다. 아직 그곳에는 앞으로 발견되고 알려지기를 기다리는 기록보관소들이 더 있을지도 모른다.

영국박물관에 있는 쐐기문자 문헌들 가운데 대홍수 서판 외에도 방 55 사례 10에 있는 서판들처럼 그 가치가 큰 것들이 많다. 부분적으로는 아주 명백하다고 할 수 있다. 그것은 고대 이스라엘과 아주 멀리 떨어져 직접적으로 관련이 없는 조형물에서 성서 이야기를 확인했다는 것이다. 그러나 또 다른 부분적인 해답은 평범해 보이는 서판 문헌들의 기록 순서 즉, 선후 관계를 둘러싼 문제들이다. 무엇이 먼저 나왔으면 무엇이 다른 것을 복사한 것인가 하는 문제이다. 지금 우리는 메소파타미아의 수백 개 문헌들이 손에 딱 맞는 장갑처럼 성서의 청동기 시대 이야기와 아주 흡사하다는 것을 알고 있다. 뿐만 아니라 성서보다 훨씬 오래된 수천 개의 문헌들이 있다는 것이다. 이 문헌들은 기원전 2500년 전 수메르인들에 대한 설명을 포함하고 있으며 훗날 모세의 율법에 영향을 미친 것으로 알려진 것보다 훨씬 더 오래된 함무라비 법전과 그외 다른 문헌들도 포함돼 있다. 하나의 결론을 내리자면 성서가 유일한 고대의 법과 문학의 저장소가 아니라는 것이다. 성서는 그보다 오래된 많은 문헌들에 상당히 많은 영향을 받았다는 것이다. 이러한 이론은 서판이 발굴된 당시인 1872년 무렵에는 대단히 혁명적인 주장이었다. 이것으로 종교학자들 사이에 지적인 논쟁이 불붙었다. 더구나 19세기 후반 많은 분야에서 새로운 발견들이 속속 등장하면서 오랫동안 지속되던 종교적 믿음과 신념들에 대한 도전의 기회가 마련됐다. 지금으로부터 2600년 전에 만들어진 세로 약 18센티미터 가로 약 15센티미터 두께 2센티미터밖에 안 되는 작은 쐐기문자 서판은 니네베가 멸망했을 때에도 살아남았다. 이 조그마한 점토판들이 이제까지 고대 역사를 배우고 가르치던 방식을 바꿔놓았다. 고대 역사의 잊혀진 비밀을 드러내는 원문적인 발견이 된 것이다.

메소포타미아 학문의 보고

니네베 왕족 도서관의 점토서판들은 현재 우리가 수천 년 전 청동기 시대의 수메르, 아카디아, 바빌론의 문화로부터 파생된 고대 메소포타미아의 삶을 이해하는 가장 기초적인 자료이다. 문헌에는 바빌론의 천문학, 메소포타미아의 과학·약학·지리학·식물학·철학·종교학·우주론·마술 그리고 그 외 많은 분야들이 기록되어 있다. 뿐만 아니라 메소포타미아 역사에서 수천 건에 이르는 사건들이 기록돼 있다. 고대 메소포타미아의 역사는 더 이상 우리들에게 닫혀 있는 것이 아니다. 활동적이고 생명력이 넘치는 사람들로 가득 찬 세계다. 그곳 사람들도 우리와 같이 두려움도 느끼고 희망을 품고 삶을 살아간 것이다.

2만 6000개의 단편으로 부서진 1만 개가 넘는 서판들이 있다. 우리는 그것을 통해 당시 사람들이 낸 세금을 비롯해 동물, 농산물, 판결, 재산 기록, 영수증, 의학적 사례, 마법, 민간 설화, 학생들이 배우던 교과서와 심지어 선생님들이 어떻게 가르쳤는지에 대해 알 수 있다. 발견 전까지 잃어버렸던 세계가 다시 등장한 것이다. 인류의 역사가 메소포타미아의 역사와 함께 발견된 것이다. 도서관은 머지않아서 거의 6000년 전의 수메르보다 더 오래전에 존재한 우바이드 문화에서부터 2500년 전의 아케메네스 제국에 이르기까지 쐐기문자 문헌을 통해 맞는지 증명할 수 있을 것이다. 이러한 문화에서 살던 사람들은 모두 쐐기문자가 된 긴 그림에서 나온 부호들을 사용했기 때문이다. 갑작스러운 파괴와 멸망에서도 잘 보존된 니네베의 도서관은 여전히 수천 개의 서판 속의 내용들을 새롭게 해석하면서 문을 활짝 열어놓고 있다.

바빌론의 공중정원은 니네베에 있었다?

고대 세계의 7대 불가사의는 그리스 역사가 헤로도토스(Herodotos, 기원전 484?~기원전 430?)가 목록을 정한 것은 아니지만 그로부터 디오도루스 시쿨루스(Diodorus Siculus) 그리고 로마의 역사가들 등에 이르기까지 고대의 여러 역사가들에 의해서 기록되었다. 7대 불가사의 가운데 하나인 바빌론의 공중정원은 기원전 600년 무렵 네부카드네자르 2세에 의해 만들어졌다.

그런데 원래 공중정원은 아마도 바빌론의 것이 아니거나 바빌론에 없었을 지도 모른다. 우리는 지금 아슈르바니팔 왕과 그의 할아버지인 센나케리브 왕의 명령으로 필경사들이 쓴 글들을 읽고 있다. 그리고 우리는 니네베에 '공중에 떠' 있거나 혹은 계단식의 정원이 있었다는 것을 안다. 이러한 정원들은 레바논의 삼나무와 알레포의 소나무를 포함해서 당시 알려진 세계 전역에서 가져온 수천 그루의 나무와 다양한 식물들로 꾸며졌다. 우리는 또한 센나케리브의 운하와 수로들이 단지 니네베 시민들을 위한 것이 아니라 왕의 즐거움이라고 할 수 있는 정원에 물을 대기 위해 만들었다는 것을 이미 알고 있다. 아시리아 도서관을 통해 이미 이런 내용을 알고 있다. 디오도루스의 설명에 나오는 네부카드네자르 2세의 아내와 마찬가지로 아슈르바니팔 왕의 아내도 울창한 숲과 아름다운 산이 많은 고향을 그리워했다. 그래서 왕은 아내를 위해 니네베에 인공 정원을 만들었다는 것이다. 디오도루스는 바빌론의 여왕은 자고로스 산맥에 있는 메데스 출신이라고 했다. 그리고 다른 글에서는 바빌론의 성벽을 만든 전설적인 여왕은 세미라미스(Semiramis)였다고 말했다. 그의 글들을 보면 종종 혼란스럽기 그지없다. 니네베에 대한 더 많은 증거들을 보면 니네베 쿠윤지크 언덕 꼭대기 한편에 적어도 50개의 구멍이 있다. 이 구멍은 수입된 나무와 식물들을 심기 이해 뿌리가 내려갈 수 있도록 인공적으로 만든 것이라고 볼 수 있다. 게다가 니네베의 운하와 수로 유적들은 지금도 눈으로 확인할 수 있으며 쿠르디스탄 산등성이에서 북쪽으로 물이 흘러가고 있다. 일부 수로들은 65킬로미터나 뻗어 있다.

내가 이 점에 대해 직접적으로 개입한 것은 일부분이지만 흥미로운 점이 있다. 1992~1994년 사이 버클리대학교의 데이비드 스트로나크(Davis Stronach)와 박사 후 연구원 자격으로 함께 일할 때 일이다. 그는 내게 돌과 관련한 과제를 주었다. 돌의 기원(stone provenance) 즉, 고고학적인 돌을 통해 지리학적인 정보를 찾는 것에 대한 과제와 버클리대학교에서 1989~1990년 진행한 니네베 유물에 대한 사진측량법 평가였다. 스트로나크는 20세기 가장 뛰어난 고고학자 가운데 한 명이다.

그런 유명인사에게 직접 배울 수 있다는 점에서 나는 운이 좋았다고 할 수 있다. 당시 같이 작업한 동료 마크 홀(Mark Hall)과 함께 스트로나크 박사의 자택에서 들었던 강의는 절대로 잊을 수 없을 것이다. 그때 우리는 니네베의 지도와 성벽에 대한 항공 조사들을 1958년 영국 공군이 찍은 모술 주변의 항공사진과 비교하면서 시간을 보냈다. 영국 공군이 찍은 사진을 위성지도와 비교해보면 그 성벽은 황량한 땅과 대조를 이루면서 아주 선명하게 드러난다. 평행사진(parallel photo)들을 입체안경을 통해 보면 평평한 물체가 튀어나온 것을 볼 수 있다. 오래된 항공사진들과 새로운 위성사진을 모두 이용하는 것은 지형학 연구에 있어서 아주 좋은 결과를 만들 수 있다. 나는 쿠윤지크 언덕 서쪽 면의 적외선 자료에서 흥미로운 점을 발견했다. 서쪽 면에는 반사된 적외선이 클로즈업되면서 영국 공군이 찍은 항공사진의 베이스라인과 대조를 이루었다. 그 매력적인 적외선 자료는 그 언덕에 서로 다른 종류의 많은 물질들이 존재한다는 것을 보여준다. 아마 특별한 식물이 자랐던 흙을 보여주는 것 같다. 니네베에 유적을 발굴하고 연구하는 팀의 일원으로써 나의 작은 업적이라면 쿠윤지크의 일부분은 인공적으로 만들었다는 것이다. 그 부분의 특이한 토양은 처음에는 센나케리브 때의 것이고 그 뒤에 아슈르바니팔의 것이라는 것을 설명해준다. 데이비드 스트로나크와 다른 사람들은 공중정원이 그곳에 존재했는지 아닌지를 놓고 헤로도토스와 디오도루스에게 도전하고 있지 않다. 다만 정원들이 어디에서 유래했는지에 대해 질문하고 있을 뿐이다. 묻혔지만 결코 완전히 잊혀지진 않은 바빌론과는 달리 1850년 무렵 니네베에 대한 발견은 여전히 많은 의미를 담고 있다. 단지 고대 세계의 불가사의 가운데 하나인 공중정원이 바빌론이 아니라 니네베에 있었다는 가능성만이 아니다. 니네베에는 아직 발견되지 않은 이야기들과 잊혀진 기록들이 발굴되길 기다리고 있다. 우리가 니네베 아시리아 도서관의 문헌들에 한 발 더 다가가 발견해주길 기다리면서 말이다.

기원전 612년 니네베를 잿더미로 만든 화재는 아시리아 도서관에 있는 점토서판들을 구웠다. 이로 인해 지금까지 잘 보존될 수 있었다. 대부분이 영국박물관에 있는 2만 6000개에 이르는 점토서판 조각들은 다른 어떤 자료보다 메소포타미아에 많은 것을 말해준다. 이 이야기는 강한 호기심과 통찰력 그리고 용기와 역경들로 가득 차 있다. 이것은 모두 고대 메소포타미아에 대해 알고 싶어 한 어빙 핀켈(Irving Finkel)과 존 커티스(John Curtis) 같은 메소포타미아 학자들을 비롯해 오스텐 헨리 레이어드, 헨리 롤린스, 호르머즈드 라삼, 조지 스미스, 데이비드 스트로나크와 같이 지략이 있고 용감한 사람들 덕분이다. 그런데도 이보다 앞선 개인들은 지난 몇 세기에 걸쳐 위험한 근동 지역과 지레 겁부터 먹고 고대 문헌들을 통해 과거를 이해하려고 하는 노력을 거절했다.

제 4 장

투탕카멘의 무덤

신격화된 이집트 왕의 비밀을 푸는 열쇠

Hundstadt

Gemünden

Niederlauken

Rod

Oberlauken

Merzha

Neuweilnau

Altweilnau

40

Freisberg

Humstall

Finsternthal

Brombach

Mauloff

Dorfweil

Schmitten

1922년, 이집트 왕가의 계곡

11월 말, 지하에 둥지를 틀고 있던 사막의 뜨거운 열기가 천년 동안 비밀을 깊이 감춰왔던 어둠을 뒤덮었다. 숨 쉬기 힘들 게 하는 먼지를 털어버리려고 안간힘을 쓰는 남자들의 셔츠가 땀으로 흠뻑 젖었다. 그들은 작업이 늦어져 안달이 나 있었다. 또한 깨끗하기를 바라지도 않는 긴 터널에서 허물어진 돌무더기를 날마다 나르느라 지쳐 있었다. 그곳은 방해받지 않아야 할 휴식의 공간이며 도굴꾼으로부터 영원히 안전하기를 원했던 공간일 것이다. 이제 마침내 벽돌로 만든 마지막 장애물을 부수는 순간이 왔다. 이것저것 지시하며 이야기하던 왁자지껄한 소리가 갑자기 조용해졌다. 모두의 시선이 집중되고 숨소리조차 들리지 않았다. 조심스러운 심호흡과 함께 벽이 무너졌다. 먼지 속에서 검은 구멍이 나타났다. 불빛이 가라앉은 먼지들을 지나 검은 구멍을 비췄을 때 하워드 카터(Howard Carter, 1873~1939)의 가는 신음이 들렸다. 불빛은 금으로 반짝였다. 눈부신 광경 때문에 그의 심장이 멎을 뻔했다.

1922년 하워드 카터의 눈앞에 3400여 년 동안 고이 잠들어 있던 이집트 파라오의 장엄함이 드러난 것이다. 그가 투탕카멘(Tutankhamen, 기원전 1370?~기원전 1352?)의 무덤을 발견한 것은 영원히 그를 따라다 닐 것이다. 끈질긴 고집과 보기 드문 행운으로 카터는 아무도 생각조차 할 수 없었던 꿈을 이룰 수 있었다. 그는 1918년 찾기 힘든 무덤을 하나 찾아내겠다고 연구를 시작해 5년이라는 긴 좌절의 시간을 보내며 가 장 가능성이 높은 장소까지 왔다. 왕가의 계곡에서 그가 발견한 투탕카 멘의 무덤이 있는 곳을 제외하면 신왕국 시대 이전이거나 계승한 왕조 의 왕족들로 붐볐기 때문이다. 어느 누구도 투탕카멘이 잠들어 있는 곳 을 본 적이 없고 무덤의 부장품 또한 나오지 않았기 때문에 카터는 어 딘가에 무덤이 고스란히 존재할 것이라고 확신했다. 비록 투탕카멘이 그리스 로마 시대에 알려진 만큼 그렇게 중요한 인물은 아니었다. 카터 는 그 이유가 내전이라는 격변 때문이라고 생각했다. 이것으로 인해 이 미 1000년 전에 거의 모든 것들이 파헤쳐지고 도굴됐지만 이집트에서 조차 모르는 봉인된 보물이 들어 있는 전혀 손을 대지 않은 무덤을 찾 을 수 있을 것이라는 희망을 갖게 됐다. 말이 없는 무덤들이 왕가의 계 곡에 남긴 것은 한때 화려함을 빼앗긴 황량함 그뿐이었다. 만약 카터가 해독하기 어려운 상형문자로 된 왕의 명문(銘文)을 해독해 투탕카멘의 무덤이 확실하다고 밝힐 수 있었다면 고고학계를 충분히 만족시킬 수 있었을 것이다. 그러나 그는 어린 소년 왕의 무덤에서 알려지지 않은 파라오의 보물을 찾았다. 그것으로 그는 유명인사가 됐다. 우리는 투탕 카멘의 무덤이 왜 그렇게 세계를 떠들썩하게 했는지 질문을 던질 수 있 다. 여기에 그 답변이 될 만한 이야기들이 있다.

투탕카멘의 무덤은 20세기 가장 대단한 고고학적 발견이다. 이 무덤

왕가의 계곡의 모습으로 가운데 입구가 보이는 것이 투탕카멘의 무덤이다.

은 고대 이집트의 무덤들 가운데 도굴 등 훼손 없이 지금까지 온전하게
남아 가장 화려하고 많은 유물을 간직하고 있었다. 이 유물들은 카이로
에 있는 이집트박물관의 부속 건물 한 동 전체를 채울 정도로 많다. 하
워드 카터의 극적인 발견은 초기에 번번이 실패한 경험 때문에 더욱 값
지다. 투탕카멘의 무덤에 대한 수십 년에 걸친 조사 및 연구가 끝나고
1970년대부터 순회 전시를 시작했다. 이 전시는 그 어떤 다른 박물관
의 특별전보다 더 많은 방문객들을 끌어들였다. 또한 투탕카멘의 무덤
은 이집트의 다른 어떤 고대 유물보다 '이집트 마니아'(Egyptomania, 이
집트의 역사와 문화에 대해 관심이 많은 서구인들을 일컫는다―옮긴이)를 흥분시
켰다. 전 세계의 수많은 사람들이 황금으로 만든 투탕카멘의 마스크가

무엇이지 알게 됐다. 그러나 우리가 오늘날의 현대과학으로 많은 것을 밝혀냈음에도 불구하고 투탕카멘의 죽음을 둘러싼 미스터리는 아직 풀리지 않았으며 여전히 매력적인 존재이다.

이것들은 투탕카멘의 무덤과 출토된 유물들이 발견된 이래 전 세계에 오랫동안 강한 인상을 남겨 왔는지에 대해 설명할 수 있는 몇 가지 이유에 불과할 뿐이다. 카터가 직접 쓴 투탕카멘의 무덤을 발견에 대해 카터가 직접 쓴 글을 인용하자면 이 이야기는 극적인 영웅의 전설이다. 고고학자들은 이 발견이 지난 20세기에 가장 중요한 것이라며 그 이유를 찾고 있는지도 모른다. 그러나 투탕카멘은 학문적이기보다 대중적인 선택을 받았다는 것에 더 의미가 있다고 할 수 있다. 그럼에도 현대역사에서 가장 유명한 것 가운데 하나가 투탕카멘이기 때문에 이 발견이 고대 이집트에 대한 우리의 지식에 큰 영향을 미쳤다는 주장에 반대하긴 어렵다. 이 발견에 있어서 가장 큰 아이러니는 투탕카멘이 통치하던 당시에 너무나 보잘것없었다는 것이다. 그의 이름과 무덤이 얼마나 빠르게 잊혀졌는지 생각해보면 납득이 간다. 그리고 투탕카멘의 화려한 보물들을 보면 누구나 크게 놀랄 만하다.

기원전 1323년 봉인되다

지금으로부터 아주 오래전인 기원전 1323년 어느 날 해질 무렵 한 무리의 행렬이 왕가의 계곡으로 들어갔다. 이집트의 지평선은 여전히 금빛과 붉은 빛으로 빛났지만 하늘은 청록색에서 보라색으로 빠르게 바뀌고 있었다. 신에게 하는 사람들의 기도가 거의 끝났다. 남은 것은 몇 개의 의식들과 함께 무덤을 봉인하는 것이다. 큰소리를 내는 것은 신을 모독하는 행위이므로 작업자들과 사제들은 침묵을 지키며 돌계단을 조심조심 내려갔다. 사제들은 마지막으로 음식을 제단에 차리고 기도를 드렸다. 무덤의 입구를 돌무더기로 막기에 앞서 일부 작업자들은 금으로 만든 무거운 물건들을 옮기고 또 다른 사람들은 다른 성스러운 유물들을 무덤 안으로 날랐다. 그러고 나서 지하 창틀 주변을 석회석으로 단단히 봉했다. 세마포로 된 샅바로 아랫도리만 걸친 모습의 작업자들은 어둠 속에서 눈을 깜박거려야 했다. 머리를 빡빡 깎은 사제들 위에 걸려 있는 횃불들이 어두운 무덤 속에서 약하게 깜박거렸다. 작업자들은 급하게 깎은 바위 주위에 가지런히 쌓여 있는 재물들을 살폈다. 사제들은 작업자들에게 수많은 물품들을 옮기고 정리하라고 시켰고 수량을 확인하고 기록했다. 작업자들은 끌로 긁은 듯한 보기 흉한 자국들을 없애기 위해 회반죽을 바를 수도 없으며 전통적인 축복의 표시로 색을 칠할 수도 없다는 것을 알았다. 서쪽 강둑 마을에 사는 작업자들은 모든 것이 너무나 빠르게 끝났다는 것을 알았다.

투탕카멘의 무덤은 너무나 작았다. 그들 모두가 알았듯이 신격화된 왕에 걸맞지 않았다. 그러나 이 소년 왕은 그의 잘못은 아니지만 오랫동안 제대로 통지하지 못했다. 그러나 그에게는 많은 적이 있었다. 사제들은 마지막 제물을 올리고 사자(死者)를 보호해 달라는 염원이 깃든 노래를 불렀다. 작업자들은 옆에 서서 의식이 끝나기를 기다리며 무덤의 중심부를 조용히 바라봤다. 왕의 영원한 안식처인 석관이 있었다. 그 크기는 세 사람이 누울 수 있는 정도였다. 그 밑에는 반짝이는 금이 숨겨져 있었다. 비록 작업자들이 직접 볼 수는 없지만 이 석관의 가장 깊은 안쪽에는 방부 처리해 미라가 된 왕이 누워 있다. 어린 왕의 시신을 미라로 만드는 데 70일이 걸렸다. 그 뒤 그 복잡한 석관에 미라를 안치했다. 천연 탄산소다에 적신 세마포로 싸 미라의 부패를 막을 것이다. 그리고 왕궁의 예술가, 금세공 전문가, 에나멜 전문가, 석공 등 수많은 사람들이 수개월 동안의 작업을 거쳐 만든 아주 정교하고 매우 가치 있는 세 개의 상자를 관에 넣었다.

　작업자들의 시선은 무덤의 다른 여러 방들로 옮겨갔다. 왕이 휴식을 취할 수 있도록 금박을 입힌 멋진 의자들이 있는 방이 있고 복잡한 광경들로 가득 찬 빛이 나는 커다란 사당도 있었다. 그 사당은 높아서 바위를 대충 깎아 만든 천장에 닿을 정도였다. 그 천장 꼭대기에는 나팔 모양의 모자를 쓴 금색 코브라가 있었다. 무덤에 있는 사당의 다른 광경들은 죽은 어린 왕이 사후세계로 가는 여정에서 안전과 굳건한 힘을 약속했다. 그래서 어린 왕과 가족이 보다 행복한 생활을 누릴 것을 보장하는 의미에서 화려한 황금으로 치장했다. 위대하고 멋진 네 명의 황금 여신, 즉 이시스(Isis), 네프티스(Nephthys), 세르케트(Serket) 그리고 네이트(Neith)의 모습은 네 방향으로 팔을 뻗은 채 얼굴은 안으로 하고 있다. 그리고 궤로 된 사당 안쪽에는 있는 왕의 유골단지들 속에는 기름, 야자 포도주 그리고 천연 탄산소다에 담긴 그의 내장들이 들어있었다. 또한 그곳에는 금을 입혀 번쩍거리며 빛나는 나무로 만든 왕의 전차가 있었다. 사후 세계에서 사냥을 할 수 있도록 만든 것이다. 어디에나 금, 청록색 도자기 그리고 색을 칠한 나무가 있었다. 그가 사후 세계에서 배를 타고 항해할 때 사용할 11개의 훌륭한 노는 북쪽 벽에 가지런히 놓여 있었다. 밝은 색으로 칠한 상아로 만든 궤에는 사냥하는 모습으로 장식돼 있었다. 주위는 훌륭한 조각이 새겨진 설화석고로 만든 배들과 금으로 만든 컵들이 있었다. 모두 왕이 사후 세계에서 즐기기 위한 것들이다. 비록 이전의 다른 왕들과 비교할 때 적다고 할 수 있지만, 신이기도 한 어린 왕은 신분에 맞게 적절한 방식으로 사후 세계로 보내졌을 것이다.

향에서 나는 연기가 가득 찬 가운데 사제들은 의식을 끝냈다. 이제 무덤 안쪽을 봉인하고 무덤을 떠나야 할 시간이다. 작업자들이 마지막으로 본 것은 바짝 긴장하고 경계의 눈초리를 풀지 않고 아마포를 두른 신 아누비스(Anubis)의 조각상이었다. 머리가 자칼의 모습인 이 신은 묘지를 지키고 있었다. 작업자들은 회반죽으로 문을 봉인했고, 사제들은 그 위에 더 많은 회반죽을 발랐다. 그 뒤 벽돌과 돌무더기들을 복도로 옮기는데 많은 시간이 걸려 거의 밤새 매달렸다. 그들은 무덤의 경이로운 물건과 보물 그리고 그 광경을 봤다는 것을 평생 고맙게 생각했다. 그들이 마지막으로 거대한 바깥문을 잠그고 회반죽으로 바르자 사제들이 마지막 봉인 장치를 추가했다. 또한 무덤이 있다는 흔적조차 없애기 위해 무덤으로 들어가는 계단도 돌과 진흙 그리고 모래를 채웠다. 모두 마무리했을 때 이 신성한 장소는 다시 고요해졌고 그들의 머리 위에는 별들이 눈부시게 빛났다.

3400년 전 고대 이집트 역사상 누구보다 약하고 가장 짧은 삶을 살았던 왕과 그 왕의 무덤처럼 이 의식 또한 쉽게 잊혀졌다. 더구나 투탕카멘이 죽은 직후 벌어진 권력 투쟁에서 새로운 왕조가 이겼기 때문에 그에 대해 기억할 필요가 없었다. 이후 람세스 2세(Ramses Ⅱ) 같은 훨씬 강력하고 훌륭한 왕들이 지배했다. 그들은 투탕카멘의 무덤을 만드는데 참여한 작업자들의 초라한 오두막집을 왕가의 계곡으로 가는 입구로 옮겨버렸다. 언젠가 도굴꾼 몇 명이 투탕카멘의 무덤으로 들어가 물건을 훔치려다 두려워서 도망친 적이 있다고 한다. 아마도 무덤을 봉인하고 얼마 안 되었을 때, 무덤을 봉인할 때 왕을 숭배하는 마음이 부족했던 작업자나 사제가 도굴꾼들과 침입했던 것 같다. 투탕카멘의 엄청난 보물들은 다시 발견되기를 3000년 동안 기다렸다. 보통 무덤이 만들어지고 몇 세기 안 가서 모두 도굴당하고 텅 비게 된 다른 왕들의 무덤과 다른 운명이었다. 비록 왕의 생애에 걸쳐 만든 훨씬 크고 화려한 다른 무덤과 다르지만 말이다. 투탕카멘의 무덤은 고대 이집트 사회 심지어 지배계급이나 사제들 사이에서조차 이를 믿지 않는 사람이 있었던 것으로 보인다. 도굴꾼들은 무덤의 저주를 두려워하지 않거나 혹은 무덤을 지켜줄 후손이 없을 때 실행에 옮긴다. 투탕카멘의 무덤은 내부의 권력 투쟁과 불안한 정세 때문에 도굴당할 운명에서 벗어난 것으로 보인다.

20세기 가장 극적인 발견

언급할 가치가 큰 고고학적 발견들이 많지만 하워드 카터가 그의 끈질긴 의지와 노력으로 발견한 투탕카멘의 무덤에 견줄 만한 것은 없다. 더구나 무덤에서 나온 유물들의 가치로만 따져도 다른 유물보다 훨씬 크다. 그래서 그야말로 자석과 같은 매력으로 이집트 마니아들을 끌어들인다. 나이를 불문하고 심지어 시대를 초월해 전 세계의 이목을 집중시키고 있다. 이집트 그 자체가 매력의 일부분이기도 하다. 여기에 투탕카멘의 삶과 죽음에 대한 미스터리가 더해진다. 연구에 몰두하던 전 세계 학자들은 다른 사람이라면 포기하고 말았을 상황에서도 고집과 신념을 보여준 하워드 카터에게 놀랐다. 투탕카멘의 무덤이 도굴되지 않고 온전하게 남은 가장 보기 드문 무덤이라는 사실은 카터의 놀라운 의지를 한층 더 돋보이게 한다. 전통적으로 왕가의 계곡의 약자 KV와 무덤 번호 62를 따서 만든 무덤 KV 62는 전설적인 매력은 없었다. 이 무덤이 발견되기 불과 몇 년 전 근처에 있는 KV 64라는 다른 무덤이 발견됐지만 유물들이 상대적으로 비루했고 파편적인 것밖에 없었다. 다른 무덤들처럼 대부분 도굴됐거나 아니면 순전히 매장용으로 만든 무덤이었기 때문일 것이다.

장관을 이루는 투탕카멘의 무덤에서 우리들을 놀라게 하는 많은 것들 가운데 그 첫 번째는 그가 누워 있는 석관이다. 황금으로 만들어진 것들은 두말할 것 없이 아름답다. 그러나 석관이 얼마나 단단한지를 아는 사람은 극히 일부이다. 석관은 규암을 잘라 조각해 만들었는데 당시 이집트에서 이용하던 돌 가운데 가장 단단한 것이다. 그들은 철이 없었다. 그러나 규암은 철보다 단단했다. 따라서 거의 3미터에 달하는 커다란 돌을 파내기 위해선 많은 인력이 필요했다. 그러고 나서 작업하기 힘든 이 돌에 구석구석 숫자들을 장했다. 많은 시간이 드는 어려운 작업이었다. 두 번째로 놀라운 것은 무덤에서 나온 수많은 귀중한 물건들 가운데 상당수가 투탕카멘의 아버지이자 종교적으로 이단자인 아멘호테프 4세(Amenhotep IV)와 같은 선왕들의 유품들이라는 것이다. 이런 유품을 통해 우리는 이 왕조가 누렸던 부와 권력에 대해서도 알 수 있다. 왜냐하면 고대 이집트에서는 신들의 왕인 아몬(Amon)을 널리 숭배했다. 아멘호테프 4세는 수도 테베의 사제들이 막대한 부와 권력을 누리는 것을 타파하기 위해 태양을 상징하는 유일신인 아톤(Aton)을 숭배하는 종교개혁을 단행했다. 그러나 그가 죽자 테베의 사제들은 그가 세운 새로운 수도 텔엘아마르나를 무너뜨리고 그의 개인적인 물건들까지 모두 파괴했다. 이런 상황에서도 투탕카멘의 무덤에 선왕들의 유품이 나온 것은 놀라운 일이다.

세 번째로 놀라운 것은 원래 무덤의 유품들은 사후 세계에서 더 나은 삶을 보장하기 위해서 오로지 이집트의 신으로 숭배되는 왕 혼자 쓸 것들이어야 한다. 그러나 투탕카멘의 무덤에서는 심지어 적대적이던 아멘호테프 4세의 유품도 상당수 발견됐다는 것이다. 그곳에는 우리가 왕족의 관점에서 이집트인들의 종교를 더 잘 이해할 수 있는 사후 세계의 '마법' 같은 힘으로 가득 찬 수백 개의 종교적인 물건들이 있었다. 이 물건들은 이집트 평민들로서는 결코 꿈도 꿀 수 없는 귀한 재료들로 만들었다는 것이다. 네 번째로 무덤의 석관에 대한 언급이 어떤 문헌에도 없기 때문에 온전하게 원래 상태 그대로 발견됐다는 것은 믿을 수 없을 정도로 놀라운 일이다. 이것은 특별한 의미가 있다. 그 이유는 안쪽의 관은 순금으로 된 반면에 석관의 덮개는 매우 단단한 규암인 반면 두 개의 바깥 관은 도금한 나무이기 때문이다. 다섯 번째로 하워드 카터가 1903년 투트모세 4세(Thutmose IV)의 무덤(KV 43)을 먼저 발굴했다는 것을 아는 사람이 거의 없다는 것이다. 이 무덤은 심하게 도굴됐고 남아 있던 유품들은 손상된 상태였다. 그러나 투탕카멘의 무덤처럼 옥좌나 치장한 벽토 그리고 나무로 만든 마차 같은 것은 남아 있었다. 물론 이 무덤이 투탕카멘의 무덤처럼 도굴되지 않고 온전했길 바랐겠지만 말이다. 여섯 번째로 투탕카멘의 무덤을 만들면서 사용한 여러 종류의 재료와 물질들을 보면 그 당시 그들의 기술력이 얼마나 대단했는지를 알 수 있다. 특히 금, 은, 호박금 상아, 채색한 도자기, 터키석, 청금석, 홍옥수, 유리, 삼나무와 흑단 같은 목재, 아주 미세한 아마포 같은 직물 그리고 많은 다른 재료들을 다루는 기술이 아주 훌륭했으며 사치품에 대한 왕족들의 소비 욕구가 어느 정도였는지를 살펴볼 수 있다. 이처럼 보기 드문 아름다운 돌들은 너무 단단해서 다루기 위해선 상당한 기술이 필요했다. 따라서 투탕카멘이 격변기에 힘이 없는 미약한 왕이었음에도 불구하고 우리는 그의 무덤에서 잘 보존된 유물들을 통해 고대 이집트와 신으로 숭배하는 왕에 대해 많은 정보를 얻을 수 있다.

무덤과 석관

아직까지 아무도 투탕카멘의 무덤과 그 유물들에 대해 정확한 값어치를 매긴 적이 없다. 추정치조차 천문학적인 금액이다. 사용된 원재료 때문이지만 우리는 투탕카멘의 무덤을 오늘날의 기준으로 따져봄으로써 이해할 수 있다. 몇몇 경제사학자들은 내부를 금으로 만든 관을 가치에 추가하려고 시도해왔다. 금으로 만든 샌들 같은 놀라운 물건들, 금으로 치장한 사당, 반지와 목걸이 그리고 작은 조각품들 같은 수백 개에 달하는 물건들 그리고 수많은 보석들과 종교적인 물품들까지 모두 엄청난 가치를 지니고 있다고 할 수 있다. 이것들의 가치를 평가하기 위해서 우리는 내재적인 것과 외재적인 것을 나눌 필요가 있다. 우리는 이 모든 것들의 실물을 직접 확인할 수 있다는 것이다.

투탕카멘의 무덤에 사용한 금에 대한 가장 보수적인 평가는 11톤 정도이다. 관에만 1톤 정도의 금이 들어갔다. 금은 트로이온스라는 단위를 쓴다. 1트로이온스는 31그램 정도이다. 2007년 금 가격이 폭등해서 1트로이온스가 800달러 정도였다. 이 가격으로 투탕카멘의 무덤에 사용한 금의 양을 계산해보면 3억 달러(약 3800억 원)에 달한다. 이것은 가공하지 않은 금의 가치에 기초한 매우 보수적인 가치 계산이라는 것을 기억해야 한다. 3400년 전엔 지금보다 훨씬 귀중하고 희소성이 높았을 것이므로 그 가치는 더욱 컸을 것이다.

미국 연방정부의 금괴보관소인 포트녹스에는 정확히 알려지지 않았지만 4000톤이 넘는 것으로 추정된다. 단순하게 비교하면 투탕카멘의 무덤에 사용한 금의 양이 보잘것없게 보일지도 모른다. 오늘날보다 그 양이 훨씬 적었을 고대 이집트에서 투탕카멘의 무덤에 사용한 금이 전체 유통량에서 많은 부분을 차지했을 것이라고 추측할 수 있다. 고대 이집트의 시각에서 보면 당시 이집트는 금의 땅이고 금은 종교적으로 신의 살이라고 여겼다. 당시 이집트 사회에서 금이 순수하게 유통에서 치지하는 비중은 오늘날 유통량의 25퍼센트보다 적다. 기원전 1325년 이후 더 많은 금이 채굴됐으며 채굴 기술 또한 계속해서 발전했다. 이러한 계산과 당시 상황을 보면 투탕카멘의 무덤 안에 있는 금이야말로 오늘날보다 당시에 훨씬 더 가치가 있었음을 알 수 있다. 금의 땅이라고 불렸던 이집트에서조차 금이 흔하지 않았기 때문이다.

물론 금의 가치만 추정해본 것이지 은, 터키석 등 다른 귀중한 물질들은 계산에 넣지 않은 가치다. 예를 들어 외적인 가치나 혹은 수천 년 전 만들어진 값을 매길 수 없는 유물들의 가치 역시 계산에 넣지 않았다. 고대 이집트의 평범한 점토 항아리를 경매에 붙이면 수천 달러에 팔릴지도 모른다. 투탕카멘의 무덤에서 나온 유물이라면 그 가치가 더 상승할지도 모른다. 투탕카멘의 무덤의 가치에 대해 내릴 수 있는 유일한 결론은 전적으로 값을 매길 수 없을 정도로 매우 귀중하다는 것이다. 이 유물들의 전시회를 열려면 최대한도의 보험에 가입해야 하는 것은 당연할지도 모른다.

우리가 투탕카멘의 무덤에 나온 보물들이 우리에게 파라오의 재산을 측정할 수 있는 처음이자 유일한 물질적인 척도를 제공해준다는 것이다. 투탕카멘이 단지 10년밖에 통치하지 못한 힘없는 왕이었다고 생각하면 그보다 훨씬 막강한 권력을 행사한 람세스 2세나 투트모세 2세는 얼마나 많은 부를 쌓았을지에 대해 상상하는 것은 어렵지 않다. 람세스 2세는 그 가능성이 더욱 크다. 그는 55년 동안 통치하면서 무소불위의 권력을 행사했기 때문이다. 이러한 관점과 다른 여러 관점에서 보더라도 투탕카멘의 무덤은 우리가 이집트의 신으로 숭배되는 왕들과 그들의 엄청난 재산에 대해 완전히 새로운 눈을 뜨게 해줬다. 무덤들은 저항 수단 없이 도둑맞지 않기를 바랐지만 거의 대부분의 무덤들이 그들의 후계자들에게 자주 도둑맞았다는 것은 별로 놀라운 일이 아니다. 이집트인들은 무덤을 도굴하면 현세에서는 죽음을 면할 수 있지만 종교적인 형벌이나 영원한 징벌이 다음 세상에서 발목을 잡을 것이라고 믿은 것 같다. 선왕의 무덤을 도굴한 왕들은 그들에게 미칠 형벌에 대해서 걱정하지 않은 것 같다. 대신 사제들의 마법과 자신을 지켜주는 군인들 그리고 풍뎅이 모양의 부적 스카라베에 의존했다.

실패는 투탕카멘의 무덤 발견을 더욱 값지게 했다

1922년 이전까지만 해도 하워드 카터의 삶은 상승과 하락이 이어졌다. 그는 찾으려는 무덤을 발견하기 너무 어려워 크게 좌절하고 있었다. 투탕카멘의 무덤을 찾기 전 6년 동안 그가 찾은 것은 먼지뿐이었다. 그가 일을 잘 준비한 것은 확실하지만 행운의 여신이 따라주지 않았다.

하워드 카터는 이집트학의 매력에 빠지기 전 예술가와 제도사로서 훈련을 받았다. 그가 이집트에 처음 간 것은 열여덟 살이던 1891년의 일이다. 그는 당시 가장 위대한 영국의 고고학자로 인정받던 윌리엄 피트

투탕카멘의 무덤을 극적으로 발굴한 하워드 카터. 그의 끈질긴 노력 덕분에 도굴되지 않고 온전히 보존된 고대 이집트 왕의 무덤을 발굴할 수 있었다. 온전하게 보존된 투탕카멘의 무덤을 통해 고대 이집트를 보다 자세하게 이해할 수 있게 됐다.

리(William Matthew Flinders Petrie, 1853~1942)에게 개인적인 가르침을 받았다. 피트리는 종종 '현대 이집트학의 아버지'라고 불렸으며 1923년 기사 작위를 받았다. 그는 측량사였던 그의 아버지로부터 배운 토목 분야에 대한 폭넓은 배경 지식을 가지고 있었다. 그에게 배운 카터는 예술적 감각과 공학적 측량법을 결합해 실력을 갖추게 됐다. 카터는 발 빠르게 움직였다. 그는 영국의 이집트 탐사 기금(Egypt Exploration Fund)으로부터 국외 거주자로서 안정적으로 활동할 수 있는 권리를 확보했다. 또한 당시 영국이 이집트 정부를 많이 통제하고 있는 것을 이용해 이집트 고대 유물 발굴단(Egyptian Antiquities Service)의 수석 조사관이 됐다. 그는 1903년 왕가의 계곡에서 투트모세 4세의 무덤을 발굴했다. 그래서 왕가의 계곡에 대해 어느 누구보다 잘 알고 있었다. 그는 이집학에 대한 열정 하나만으로 입에 풀칠만 할 정도로 힘든 생활을 했다. 그러던 1905년 어느 날 이집트를 방문한 프랑스 관광객들을 안내하던 그가 관광객들과 심한 언쟁을 벌인 일이 일어났다. 이 일로 인해 그는 발굴 작업에서 손을 떼어야만 하는 굴욕적인 일을 당하기도 했다. 그는 이집트에서 요양하고 있던 카나본 경(Lord Carnarvon, 1866~1924)을 만나게 됐다. 이집트에 대한 카터의 열정에 공감하고 그의 능력을 높이 산 카나본 경은 곧 그의 후원자가 됐다. 카나본 경은 제1차 세계대전으로 고고학자들이 거의 일하지 못하는 동안 그가 알고 있는 많은 유력 인사들을 통해 1917년 발굴 권한을 따냈다. 왕가의 계곡에서 발굴을 허가하는 이 권한으로 카터는 투탕카멘의 무덤을 찾아볼 수 있는 기회를 얻은 것이다. 그러나 이것은 그의 암울한 미래를 예고하는 것이기도 했다. 비록 그가 잘 훈련받았고 계곡을 6년 동안 샅샅이 뒤졌지만 무덤을 찾지 못하는 절망의 세월을 견뎌내야만 했다.

카터는 투탕카멘의 무덤을 발견하기 바로 전 영국으로 가 카나본 경에게 계속해서 후원해달라고 요청했다. 그러나 카나본 경은 6년이란 세월이 흘렀지만 성과가 없자 후원을 포기하려고 했다. 1922년 10월 28일 이집트로 돌아온 카터는 그의 고고학적인 가뭄을 끝내기 위해 열심히 노력했다. 그런 11월 4일 모든 것이 바뀌었다. 카터는 작업자들에게 앞서 조사했지만 관심을 두지 않았던 곳을 다시 조사하라고 지시했다. 원래 그곳은 제20왕조의 왕인 람세스 6세(Ramses VI)의 웅장한 무덤이 발견된 곳이자 작업자들의 임시 막사를 세워둔 곳이었다. 다시 조사하기 시작한 지 4일째 되는 날 작업자들은 막사를 지으면서 사용한 진흙 벽돌을 완전히 치웠다. 그리고 얼마 지나지 않나 계곡 바닥 가장자리에서 조금 떨어진 곳에서 땅속으로 연결되는 첫 번째 계단을 발견했다. 카터는 곧 이 출입구가 어디로 통하는지에 대해 어떤 지도에도 기록보관소에도 없다는 것을 알아차렸다. 그는 작업자들에게 좀더 열심히 작업해줄 것을 독려했다. 작업자들은 돌로 깎아 만든 통로를 발견했고 다시 며칠 만에 열두 번째 계단에까지 이르렀다. 그는 무덤으로 통하는 계단이라고 여기고 이제까지 알려지지 않은 것이라고 생각했다. 그는 이 무덤이 기적처럼 온전하기를 그리고 무덤의 주인이 누구인지 알려주는 것이 있기를 간절히 바랐다. 그는 봉인의 형태로 보아 이 무덤은 아주 높은 귀족이나 심지어 왕의 무덤일 수도 있다고 생각했다.

열기를 띤 발굴 작업을 진행하던 카터는 11월 6일 영국으로 가 카나본 경을 만나고 이집트로 돌아왔다. 그리고 카나본 경이 타고 올 배를 초조하게 기다렸다. 11월 23일 카나본 경이 알렉산드리아에 도착하자

마자 카터는 그와 룩소르의 왕가의 계곡으로 갔다. 그들은 16번째 계단으로 가는 첫 번째 문을 발굴하는 과정을 함께 감독했다. 출입구가 완전히 드러나면서 사람들의 눈을 사로잡을 때 카터는 먼지로 뒤덮인 상형문자를 살펴보고 놀라지 않을 수 없었다. 이 무덤이 왕의 무덤인 것이다. 아마도 이 순간은 고고학 역사에 있어서 가장 흥미로우며 극적인 사건으로 기록돼야만 한다. 카터의 젊은 시절은 시들시들 말라가고 있는 것처럼 보였다. 그러나 뜨겁게 내리쬐는 이집트의 태양 아래에서 이 무덤 하나만을 생각하고 탐구하면서 보냈다는 이유 때문에 그의 발견은 더욱 값진 것이라고도 할 수 있다. 이 극적인 드라마는 며칠 뒤 그에게 가장 중요했던 날이라고 할 수 있는 첫 번째 문으로 글어가는 길목에 쌓여 있던 돌무더기들과 잔해들을 치우면서 시작했다. 카터와 카나본 경은 마침내 두 번째 문에 도달했다. 격하게 떨리는 손과 쿵쾅거리는 심장을 억누르면서 카터는 희미한 불빛 아래에서 문을 서서히 밀면서 안쪽의 어둠을 가만히 들여다봤다. 이것은 고고학에 있어서 시간이 영원에 머무르는 순간이었다. 1923년 하워드 카터가 쓴 글을 통해 우리는 1922년 11월 6일에 대한 그의 기억을 살펴볼 수 있다.

결정의 순간이 다가왔다. 나는 떨리는 손으로 위쪽 왼편 모서리에 작은 구멍을 뚫었다. 쇠로 된 탐지 막대가 닿을 수 있을 만큼 최대한 멀리 집어넣었다. 우리가 막 발견한 이 길처럼 저 건너편 역시 어둠에 찬 빈 공간이었다. 구멍을 넓혀 안으로 양초를 넣고 살폈다. 양초로 하는 실험은 혹시 모를 가스에 대한 대비책으로 이용한다. 처음엔 아무것도 보이지 않았다. 안쪽에서 나오는 뜨거운 공기로 촛불이 일렁거렸다. 서서히 불빛에 적응하면서 안쪽 방의 자세한 모습이 나타났다. 방 안엔 이상한 동물들, 석상 그리고 금이었다. 모든 것이 금빛으로 빛났다. 다른 사람들에게는 틀림없이 멈춰 있는 것처럼 보였을 순간 나는 너무나 놀랐다. 카나본 경이 더 이상 기다릴 수 없는지 조급하게 물었다. "안에 뭐가 보이는가?" 그의 이 말은 내가 무슨 말이라도 하라는 그의 재촉이었다. "네, 아주 굉장한 것들이요."

불빛에 반사되는 금의 반짝임은 카터의 심장을 멈추게 하고도 남았다. 이제 고고학 역사에서 가장 유명한 것이 돼버린 먼지 쌓인 글자들을 쉰 소리로 읽어나갔기 때문이다. 무덤 속의 많은 보물들은 모두 발굴하기까지 10년이 걸렸고 보관소에 보내기까지는 더 오랜 시간이 걸렸다. 보물들은 2007년인 지금도 여전히 연구하고 있으며 앞으로도 계속 연구해야 할 것이다.

이집트박물관의 별관 전체를 채운 유물

카이로에 있는 이집트박물관을 방문한 일은 잊을 수 없는 경험이었다. 박물관이 항상 편리한 곳은 아니다. 특히 뜨거운 여름에 에어컨이 없을 때 더욱 그렇다. 그러나 이런 불편이 엄청난 유물이 별관 전체를 차지하고 있는 투탕카멘의 보물들에 대한 관람객들의 놀라움을 줄이진 못한다. 비록 거의 빛나지 않고 역사에 끼워 맞춰진 것일지라도 10년 동안 무덤에서 카터와 카나본 경이 발굴한 유물들 전체 가운데 단지 일부분에 불과하다는 것을 염두에 둬야 한다.

더 많은 투탕카멘의 유물들이 지하 금고에 보관되어 있고 우리가 전시회에서 볼 수 있는 유물들은 단지 전체 유물 가운데 극히 일부분이라는 것이다. 만약 투탕카멘의 무덤에서 나온 유물들을 유럽이나 미국의 박물관 기준에 맞춰 전시한다면 아마도 엄청난 규모의 박물관이 필요할 것이다.

순회 전시회에 몰린 관람객

1976년부터 3년 동안 미국의 7개 도시에서 연 투탕카멘 순회 전시회에는 800만 명의 관람객을 끌어들일 정도로 크게 성공했다. 여기에는 학생과 무료 관람객은 제외한 것이다. 다시 26년 뒤인 2005년에는 이보다 훨씬 작은 규모의 순회 전시회가 열렸는데 로스앤젤레스에서만 30만 장의 티켓이 예매됐고 1억 달러 이상의 수입을 올린 것으로 보인다. 〈LA 타임스〉(2005. 5. 22)의 기사에 따르면 2004년 스위스 바젤에서 열린 전시회에는 62만 명의 관람객을 끌어들였고 독일 본에서 열린 전시회에는 87만 명이 넘는 관람객이 방문했다고 한다.

2004~2005년에 열린 투탕카멘 순회 전시회를 통해 얻은 수익금의 상당 부분은 카이로에 있는 이집트박물관을 보존하고 관리하는데 쓰기로 했다. 이집트의 고고학 관련 관리들은 유럽의 각 도시로부터 약 770만 달러를 받을 것으로 기대하고 있다. 심지어 이집트는 전시회를 열기로 결정하기도 전에 미국 각 도시에 600만 달러에 달하는 티켓 판매 보증금을 요구할 정도이다. 이런 일련의 조치들은 이집트의 현대 고

고학에 활기를 불어넣기 위한 것이다. 대중들의 열광 그리고 전시회를 보기 위해 긴 줄을 서고 기다려야 하는 것을 보면 한 가지 확실한 것이 있다. 투탕카멘은 인상파 화가를 비롯해 다른 훌륭한 거장들보다 더 많은 사람들을 끌어들인다는 것이다. 대단한 성황을 이루었다는 1999년 로스앤젤레스 반 고흐 전시회는 82만 명의 관람객을 유치했다. 그런데 1978년에 열린 투탕카멘의 전시회는 125만 명이 몰렸고 2005년에는 이보다 유물의 수가 적은 전시회가 열렸는데도 100만 명이 넘는 관람객이 몰렸다.

이집트 마니아를 자극하다

투탕카멘에 대한 대중적인 관심은 학술적으로 가치가 있기 때문이 아니다. 투탕카멘의 무덤이 발견되고 난 이후 이집트 마니아가 빠른 속도로 늘어나기 시작했다. 세계 최대의 비영리 과학 교육 기구인 내셔널 지오그래픽 협회(National Geographic Society)의 경영진인 테리 가르시아(Terry Garcia)는 사회가 지난 세기 동안 이집트에 높은 관심을 보였다고 말했다. "수년 동안 우리가 출판한 첫 번째 주제는 이집트였다. 우리가 설립 이후 지난 116년 동안 해왔던 작업들을 뛰어넘는 주제였다." 가르시아는 2005년 로스앤젤레스에서 투탕카멘의 전시회가 열리고 있을 때 이와 같이 얘기했다.

1963년 미국의 영화배우 엘리자베스 테일러(Elizabeth Taylor, 1932~)는 흥행작 〈클레오파트라(Cleopatra)〉의 주연을 맡았다. 이후 이 영화는 '할리우드를 변화시킨 영화'로 통하게 됐다. 이러한 잊을 수 없는 명화로 인기를 누리게 되고 그 영향력이 막강하게 된 것은 1922년 하워드 카터의 극적인 발견에 대해 언론이 일찍이 센세이션을 일으켰기 때문이다. 투탕카멘의 인기는 지금도 계속되고 있다. 바보 같은 풍자 영화 혹은 〈툼 레이더(Lara Croft: Tomb Raider)〉와 〈미이라(The Mummy)〉 같은 고고학의 캐리커처를 포함해서 말이다. 요즘의 관객들은 이런 작품들이 보리스 칼로프(Boris Kaloff, 1887~1969)가 주연한 1932년 〈미이라(The Mummy)〉와 같은 고전적인 작품에 많은 영향을 받았다는 것을 잊었거나 전혀 모른다. 투탕카멘에 대한 가장 사랑스러운 패러디는 아마도 1934년에 나온 에르제(Hergé, 1907~1983)의 '땡땡이의 모험' 시리즈 가운데 하나인 《파라오의 시가》에 등장하는 캐릭터 땡땡(Tintin)으로부터 나왔는지도 모른다. 왕가의 계곡에서 하워드 카터의 영웅적인 노력을 높이 평가하는 일종의 직접적인 보답으로 생각된다. 일부 사람들은 교활하게도 이집트학은 단지 교육 수준이 높은 사람들의 취미에 불과하다고 주장한다. 그러나 이집트학은 전문적인 이집트 마니아라고 쉽게 이야기할 수 있을 것이다.

투탕카멘의 황금 마스크

20세기에 가장 쉽게 떠올릴 수 있는 아이콘이 있다. 그것은 아마도 머리에 쓰는 장식물로 푸른색과 황금색 줄로 장식한 우리에게는 너무나 친숙한 투탕카멘의 황금 마스크일 것이다. 이것 역시 투탕카멘의 무덤이 얼마나 큰 영향을 미쳤는지 보여준다. 검은 가루로 진하게 아이섀도를 그린 눈 한 쌍은 언제 어디서든 보는 사람들의 시선을 사로잡

는다. 이렇게 관심을 사로잡는 이 놀라운 눈은 신성한 왕권의 근엄함
을 지닌 차분한 얼굴과 입 주위에서 밝게 빛나는 황금빛을 잘 반영하
고 있다. 웃거나 찡그리지 않고 세상이 돌아가는 모든 것을 인정하고
있는 모습으로 말이다. 그러한 모습이 죽음과 관련이 있다는 것이 황
금 마스크를 더욱 인기 있게 만든다. 왜냐하면 마스크의 매력과 금기
속으로 끌어들이기 때문이다. 마스크의 주인이 결코 원숙한 나이라고
할 수 없는 열아홉의 아직 어린 나이라는 것을 생각해볼 때 그야말로
놀랄 만한 표정이다.

투탕카멘의 황금 마스크는 고고학과 고대 역사에 대해 밀도 있는 정보를 주는 완벽하면서도 인기 있는 수단이다. 이 마스크로 인해 박물관은 고대 역사에 대해보다 많은 연구를 할 수 있으며 또한 대중적인 후원을 확보할 수 있다. 어린 시절의 조기교육은 훗날 어른이 되어 기꺼이 박물관 후원을 할 수 있게 하는 촉매제 역할을 한다. 그래서 학교에 다니는 학생들이 어른이 되었을 때 추억을 떠올리게 하는 투탕카멘의 황금 마스크 같은 형상이 필요한 것이다. 이집트학이 전문이 아닌 많은 고고학자들은 종종 투탕카멘의 대중적인 매력을 풍자적으로 '투탕카멘 마니아' 또는 '투탕카멘 대식가'라고 부르곤 한다. 그러나 고고학은 대중들의 지속적인 관심과 후원을 필요로 한다는 사실은 여전하다. 고고학은 지루하고 반복적이며 양적인 분석 방법에 의존하는 것이 사실이다. 지속적인 자금을 필요로 하는 학문이라고 할 수 있다. 그래서 우리와 같은 전문적인 고고학자들이 우리를 먹여 살리는 손을 물어서는 결코 안 된다. 만약 대중들이 투탕카멘에 대해 더 많은 정보를 원한다면 이는 결국 고고학을 발전하는 일이 될 것이고 연구를 지속할 수 있는 기회가 될 것이다. 투탕카멘의 상징이라고 할 수 있는 황금 마스크 하나만으로도 많은 것을 이루어냈다.

투탕카멘의 죽음을 둘러싼 미스터리

투탕카멘은 10년이 안 되는 짧은 기간을 통치했다. 그러나 그의 죽음에 대한 추측은 걷잡을 수 없이 퍼져나갔다. 그의 두개골이 골절됐고 뼈 조각 그 뒤편에 있다는 것이 X선 촬영으로 밝혀졌기 때문이다. 미라 박사로 유명한 미국 롱아일랜드대학교의 밥 브라이어(Bob Brier)는 1998년에 쓴《투탕카멘의 살인자(The Murder of Tutankhamen)》에서 투탕카멘의 죽음이 살인에 의한 것으로 묘사했다. 그는 마치 과학수사관처럼 가능한 동기들과 범인 그리고 살인한 방법 등을 조심스럽게 추측했다. 그러나 최근 CT 촬영으로 기존에 제시된 외상의 원인들이 크게 수정되고 있다. 내셔널 지오그래픽 협회와 독일의 지멘스 의학 연구소(Siemens Medical Solutions)가 부분적으로 후원을 받아 최첨단 분석 기계들을 이용해 1700여 개에 이르는 비침습성 이미지들을 얻었다. 그럼에도 불구하고 모든 학자들이 이 이미지들이 결정적이고 확실하다고 동의한 것은 아니다. 이런 CT 촬영을 통해 우리는 투탕카멘의 유골에서 다리 상태가 매우 안 좋은 파편들이 나온다. 아마도 미생물에 의해 상처를 통해 감염되는 것이 일반적인 패혈증에 의한 것으로 보인다.

카터는 투탕카멘의 무덤을 발굴하면서 시신에 치명적인 손상을 입혔다. 그는 어린 왕의 몸을 여러 부분으로 나눠 세부 사항들을 조사했다. 그 때문에 뼈가 탈구됐는지 아니면 당시 시신을 방부 처리하는 과정에서 뼈에 이상이 생겼는지 구분하기 매우 어렵다. 죽음에 이른 정확한 이유를 밝히는 일은 일단 넘어가자. 3400년이라는 시간은 증거를 지워버리기도 한다.

투탕카멘의 통치를 둘러싸고 많은 의문들이 있다. 그는 역대 왕의 목록이 나열된 '토리노 역대 왕 목록'에 이름이 올라 있지 않다. 왜냐하면 이 목록은 기원전 1700년 무렵의 제17왕조에서 멈췄고 투탕카멘은 그 이후인 제18왕조의 왕이었기 때문이다. 그러나 투탕카멘 이후 기원전 1300년 무렵 새로운 왕조인 제19왕조가 들어서고 세티 1세(Seti I)에 의해 기록된 아비도스 왕 목록(Abydos King List)에 투탕카멘의 아버지일 지도 모르는 아멘호테프 4세도 실려 있지 않다. 프톨레마이오스의 그리스 시대부터 시작된 또 다른 왕의 목록은 기원전 271년 고대 유대인 역사가인 마네토(Manetho)가 집대성했다. 이 목록에도 투탕카멘의 불가사의한 아버지인 아멘호테프 4세와 함께 투탕카멘이 빠져 있다. 투탕카멘의 삶에 대해 알 수 있는 문헌이 전혀 없기 때문에 여전히 그가 정말로 아멘호테프 4세와 그의 첩 키야(Kiya)와의 사이에서 태어났는지에 대해 여전히 미스터리로 남아 있다. 투탕카멘의 원래 이름은 안케세나텐(Ankhesenaten)이지만 안케세나문(Ankhesenamun)으로 이름을 바꾼 아멘호테프 4세의 딸과 결혼했는지에 대한 의문도 여전히 계속되고 있다. 그 이유들은 다음과 같다. 그것은 아마도 투탕카멘의 청소년 시절에 맞이한 아내가 이복동생일 것이라는 추측을 자아낸다. 투탕카멘의 아내는 투탕카멘이 죽은 뒤 등장한 새로운 왕조의 가족 가운데 전혀 언급되지 않는다.

아멘호테프 4세에게는 많은 적들이 있었다. 특히 권력을 누리던 테베 출신의 아문 사제들이 그의 적이었다. 투탕카멘은 기원전 1340년 무렵 아멘호테프 4세가 옮긴 수도 텔엘아마르나에서 태어났을 가능성이 크다. 그의 원래 이름은 투탕카텐(Tutankhaten)이다. 그의 아내와 마찬가지로 그도 두려움 때문에 이름을 바꿨을 것이다. 즉 아멘호테프 4세와 구분하기 위해서였다. 투탕카멘이 죽고 테베의 사제들이 이 사실을 알게 되자 아멘호테프 4세의 도시인 텔엘아라르나의 모든 것을 파괴했다. 처음에는 테베의 사제들과 관계를 유지하던 투탕카멘의 군사담당 친척인 아이(Ay)가 나중에는 호렘헵(Horemheb) 장군을 포함한 투탕카멘의 후계자들은 이집트의 높은 계급의 사람들이 연극을 꾸며 투탕카멘을 죽음에 이르게 했다고 주장했다. 만약 투탕카멘의 미라에 관한 새로운 CT 촬영이 확실하다면 어린 나이에 세상을 떠난 그의 죽음이 이렇게까지 의심스럽지는 않을 것이다. 그러나 우리는 그가 죽은 이유에 대해 절대로 알 수 없을 것이다. 당시 상황이 과도기였고 불안정했기 때문에 역사적인 사건들이 제대로 기록되지 않았기 때문이다. 증거가 없는 곳에서는 무수한 추측들이 난무하기 마련이다. 투탕카멘의 삶과 죽음에 대한 것을 찾기 힘들 것이고 이러한 미스터리로 인해 앞으로도 그의 매력을 계속될 것이다.

투탕카멘에 대한 가장 큰 아이러니는 투박하고 미완성이지만 호화로운 보물들이 가득한 그의 무덤이 그를 슈퍼스타 자리에 올려놨다는 것이다. 비록 그가 고대 이집트에서는 족보에도 없는 미약한 왕이었지만 말이다. 이러한 투탕카멘의 무덤과 유물의 발견은 세계에서 가장 위대한 스토리로 손꼽히고 있다. 또한 이것으로 힘없던 소년 파라오는 고대 이집트의 어떤 왕보다도 훨씬 유명하고 친숙한 인물이 됐다. 비록 역사에서는 다른 왕들의 권력이 하늘을 찌를 정도였다고 하더라도 말이다. 이것은 역사의 변덕 가운데 하나다. 그렇다고 잊혀진 짧은 생애보다 그의 죽음이 역사와 고고학에 이바지했다는 사실을 간과해서는 안 될 것이다. 고대 이집트의 왕은 현생에서는 죽더라도 사후에 영원한 삶을 산다고 여기며 이집트의 신으로 숭배한다. 지금의 상황이야말로 투탕카멘에게 가장 적합하고 공평한 판결일지도 모른다.

잉카 건축의
비밀을 풀다

Hundstadt

Laubach

Gemünden

Worth

Niederlauken

Rod

Oberlauken

Neuweilnau

Altweilnau

Merzha

Hundstall

Treisberg

Finsternthal

Brombach

Mauloff

Forst Oberems

Schmitten

1911년, 페루 안데스산맥의 정글지대

하이럼 빙엄(Hiram Bingham, 1875~1956)의 두 눈은 정글에서 수직으로 솟은 봉우리가 안개와 구름을 뚫고 얼마나 높은지 가늠하고 있었다. 눅눅하고 습한 봉우리들이 계속해서 치솟아 오르는 것처럼 보였다. 그는 수백 미터 아래에서 포말을 일으키며 격하게 흐르는 급류와 마주치는 벼랑을 차마 내려다보기 어려웠다. 그와 가이드는 몇 시간째 밀림을 헤치며 산을 오르고 있었다. 급경사를 가로지르는 길이 없었기 때문에 구불구불한 지형을 따라 걸었다. 때로는 젖은 나뭇가지가 그들 위로 떨어지고 칼로 작은 나무와 가지들을 베면서 나아갔다. 길이 없는 밀림을 헤치며 가다보니 방향을 잡기도 어려웠다. 그들은 말이 없었지만 서로를 의지해야 하는 상황이었다. 서로를 잡아주고 끌어올려주면서 올라갔다. 가이드는 키가 작은 케추아족 농부인데 완벽하고도 평온한 상태로 앞장서 갔으며 전혀 숨이 가쁜 것처럼 보이지 않았다. 반면 빙엄은 키가 크고 허우적거렸다. 그러나 남아메리카를 몇 년에 걸쳐 노새를 타거나 두 발로 걸으며 탐험해서 굳세고 건강해져 있었다.

잉카제국의 '공중도시' 마추픽추. 우르밤바 계곡 지대의 해발 2430미터 높이에 위치해 아래에서는 보이지 않는다.

진한 갈색 피부의 케추아족 가이드는 말 없이 미소를 지으며 위를 가리킬 뿐이었다. 빙엄은 구름에 닿을 듯한 급경사 구간이 바로 눈앞에 있는 것처럼 느껴졌다. 가이드는 그의 팔을 잡고서 이제 얼마 남지 않았다고 손짓했다. 빙엄은 한숨을 내쉬고 무겁고 아픈 다리를 다독이면서 마지막 힘을 다해 올라갔다. 어느 순간 산등성이가 편평해지고 그들 아래의 좁은 산꼭대기에 장관이 드러났다. 복잡하면서도 정교하게 만든 테라스 그리고 연이어 긴 석조 테라스가 그의 시야를 꽉 채웠다. 그는 작은 한숨을 내쉬었다. 하늘에 닿을 것만 같은 이 엄청난 도시의 성벽들이 눈앞에 펼쳐졌다. 밀림으로 뒤덮인 산꼭대기에 사라져버린 도시가 숨어 있을 것이라고 그 누가 예상했겠는가? 가이드는 빙엄이 놀라는 모습을 보면서 그저 고개를 끄덕였다. 그리고는 빙엄이 이제까지 마법의 단어라고 생각한 단어를 꺼냈다. "마추픽추(Machu Picchu)."

경외감을 불러일으키는 마추픽추

세상에 경외감과 신비감을 불러일으키는 고고학적인 장소가 있다면 바로 마추픽추를 두고 하는 말일 것이다. 말 그대로 세계의 꼭대기에 있기 때문이다. 마추픽추는 해마다 처음 온 수천 명의 방문객들의 마음을 빼앗는 곳이다. 어떤 사람들은 마추픽추를 잠시나마 직접 보기 위해 페루의 안데스산맥으로 여행을 간다. 이곳을 찾는 고고학자가 1명이라면 관광객은 1000명일 정도로 고고학적으로 세계적인 명소이다. 페루 사람들은 마추픽추가 세계 7대 불가사의의 하나로 간주해야 한다고 주장해왔다. 실제로 지난 2007년 새로운 세계 7대 불가사의의 하나로 마추픽추가 선정되기도 했다. 전 세계의 관광객들이 마추픽추를 찾고 가보고 싶은 곳으로 꼽는 것이 전혀 놀랄 만한 일이 아니다. 이렇게 관심을 받는 마추픽추의 매력은 무엇일까? 우선 마추픽추는 건축적인 측면에서 볼 때 세계에서 가장 웅장한 곳 가운데 하나다. 이곳은 또한 잉카문명의 극적이고 놀라운 조경건축술과 석조건축술의 천재성을 보여주는 가장 완벽한 예 가운데 하나이기도 하다. 마추픽추는 고지대와 저지대로 구분되는 잉카문명의 정치·문화적 차이점들이 결합된 곳이다. 또한 계곡에 맞닿은 가파른 산의 중턱에 세워져 아래에서는 보이지 않는다.

이 때문에 16세기 스페인 정복자들에게도 그 위치가 드러나지 않고 남겨질 수 있었다. 수백 년을 동안 마추픽추는 전설로 남아 있었다. 대담하고 용감한 탐험가 빙엄은 이 전설에 관심을 가지게 됐다. 또한 마추픽추는 놀라운 것들로 가득 차 있다. 최근 연구자들이 밝혀낸 것에 따르면 마추픽추는 이전에는 결코 생각할 수 없었던 음향공학 기술을 사용해 도시를 건설했다는 것이다.

모험을 즐기며 가보고 싶은 곳을 적어 둔 사람에게 이런 질문을 던져보라. "당신이 남아메리카에 처음 간다면 제일 먼저 방문하고 싶은 곳은 어디입니까?" 역사에 대해 조금이라도 관심이 있는 사람이라면 대부분이 "마추픽추"라고 대답할 것이다. 이것은 국제항공운송협회가 설문조사한 결과이다. 다른 조사에도 비슷한 결과가 나왔다. 왜 마추픽추가 중요하고 '꼭 가봐야 할 곳'에 늘 들어가 있는 것일까? 이것에 대한 결론은 이미 나와 있다. 일반인들은 정확히 모를 수도 있지만 마추픽추가 학자와 모험가 양쪽 모두에게 매력적이고 신비스럽다는 것이다.

마추픽추는 그야말로 장관이다

마추픽추를 가본 사람들은 그곳이 세계에서 가장 장관을 이루는 장소 가운데 하나라는 데 모두 동의한다. 마추픽추는 안데스산맥의 산봉우리들이 만들어낸 우르밤바강 계곡에서 흰 물거품을 일으키며 급류가 흐르는 절벽 위에 자리 잡고 있다. 마추픽추에서 가장 먼저 느끼는 건 전망이 방향마다 너무나 극적이라는 것과 그곳이 어지러울 정도로 아찔한 절벽 위라는 것이다. 계단식 밭으로 된 작은 고원은 수백 미터 위로 솟은 절벽과 한참 아래 우르밤바강 계곡이 아주 왜소하게 보일 뿐이다. 대부분의 학자들은 이 극적인 경관이 1450년 무렵에 건설됐을 가능성이 가장 큰 것으로 보고 있다. 당시 잉카제국의 황제 파차쿠티(Pachacuti, 1438~1471?)가 의도적으로 만든 작품이라는 것에 대체로 동의하고 있다. 마추픽추가 우리에게 주는 충격 가운데 하나가 바로 의도적으로 절벽 위에 건설됐다는 점이다. 마추픽추는 모두를 놀라게 했다.

마추픽추는 스페인 정복자들이 관심을 가지지 않았거나 존재 자체를 몰랐기 때문에 거의 500년 동안이나 '사라져' 있었다. 또한 페루 사람들에게도 '잊혀져' 있었다. 왜냐하면 마추픽추는 흰 물거품을 일으키는 급류와 깎아지른 봉우리 그리고 한 치 앞도 분간할 수 없는 밀림으로 둘러싸여 있기에 접근할 수 있는 길이 없었다. 이 도시는 그런 점에서 독특하다. 그래서 누구도 발견할 수 없었고 스페인 정복자들에게 파괴되지 않고 남아 있을 수 있었다.

마추픽추에 대해 페루 사람들이 정말로 '잊고 있었는지' 아니면 알면서도 비밀을 지켰는지에 대한 논쟁이 있다. 아마도 진실은 그 중간 어디엔가 있을 것이다. 접근하기 어려운 멀리 떨어진 곳에 마추픽추를 건설한 것은 아마도 비밀을 위해서거나 방어를 위한 전략일 것이다. 침략자들이 마추픽추를 공격하는 것 자체가 힘들고 위에서 내려오지 않는 한 아래에서 마추픽추의 위치를 파악하기 어려웠다. 현재는 잉카 트레일(The Inca Trail)이라고 불리는 예전부터 다니던 열차 노선을 통해 접근이 가능하다. 그러나 그 길은 언제든지 막힐 수 있다. 이 노선이 지나는 '다리'는 산등성이 뒤쪽에서 수직으로 솟은 화강암 절벽으로 몰아치는 바람이 휘감고 있으며 목재 판자로 되어 있다. 수백 미터 절벽이 어렴풋

이 머리 위에 나타나고 밀림이 다른 벼랑 밑으로 보이는 장소에 잉카문명이 만든 인공 절벽을 끼고 있는 자갈길을 건너도록 되어 있다. 임시로 만든 10미터의 목재 널빤지를 치우면 마추픽추는 완전히 고립돼 어느 누구도 접근할 수 없는 장소가 돼버린다. 더구나 도시로 들어가는 출입문은 의도적으로 아찔한 벽에 위치해 있는데 그 위에는 와이나픽추의 아주 가파른 봉우리들이 출입구에 꽉 차 있어 접근을 아예 불허할 정도이다. 이 모든 것이 마추픽추의 매력을 더하고 있고 '잊혀진' 도시를 둘러싼 신비감을 더욱 높이고 있다. 더욱 그럴듯해 보이는 매력은 마추픽추가 아주 동떨어져 있어 발견되기 어렵게 설계됐다는 점이다.

잉카문명의 천재적인 석조 건축술

1532년에서 1541년 사이 스페인 정복자들은 프란시스코 피사로(Francisco Pizarro, 1475?~1541)의 지휘 아래 페루를 정복하자마자 식민지로 삼고 잉카의 도시들을 유럽식으로 바꿨다. 잉카제국의 수도였던 쿠스코의 많은 것들이 파괴되고 사라졌다. 그나마 파괴되지 않고 남은 잉카의 궁전들은 식민통치자들의 거주했다. 잉카의 신성한 장소인 쿠스코에 있는 태양의 신전 코리칸차의 일부를 허물고 산토도밍고 성당을 지었다. 세상의 네 모서리에서 '세계의 배꼽'이라는 '퓨마' 모양의 쿠스코에 이르는 4개의 도로는 식민지 건설로 현재는 대부분 손상된 상태이다. 다행히 마추픽추는 발견되지 않아 불행한 운명을 겪지 않았다.

마추픽추의 놀라운 웅장함은 일반 사람들이 상상하기 힘든 석조 건축으로 도시를 건설했다는 것이다. 자연을 이겨낸 저력뿐만 아니라 자연적인 아름다움을 인공적인 도시에 맞춰 의도된 조화를 보여주었다. 이를 통해 그들의 자연을 대하는 철학을 잘 나타내고 있다고 할 수 있다.

또한 마추픽추는 잉카문명의 뛰어난 도시계획의 가장 완벽한 예를 제공하고 있다. 처음 건설한 그대로 도시계획 구역들이 손이 닿지 않은 채 남아 있다는 것이다. 씨족들이 함께 사는 구역과 사제들의 건물과 거주 공간들이 단단한 돌로 만들어진 층계로 연결돼 있다. 이 '거대한 계단'의 일부 돌들은 12면체 등 다각형으로 만들어져 있다. 농사를 짓기 위해 거의 수직으로 이어져 내려가는 수백 개의 잘 정돈된 계단식 경작지를 보고 많은 사람들이 감탄한다. 무엇보다 거대한 자연을 이용해 만든 마추픽추의 건축물 앞에선 말문이 막힌다. 산티아고 아그르토 칼보(Santiago Agurto Calvo, 1921~2010)와 같은 페루 고고학자들은 37가지에 이르는 다양한 모양의 돌에 대한 자료를 수집해왔다. 여기에서 각 면이 독특하고 금속 도구들 없이는 다듬기가 상당히 어려운 다양한 석조 건축기술을 엿볼 수 있다. 현무암, 안산암, 섬록암과 화강암 같은 돌들은 강철만큼 단단하거나 더하기 때문에 금속 도구조차 사용할 수 없으며 그들은 강철이 없었다. 마추픽추의 건축에 쓰인 거의 모든 돌들은 눈에 보이는 어떠한 틈새도 없이 맞닿아 있다. 단지 요즘의 벽돌 같은 걸 쌓은 것이 아니다. 그들은 특이한 각도로 겹친 테두리와 무기로 공격할 수 있는 구멍이 있는 모서리를 갖춘 마름돌을 만들었다. 더구나 마추픽추로 다른 곳의 돌을 옮기는 엄청난 수고를 덜기 위해 이곳에 있는 화강암으로 된 기반암을 채석해 조각했다. 마추픽추 건설에 사용한 돌들은 1킬로미터를 옮기기도 어려웠다. 높이 솟은 봉우리와 깎아지른 벼랑이 가로 막았기 때문이다. 완벽한 설계와 그 위치로 볼 때 자연 그 자체가 마추픽추의 가장 중요한 부분이다. 또한 인간이 만든 인공적인 구조물과 자연이 잘 조화를 이루고 하나로 통합된 마추픽추는 잉카문명의 철학을 잘 드러내고 있다. 지금의 마추픽추도 그러하고 당시에도 그런 인상을 주기 위해 의도한 것이라고 생각된다.

'미스터리'라는 단어는 종종 '무지(無知)'의 다른 말로 쓰인다. 그러나 마추픽추의 '신비'는 여전히 매력적이다. 많은 고고학자와 역사가들은 1541년 피사로를 비롯한 스페인 침략자들이 잉카를 정복하고 억압과 대량학살을 일삼고 있을 때 잉카인들에게조차 마추픽추는 잘 알려지지 않았을 것이라고 생각한다. 만약 스페인 정복자들이 마추픽추에 대해 알았더라면 무슨 수를 써서라도 그 위치를 알아냈을 것이다. 아마도 그들의 '신과 왕 그리고 국가'를 위해 가능한 많은 금과 은을 빼앗으려고 종교재판에서 하는 악명 높은 고문을 잉카인들에게 자행하고도 남았을 것이다. 오늘날에도 여전히 알려지지 않은 혹은 숨겨진 잉카문명의 보물을 찾는 모험가들이 흔적 없이 사라졌다는 이상한 소문들이 떠돈다. 보물을 찾는다고 독사들과 수많은 위험들이 도사린 절벽의 좁은 통로에서 수백 미터 아래로 내려가는 것은 아차 하는 순간 목숨을 잃을 수도 있는 위험한 일이다. 비밀스러운 보물을 찾아 이런 위험한 곳을 돌아다니는 사람들은 살아 돌아오지 못할 수도 있다. 그러나 이런 실종 이야기가 계속되는 것은 자랑스러운 잉카문명의 자손들이 여전히 지키고 싶은 그들의 비밀들이 있다는 것이기도 하다.

고지대에 위치한 마추픽추

페루의 지역적인 정치는 높고 험준한 산악지형이 중요한 영향을 미친다. 나와 다른 고고학자들은 식민지 독립 후 페루의 저지대와 가장 토착적인 고지대 사이에서 일어나는 때로는 실망스러운 차이점들을 발견해나가고 있다. 저지대인 페루의 수도 리마에서 어떤 정책을 실시하면 토착인들이 많은 옛 잉카제국의 수도 쿠스코 같은 고지대 사람들이 반대한다. 이런 정치적인 문제로 고고학적인 조사도 방해받을 때가 있다. 고고학적인 조사를 위한 허가증을 리마에서 발급받아도 마르크스 성향의 쿠스코 지방정부가 받아들여주지 않는 경우가 있다.

나는 1988년 피삭의 우루밤바강 다리 위에서 마오쩌둥의 공산주의 이념을 따르는 좌익 게릴라 조직인 센데로 루미노소(Sendero Luminoso)와 지역경찰인 시민수비대 사이에서 벌어진 격렬한 총격전을 잘 기억하고 있다. 우리 일행은 차를 타고 모래주머니가 쌓인 벽 뒤에 소총을 든 지역경찰이 지키고 있는 다리를 지나갔다. 얼마 지나지 않아 총성이 울리기 시작했다. 아래쪽에서 들리는 총성이 멈췄을 때 우리는 도시 위 높은 산등성이에 위치한 폐허가 된 잉카 유적을 조사하고 있었다. 앞으로도 계속해서 그런 일이 벌어질 것이라는 생각을 들게 했다. 그곳은 현대적인 통신 수단과 응급의료 시스템은 슬플 정도로 열악한 상태이다. 총격전이 벌어진 곳에서 몇 백 킬로미터 안에는 이렇다 할 병원이나 의사가 없는 실정이다. 그런 곳을 여행하는 것은 아직까지도 상당히 어려운 일이다. 더구나 식민지 독립 이후 지주들에 대한 저항, 약한 사법권, 정치적인 불안정 상태 등이 보물을 쫓는 사람들이 사라지는 소문을 고조시키고 있다. 특히 선천적으로 '미국인' 즉, 이방인들에 대한 경계심은 지역에 따라서 외국인에 대한 혐오감으로 나타나 보물을 찾는 사람들에게 큰 문제가 될 수도 있다. 대체적으로 보자면 고지대와 산악지대에 사는 토착민들이 궁지에 처해 있다는 것이다. 식민지 독립 이후에도 옛 스페인 세력의 지주들이 여전히 위세를 부리고 있기 때문이다. 역설적이게도 이러한 상황이 마추픽추가 안전하게 지켜지는 데 도움이 됐을 수도 있다.

잉카 케추아족 원주민의 자손들은 식민지가 되면서 야기된 노예 생활과 탄압을 쉽게 잊지 못하는 고지대 사람들이다. 확실한 것은 아니지만 17세기에 수천 명의 케추아족 원주민이 죽었다. 그 대부분이 피사의 은광에서 노예로 일하던 사람들이었다고 한다. 한편 당시 바티칸의 고위 성직자들은 아메리카대륙 원주민들의 인간성과 그들이 과연 영혼이 있는가에 대해 논쟁을 벌였다. 지난 몇 세기에 걸쳐 케추아족은 그런 취급을 받는 것에 저항했고 토지 강탈과 학살에 대한 만행들이 드러났다. 그러나 마추픽추의 아름다움과 건축학적인 경이로움은 잉카문명 그리고 그들의 지속적인 관용과 인내력에 대해 현대 세계는 찬탄했다.

스페인 정복자들이 절대로 찾지 못하고 파괴하지도 못한 울창한 밀림 한가운데 높이 솟은 곳에 위치한 잊혀진 도시 마추픽추를 1911년 빙엄이 발견하면서 전설적인 잉카문명의 비밀과 위대함을 엿볼 수 있게 됐다. 비밀스러운 위치 때문에 마추픽추의 폐허들은 변하지 않고 그대로 남아 콜럼버스(Christopher Columbus, 1451~1506)가 발을 딛기 전 잉카인들이 어떻게 살았는지에 대해 알려준다.

마추픽추를 자주 다니는 길과 멀리 떨어진 정글 속의 협곡 높은 곳에 그 위치를 숨긴 것은 현명한 선택이었다. 이 지역은 잉카인들이 안티수

유라고 부르는 곳이다. 결코 헤치고 들어갈 수 없는 가파른 안데스산맥을 등지고 있는 쿠스코 북쪽의 거친 땅이다.

보물로 가득 찬 잃어버린 도시에 대한 소문이 스페인 사람들에게 역병처럼 번져나갔다. 그러나 그들이 마추픽추에 대해선 아무것도 할 수 없었다. 불행하게도 스페인 정복자들과 접촉한 원주민들은 마추픽추에 대해 어느 정도 알고 있었더라도 비밀을 지켰을 것이다. 더구나 마추픽추의 존재에 대해 모르는 원주민이 더 많았을 것이다. 이 도시를 건설한 정확한 목적은 여전히 밝혀지지 않았다. 왕의 개인 도시 혹은 별장일 수도 있다. 아니면 산에 사는 사람과 정글에 사는 사람 사이에 거래되는 진귀한 물건들을 보관하는 '창고'였을지도 모른다. 진귀한 상품들을 싣고 오가는 대상의 라마 행렬을 기다리기 위해 머물면서 상품들을 안전하게 보관할 수 있었을 것이다. 그러나 마추픽추에는 살칸타이산처럼 그 지역 산봉우리들과 토레옹과 같은 태양의 신전이 새벽에 나란히 늘어서게 되는 태양을 묶는 기둥이라는 '인티와타나(Intiwatana)'와 같이 중요한 천문학적 표시가 있다. 이것은 마추픽추가 연례적인 종교의식 같은 다른 중요한 기능을 수행했으며 종교적인 중심지였을 가능성을 보여준다. 토레옹 아래에 있는 왕의 무덤들은 마추픽추를 건설한 잉카제국의 왕 파차쿠티를 비롯한 왕조를 위한 신성한 장소였다는 증거라고 볼 수 있다. 농사를 짓기 위해 급경사 지대에 수백 개에 이르는 계단식 경작지를 만들었다. 이를 통해 물을 공급받을 수 있었다. 역사가들은 계단식 경작지를 통해 마추픽추가 자급자족이 가능했을 것이라고 주장한다. 그러나 다른 활동들을 볼 때 마추픽추를 건설한 정확한 목적이 무엇인지는 아직 더 연구해야 할 주제이다. 건설한 목적이 무엇이건

건에 마추픽추는 20세기가 시작되고 얼마 지나지 않은 1911년 발견되기까지 적어도 4세기 동안 식민지 지배로부터 숨겨진 채 남아 있었다. 이제 용기 있는 탐험가들은 걷거나 기차 또는 자동차를 이용해 잉카의 라마 대상의 발자국을 따라갈 수 있다. 거대하고 숨 막히는 마추픽추의 장관에 감탄하는 고고학자들의 발걸음도 줄을 잇는다.

마추픽추의 발견 그 전과 후

일단 마추픽추에 빛을 가져다 준 하이럼 빙엄의 역할은 뒤로 미루자. 먼저 그가 이 극적인 발견에 앞서 어떤 탐험들을 했기에 모험에 나선 것인지 먼저 살펴보자. 1911년 빙엄이 발견하기 몇 년 전부터 유럽의 탐험가들과 지역 원주민들이 마추픽추를 일부분이지만 봤을지도 모른다. 1880년 찰스 위너(Charles Wiener, 1851~1913)는 이 지역에 잃어버린 도시가 있다는 이야기를 확실하게 들었다. 어거스틴 리자라가(Augustin Lizarraga)는 1900년 무렵에 정글 위에 위치한 그곳을 농경지를 찾다가 발견했을 수도 있다. 알베레즈(Alvarez)와 리차트(Recharte)라는 지역 원주민은 마추픽추의 계단식 경작지를 확실하게 발견했고 심지어 빙엄이 발견하기 몇 년 전에 이미 이곳의 일부를 이용했을지도 모른다. 그러나 1911년 발견으로 마추픽추의 존재를 확실하게 인식시킨 것은 바로 빙엄이다. 그는 1910년 마추픽추에서 흘러내려오는 계곡을 가로지르면서 여러 차례 야영한 것으로 보이는 아르테가(Arteaga)라는 남자를 알게 됐는데 그에게 위험한 정글과 산악지대를 통과하는데 가이드를 맡겼다.

1911년 마추픽추를 발견해 세상에 알린 하이럼 빙엄. 그가 발견하기 전까지 적어도 4세기 동안 스페인의 식민지 지배로부터 숨겨진 채 남아 있었다. 1492년 콜럼버스가 아메리카 대륙을 발견하기 전의 모습을 간직한 곳이다.

만약 태어날 때부터 탐험가가 있다면 바로 빙엄을 두고 하는 말일 것이다. 영화로 유명한 '인디아나 존스'의 모델이 빙엄이라는 것을 아는 사람은 드물다. 그의 선조는 메이플라워호를 타고 미국으로 왔다. 그 가운데 할아버지인 목사 하이럼 빙엄 1세(Hiram Bingham I,)와 외할아버지 조나단 브루스터(Jonathan Brewster, 1795~1865)가 유명하다. 1875년 하와이에서 선교사인 부모님에게서 태어난 빙엄 3세는 페루의 비가 오고 구름 낀 절벽들과 매우 비슷한 안개가 자욱하고 숲이 우거진 하와이의 산을 오르곤 했다. 1911년 대담한 빙엄에게 가장 큰 차이점이 있었다면 하와이에는 독사가 없었던 반면 페루에는 독사는 물론 미끄러운 돌을 조심해야 했다. 그 돌 위로 걷든 기든 한 걸음 한 걸음을 조심해야만 했다.

빙엄은 틀림없이 '탐험' 유전자를 물려받았을 것이다. 고등학교까지 성실하게 다니고 예일대학교와 하버드대학교 그리고 버클리대학교에서 공부한 빙엄은 훌륭한 학문적인 삶을 시작하는 것처럼 보였다. 그는 처음에는 예일대학교에서 학생들을 가르쳤다. 그러나 학문적인 명성을 얻으려면 모험이 필요한 현장 조사연구가 필요했다. 그는 1908년 칠레 산티아고에서 열린 제1회 전미과학대회(Pan-American Scientific Congress)에 참여했다. 그 뒤 그는 19세기 초반 독립운동가 시몬 볼리바르(Simón Bolívar, 1783~1830)가 여행한 루트를 연구하기 위해 남미에 남기로 결정했다. 빙엄은 아르헨티나의 부에노스아이레스에서부터 페루의 리마에 이르는 긴 여정의 일부 구간을 따라갔다. 그러던 중 콜롬비아제국 시대 이전의 수도에 잉카의 석조 건축물들의 기초가 남아 있었고 쿠스코에는 잉카문명의 흔적들이 남아 있는 것을 보게 됐다. 쿠스코는 놀라운 도로망을 따라서 세계의 네 귀퉁이가 넓게 펼쳐지는 한때 자랑스러웠던 잉카제국의 중심지였다. 하나는 서쪽으로 산을 넘어 태평양 해안까지 이어져 있다. 다른 도로는 동쪽으로 뻗어 초록빛 정글로 향했다. 또 다른 하나는 남쪽으로 티와나쿠 유적과 티티카카 호수로 이어져 있다. 마지막으로 북쪽으로 뻗은 도로는 현재의 에콰도르와 콜롬비아까지 이어져 있다. 빙엄은 쿠스코에 머물면서 누네즈(J. J. Nunez) 같은 사람들에게 잉카의 중요성에 대해 듣고 생각을 바꿨다. 오래되고 화려한 문명을 꽃피운 잉카문명을 당시 고약하고 천박한 스페인 분위기를 풍기는 열등한 식민지로 정도로 생각하고 있었다. 빙엄은 에콰도르의 빌카밤바에 잊혀진 도시가 있다는 이야기를 듣고 그 지역의 유물들을 다시 살폈다. 그리고 북동쪽 멀리 고원 밀림지대에 또 다른 잊혀진 도시가 있다는 소문을 들었다. 그는 다른 연구들을 중단하고 그 잊혀진 도시를 찾기로 결심했다. 그는 예일대학교로 돌아온 다음 1911년 페루에서 탐사대를 꾸려 탐사를 시작했다. 이 팀에는 쿠스코 출신으로 경찰인 카라스코(Carrasco)와 가이드들이 포함됐다. 또한 지도에 없는 유적들을 알거나 그런 곳으로 데려다 줄 원주민을 알고 있는 사람들도 포함됐다.

몇 주 동안 계속된 여정에서 빙엄은 안타고원을 오르고 노새를 타고 유카이 계곡을 지나기도 했다. 그리고 마지막으로 올란타이탐보를 지나 우르밤바강 골짜기를 따라갔다. 빙엄의 탐사대는 7월 23일 마지막으로 만도르팜파라는 곳에 캠프를 차렸다. 이곳은 높이 솟은 화강암 산봉우리들을 지나 우르밤바강이 구불구불 흐르면서 한 바퀴 휘감는다. 여기에서 만난 멜초르 아르테아가(Melchor Arteaga)라는 농부는 빙엄의 탐사에 큰 관심이며 돈을 주면 정보를 제공하겠다고 했다. 그는 마추픽추라고 부르는 곳 근처의 정글지대 고원에 황폐해진 계단식 경작지에 농사를 짓었다는 것이 알려져 있다고 말했다. 그는 그들이 쓰는 케추아 말로 마추픽추의 뜻이 '오래된 산'이라고 했다. 그리고 마추픽추 산등성이 위에는 더 높이 솟은 봉우리가 있는데 이 봉우리를 '새로운 산'이라는 뜻의 후아나픽추라고 부른다고 했다. 빙엄은 이 유적들을 직접 탐사하고 싶었다. 그 이유에 대해 그는 이렇게 적었다.

7월 24일 아침 차가운 이슬비가 내리는 가운데 날이 밝아왔다. 아르테가는 떨고 있었다. 그는 헛간에 머물러 있고 싶은 것처럼 보였다. 나는 그에게 유적지들을 보여준다면 보수를 두둑하게 주겠다고 제안했다. 그는 이런 습한 날씨에 등반하는 것은 너무 위험하다고 반대했다. 그러나 하루 일당의 서너 배를 주겠다고 하자 결국 동의했다. 유적지가 어디 있냐고 묻자 그는 손으로 산꼭대기를 가리켰다. 그러나 탐사대원 그 누구도 흥미가 없었으며 나와 함께 올라가려 하지 않았다.

마추픽추의 발견에 대해 쓴 빙엄의 글을 오늘날 읽어보면 그가 쓴 단어들에서 빙엄이 아르테가를 약간 깔본 것 같다. 적어도 서구 중심적으로 보인다. 아마 빙엄이도 태생적으로 원주민보다 우월하다고 믿는 뉴잉글랜드에서 미국으로 온 선조들과 마찬가지로 생각한 것 같다. 아마도 아르테가는 약 600미터 위까지 거의 수직에 가까운 등반이 얼마나 어려운지 그리고 독사들이 곳곳에서 도사리고 있는 것을 잘 알고 있었을 것이다. 흰 거품이 이는 우르밤바강을 밧줄이 썩은 다리에 의지해 건너고 산등성이 꼭대기의 밀림을 지나자 마침내 깜짝 놀랄 만한 마추픽추의 석조 건축물들이 시야에 들어왔다. 여기에 오기까지 정글을 헤치면서 몇 시간 동안 힘들게 등반했을 것이다. 빙엄이 이 발견을 영어로 아주 상세하게 처음 기록한 점에 대해선 논의의 여지가 없다. 그러나 민족주의가 기세를 떨치기 시작하면서 문화적 유산과 고대 유물의 불법적 강탈에 대한 논쟁으로 1916년 이후 여러 가지 논란이 일었다.

마추픽추의 유물에 관한 논쟁

빙엄은 1912년부터 4년여 동안 마추픽추의 왕실 무덤을 비롯해 여러 유물을 발굴하고 목록을 작성했다. 이 유물들에 무슨 일이 일어났을까? 20세기 초 이후 고대 유물을 둘러싸고 국가 사이에 많은 싸움이 벌어졌다. 그러나 마추픽추는 페루 정부와 미국 예일대학교 사이의 개인적인 싸움이다. 예일대학교는 빙엄의 마추픽추 연구의 후원자로서 이른바 빙엄 컬렉션(Bingham Collection)이라는 것을 계속해서 요구해왔다. 최근에 논의되는 쟁점으로 예일대학교는 빙엄의 마추픽추 유물들을 미국으로 가져올 수 있는 허가를 얻었으며 일부 유물은 반환하고 나머지는 영구적인 소장품으로 대학이 소유해야 한다고 수십 년 동안 주장해왔다.

그러나 시간이 흘러 여러 나라들 가운데 이탈리아, 그리스, 터키는 1980~1990년대에 미국의 박물관들이 획득해 전시하고 있는 소장품들이 불법으로 발굴해 적합한 문서 자료나 출처 없이 불법으로 팔렸다고 주장했다. 메트로폴리탄 미술관과 게티 박물관 그리고 보스턴 미술 박물관과 같은 미국의 박물관들을 대상으로 법적인 행동을 취하면서 드러났다.

2001년 알레한드로 톨레도(Alejandro Toledo, 1946~)가 당당하게 페루 대통령에 당선됐다. 그는 역대 페루 대통령 가운데 스페인 식민지배 이후 첫 토착민이자 잉카의 언어인 케추아어 사용자였다. 페루는 몇 세기에 걸친 스페인의 식민 지배로 문화를 억압받았다. 톨레도는 대통령 취임식의 일부를 잉카문명의 자랑스러운 유산인 마추픽추에서 근엄하고 위엄 있게 열었다. 그는 구두닦이로 생계를 이어갔으며 결국 미국

스탠포드대학교에서 경제학을 전공한 것을 포함해 여러 대학교에서 장학금을 받으며 공부했다. 정치가의 길로 들어섰지만 남미에서 흔히 벌어지는 족벌주의로 인해 받은 비난으로 그의 정치는 얼룩이지도 했다. 그러나 그는 한때 페루의 희망으로 보도되기도 했다.

페루 정부와 예일대학교 모두 합법적인 소유권을 주장하는 가운데 진척은 없었다. 지루한 논쟁이 계속되는 사이 예일대학교가 마추픽추 유물들 가운데 몇 점을 2003년에서 2005년에 걸쳐 전시회에 올렸다. 이 일을 페루에선 아주 불쾌하게 생각했다. 세계 초강대국인 미국이 가난한 나라인 페루에 가한 외교적 모욕으로 느꼈다. 2006년 2월 영국 〈타임스〉에는 이런 기사가 실렸다.

잉카인의 도시 마추픽추의 보물들에 관한 예일대학교와 페루 사이의 다툼으로 인해 박물관장들에게 걱정거리가 증폭되고 있다. 예일대학교의 마추픽추 수집품들 가운데 얼마나 많은 중요한 보물들이 정당한 주인들에게 반환되어야 하는 강탈된 물건들일까? … 허세부리기 좋아하는 탐험가이자 비행사이며 교수였던 빙엄이 1911년 마추픽추를 발견하고 그 유물들을 소유한다는 '특별한 처분권'을 페루 정부로부터 얻었다고 하더라도 다툼의 양상은 비슷했을 것이다. 페루 정부가 유물의 반환을 요구했을 때 주요한 도자기 유물들은 수십 년 동안 예일대학교에 보관돼 있었다. 3년 전인 2003년 예일대학교 박물관은 빙엄이 집으로 가져온 유물들을 포함해 잉카 전시회를 개최했다. 페루인들은 몹시 화가 났다. 페루는 유물들을 반환하지 않으면 예일대학교를 고소하고 반환운동을 공식화하겠다고 협박했다. 그러나 대학 당국은 수백 점에 달하는 유물들에 대해 자신들이 적합한 소유권이 있으며 다른 유물들은 이미 반납했다고 주장했다.

예일대학교가 마추픽추 유물의 일부를 페루의 박물관으로 반환하기로 약속했음에도 불구하고 2006년 중반까지 양쪽의 외교적인 분쟁은 서로 만족할 정도로 완전하게 해결되지 않았다. 세계적인 관심 속에서 예일대학교는 문화적 제국주의라는 비난을 감수하기보다 순수 학문을 추구하는 대학이라는 진실성을 보여주기 위해 약속을 지킬 것이다. 반면 페루는 예일대학교가 유물 전체에 대한 소유권을 협상하지 않으려 하고 무신경한 태도를 취하고 있다고 주장하고 있다. 마추픽추의 유산이 아직 이렇기에 초기 탐험가에 의해 발굴된 외딴 지역의 다른 유물들도 뒤이은 세대들의 상상력을 계속해서 고무시키고 있는 것이다.

1988년 페루의 한 유적지에서 안전상의 이유로 이름을 밝히지 않은 채 떠나려고 이른 아침 나는 몇 명의 다른 고고학자들과 함께 있었다. 우리가 그 유적지에 도착하자 유적을 지키기 위해 국립문화학교(The Instituto Nacional de Cultura)에 고용된 케추아족 유적 관리인들이 우리를 맞이했다. 그때 눈에 들어온 것은 관리인들의 아주 꽉 찬 주머니와 흙으로 더러운 손이었다. 그곳에 잠깐 머무르는 사이 그들은 밤사이 파헤쳤을 유물들을 우리에게 팔려고 내놓았다. 물론 그것들이 크게 놀랄 만한 것은 아니었다. 그러나 우리는 조심해야 했다. 만약 그 유물들을 샀다면 상황을 악화시켰을 지도 모른다. 그리고 더 많은 밀매와 유적의 훼손을 더욱 촉진시키는 계기가 될 것이라는 것을 알고 있었기 때문이다.

유럽과 북아메리카에서는 콜럼버스의 신대륙 발견 이전의 유물들에 대한 수요가 막대했다. 그래서 현지의 고대 유적 관리인들이 단돈 몇 푼에 넘기는 유물이 뉴욕이나 런던의 미술관으로 넘어 오면 수백에서 수천 달러를 벌 수 있게 해줬다. 그렇지만 그 결과는 항상 같다. 고고학적인 유적의 손실과 가차 없는 매수자의 위험 부담 원칙(caveat emptor, 구매 물품의 하자 유무에 대해서는 매수자가 확인해야 할 책임이 있다는 원칙-옮긴이)이 그렇다. 로저 애트우드(Roger Atwood)가 2004년에 펴낸《역사 훔치기(Stealing History)》는 수집가들조차도 숨기고 싶은 남아메리카 고대 유물들을 둘러싼 탐욕과 피의 적나라한 흔적에 중점을 뒀다. 유럽의 주요 도시에서 팔리는 유물들의 엄청난 가격은 위법한 물건들을 가져오기 위해 많은 손을 거쳐야 하기에 이해가 갈 만도 하다. 또한 불법 자금의 세탁이 유물 거래를 통해 이루어지기도 한다. 여기에는 종종 조직화된 범죄의 더러운 이야기들이 덧붙여진다는 점도 그렇게 놀랍지 않다. 유물의 유통 과정이 대개 확인이 불가능하기 때문에 외부 수집가들에게 문화적 유산을 빼앗기는 것을 우려한 몇몇 나라의 주도로 1970년 유물에 관한 국제특별법을 제정했다. 이 법이 제정된 이후 비합법적으로 거래된 유물들은 수집가나 상인들이 그 출처를 보증하기 어려울 것이다.

잉카문명의 유물들의 신비함과 마추픽추라는 바로 그 이름은 그곳이 워낙 장관이기에 끊임없이 영감을 줄 것이다. 내 생각이지만 마추픽추는 단지 미디어를 통해 상상만 하는 사람보다 직접 두 발로 걸어본 사람에게 훨씬 더 감동적인 곳이다.

마추픽추의 현자

마추픽추에서 내가 겪은 경험들은 어떤 방식으로건 개척적인 것은 아니었다. 내가 그곳에서 한 주요 조사는 인티와타나와 대층계(Great Stairway) 사이에 이웃한 '협곡'으로 이곳이 화강암을 채석한 곳이었다는 것을 과학적으로 입증하는 것이었다. 그리고 이미 캘보(Agurto Calvo)와 프로트젠(Protzen)이 시작한 잉카의 석조건축에 대한 조사를 좀더 자세히 하는 것이었다. 하지만 빙엄이 올라간 이래 많은 사람들이 지울 수 없는 인상을 남겨온 것처럼 나 역시 마추픽추에서 보낸 시간을 잊을 수 없다.

나는 지네들이 돌아다니는 아과스칼리엔테스의 강 하류 근처에서 야영한 다음날 마추픽추 유적지에서 개인적인 첫 발견을 했다. 그것은 잉카의 지배층도 인정한 온천으로 너무나 행복했기에 내 침낭 속의 벌레들에 대해 불평하지 않았다. 빙엄이 우르밤바 계곡에서 마추픽추까지 긴 등반을 하면서 왜 밀림 속에 숨겨진 이 유적지를 볼 수 없었는지 이해할 수 있었다. 그리고 수직으로 높게 솟은 산봉우리들이 마추픽추 그 자체보다 장엄해 보이기도 한다. 20년 전 마추픽추를 탐사하며 석조 건축물에 대해 조사하던 어느 하루의 막바지에 벌어진 일임에도 불구하고 마치 어제 벌어진 일처럼 기억이 생생하다.

잉카제국의 통치자들은 현자(amautas)라고 부르는 다양하고 놀라운 기술인 집단을 뒀다. 이들은 시인, 작곡가, 천문학자, 건축가 그리고 수학자 등으로 위대한 문화 속에서 지적이고 창조적인 특징들을 이루어냈다. 현자들은 태양을 묶는 기둥이라는 인티와타나를 통해 계절을 정하는데 도움을 주었다. 또한 농작물을 언제 심어야 할지 등을 지도했으며 농사와 관련한 의식을 주관했다. 농민들을 위해 같이 부를 수 있는 농가(農歌)를 만들어주고 연주해주기도 했다. 나는 음악을 좋아해서 여행 중에 늘 녹음기를 가지고 다닌다. 우르밤바로 가기 위해 안타 고원을 넘어갈 때다. 우리는 지역 축제가 벌어진 걸 보게 됐다. 주민들이 차를 멈추게 하더니 "짜릿한 감동을 주는 것"을 본 대가로 아니면 잘 모르지만 다른 목적으로 돈을 내라고 했다. 우리는 그들이 바라는 대로 돈을 내고 차에서 내려 축제를 즐겼다. 톡 쏘는 치킨과 맛이 비슷한 훈제 기니피그인 '쿠이아사도'와 케추아족 여인들이 만든 '치차'라는 옥수수 맥주를 먹었다. 큰 통의 빠르게 맥주를 발효시키기 위해 여자들은 옥수수를 입에 넣어 씹은 것을 뱉는다. 나는 과일 그리고 맥주는 먹었지만 환각을 일으키는 마법의 맥주는 건너뛰었다.

이 축제가 벌어지는 동안 지역을 순회하는 케추아족 음악가들이 모였다. 그들은 팬파이프뿐만 아니라 아르마딜로 기타 그리고 긴 목재 플루트를 연주했다. 그들은 확실히 즐기고 있었다. 그들은 편하게 무리를 지어 독주곡들을 교대로 연주했고 격식 없이 다른 음악에도 곧 친숙해졌다. 나는 기쁘게 노래를 들었다. 그리고는 그 중독성 있는 리듬에 끌려 열정적으로 고개를 흔들었다. 나도 음악에 취해 웃으며 리코더 플루트를 꺼내 케추아 음악가들과 어울렸다. 나는 웃음거리가 될까 걱정됐지만 그들의 무대로 들어갔다. 나는 내 자신을 숨기고 싶었지만 그들보다 45센티미터 정도 컸기 때문에 그럴 수 없었다. 처음엔 공통적인 음색의 중심을 찾으며 조용히 연주를 시작했다. 나는 확실하게 케추아 음악이 5음계라고 생각했는데 생각 그대로였다. 나는 알맞은 5음의 '음계'를 찾아내 쉽게 연주할 수 있었다. 당김음으로 된 멜로디가 정말 좋다는 것을 알아챘다. 다른 연주자들은 날 보며 미소 짓고 나의 연주에 고갯짓을 했다. 그뒤 한 플루트 연주자가 엄청나게 비싼 금액으로 내 플루트를 사고 싶다고 요청했다. 나는 그의 제안을 정중하게 거절했다. 그러나 그의 뜻을 거절하고 싶지는 않았다. 나는 그에게 그저 선물로 주겠다고 제의했지만 그도 나의 제안을 거절했다. 단지 나의 연주에 대한 존경의 표현이었다. 마추픽추에서 보낸 며칠 뒤 그곳에서 겪은 한 가지 일 때문에 내가 여전히 리코더를 가지고 있다는 것에 고마움을 느꼈다.

때는 늦은 오후였다. 나의 연구노트는 튼튼한 배낭 속에 박혀 있었다. 엷은 안개가 봉우리들에 걸려 있는 구름들 사이로 내려오고 있었다. 그곳은 사람이 없는 곳이었다. 나는 앉아서 내 스스로를 돌아볼 수 있는 장소를 찾고 있었다. 몇 분 뒤 나는 토레옹 태양신전 북쪽에서 괜찮은 곳은 찾아냈다. 나는 이곳에서 나는 테라스로 만들어진 천연 원형극장에 앉아 깊은 밀림을 바라볼 수 있었다. 밀림은 내 아래쪽에서 사라져 협곡 쪽으로 이어진다. 워낙 깊어 3면으로 마추픽추를 둘러싸 보호해주는 우르밤바강의 둥근 습곡도 보이지 않았다. 1킬로미터 거리의 가파른 협곡을 넘어 화강암 절벽들이 시야에 들어왔다. 그 당시 나는 확신하지 못했다. 그러나 이 지역의 마추픽추 일부분은 음질을 높이는 확성기와 같은 오목한 형태를 가진 테라스들로 이루어져 있었다. 나는 이 극적인 설정이 공연을 위해 의도된 것이 아닌가 하는 의문이 들었다. 나는 여러 대륙에 걸쳐 특히, 유럽과 근동 그리고 북아프리카에 있는 그리스와 로마 양식의 원형극장들을 오랫동안 연구해왔다. 고대 건축가들의 계획적인 특성인 놀라운 음질은 거의 모든 곳에서 발견된다. 의도적인 건축물에서 메아리와 반향은 신비스럽다. 나는 위쪽으로는 불쑥 튀어나온 봉우리와 아래쪽으로는 수직의 절벽의 절경에 감탄한 나머지 음향에 대해서는 별로 생각하지 않았다. 나는 리코더를 꺼내 몇 분 동안 나른하게 연주했다. 단지 몇 개의 선율을 연주하고 난 뒤 아주 잠깐 쉬는 사이 1킬로미터 정도 떨어져 있는 수직의 거대한 화강암 절벽에서 반사되어 내게로 돌아오는 리코더 멜로디의 거의 완벽한 메아리를 들었다. 나는 어안이 벙벙했다. 누군가가 쉽게 예상할 수 있는 소리의 문드러짐이 전혀 없었기 때문에 나는 그것을 믿을 수 없었다. 리코더 선율의 반향은 비현실적으로 느껴지겠지만 뒤의 절벽과 내 주위를 분명하게 몇 초 동안이나 공기 중에 떠돌았다.

그것은 나에게 잊지 못할 시도를 하게 했다. 나는 쉽게 기억나는 짧은 노래를 절벽을 향해 곧장 연주했다. 가만히 멈춘 채 나는 집중해 귀를 기울였다. 리코더에서 나온 선율은 다시 또렷하게 되돌아왔다. 나는 되돌아오는 선율에 화음을 붙였다. 나는 원형극장 테라스에서 거의 쓰러질 뻔했다. 이것은 기적과 같은 종교적인 경험에 가까웠다. 나는 발산된 첫 번째와 두 번째의 멜로디 안에서 희미해지고 있는 소리가 없어질 때까지 세 번째, 여섯 번째, 아홉 번째 음조들을 추가하며 몇 분 동안 계속해나갔다. 나는 고대 그리스 극장의 음향효과에 대해 연구하고 글을 쓴적이 있다. 그러나 이와 같은 것을 들어본 것은 처음이었다. 내가 거의 30분 가까이 화음과 선율들을 계속해서 시험해 보았는데 이것은 정말 내 인생에서 가장 믿기 어려운 순간 가운데 하나이다. 내 흥분은 참기 어려울 정도였다. 그런 사이 내 주변엔 몇 사람이 모여든 것을 알아챘다. 그러나 나는 소리에 너무 집중하고 흥분한 나머지 그들에게 눈길조차 줄 여유가 없었다. 그런 뒤 조금 무시무시한 일이 일어났다.

구름들이 약간 올라가고 태양이 안개를 뚫고 나왔다. 나는 그때 내 생애 가운데 처음으로 3중의 무지개가 빚어내는 광경을 바라봤다. 그 광경에 숨이 멎을 듯했다. 나는 내 인생에서 이와 같은 순간은 다시없을 것이라는 생각에 전율했다.

한동안 그대로 있었다. 그런 사이 조그마한 원형극장에 20여 명이 모여 있다는 것을 알아챘다. 그들은 모두 케추아족이었다. 나는 그들이 어디서 왔는지 알 수 없었다. 한 남자가 엄청난 위엄을 갖추고 나에게 천천히 다가오기 시작했다. 그는 아주 두꺼운 안경을 통해 매우 강렬하면서도 정중한 눈빛으로 나를 바라봤다. 그가 내 앞에 섰다. 그는 내 가슴 높이까지밖에 이르지 못했지만 거인의 장중함을 가지고 있었다. 그가 사용하는 케추아어가 섞인 스페인어 단어들은 부드러웠으나 단호했다.

"당신은 현자입니다."

"아니요, 저는 현자가 아닙니다. 그저 고고학자일 뿐입니다."

"아니요, 당신은 현자입니다." 그는 조용하게 주장했다. "정말, 정말입니다. 당신이 오늘 여기에서 한 일은 지난 500년 동안이나 한번도 행해지지 않았어요. 이곳은 그것을 위한 특별한 장소였어요." 그의 조용한 스페인어 단어들은 확신으로 차 있었다.

나는 고개를 끄덕였다. 그는 이 지역에서 가장 높은 수장이라는 것을 알게 됐고, 그들이 나를 가까운 거리에서 조용하게 관찰하고 있었다고 짐작했다. 나는 존경을 표하기 위해 손을 내밀면서 그에게 눈을 떼지 않았다. 그는 내 손을 잡았다. 그는 다시 말했다.

"당신은 어디서 그걸 배웠나요? 어떻게 알죠?"

나는 그가 말하고자 하는 것이 무엇인지 확실치 않았다. 나는 알지 못했으며, 단지 화음이 메아리에 실려 그것이 얼마나 완벽하게 들리는지 알아보고자 했다는 것을 그리고 무지개가 떠올랐다는 것 등을 설명했다. 하지만 그가 나를 그렇게 믿지 않는다는 것을 느낄 수 있었다. 그들은 마추픽추 유적지 근처에서 일하는 지역 국립문화원의 관리원들이 아니라는 것이 밝혀졌다. 나는 그들 대개가 눈에 보이지 않게 마추픽추의 신성함을 지키기 위해 이곳에 있다는 것을 알게 됐다. 나는 마지못해 마추픽추를 떠났지만 이곳 수장과 여러 번 이야기했다. 그는 내가 잉카에 대해 무엇을 얼마나 알고 있는지에 대해 물었다. 마을 사람들에 둘러싸여 그와 함께 쿠스코로 가는 긴 기차여행 길에 올랐다. 케추아어와 유창하지 못한 스페인어로 제대로 의사소통을 하긴 어려웠다. 그는 쿠스코 근처에 있는 자기 집에서 며칠 동안 머물라며 초대했다. 그는 연필로 종이에 그의 이름과 주소를 써줬다. 그러나 나는 며칠 뒤에 떠나야 했기 때문에 그렇게 할 수 없었다.

케추아족의 수장인 그가 내게 했던 처음과 마지막 말이 내가 현자라는 것이었다. 그래서 나는 결국 나보다 그들이 현자에 대해 더 잘 알고 있을 것이라고 짐작했다. 여전히 부족한 지식이지만 잉카의 과학과 예술을 주도하고 자연과 건축물들을 지형과 놀랍게 조화시킨 천문학자, 건축가, 예술가, 시인, 작곡가들이 현자라는 것을 이제는 더 잘 이해할 수 있다. 또한 나를 현자라고 부른 것은 아마 내 생애에서 들었던 최고의 찬사가 아닌가 싶다. 단지 전문적인 고고학자로서가 아니다. 유혹적인 길이 얼마나 우리를 멀리 이끄는가에 상관없이 고대 역사를 따르는 것이 가장 흥미롭다고 열정적으로 생각하는 사람으로서 말이다.

로마인들의 삶을
보여주다

Hundstadt

Laubach

Gemünden

Niederlauken

Rod

Oberlauken

Merzha

Altweilnau

10

Neuweilnau

Hirsch b.
595

Ibach

Hundstall

F.Landstein

Treisberg

Brombach

Finsternthal

503
Hardt

Mauloff

Dorfweil

z.Forst Oberm

Schmitten

1748년, 남부 이탈리아

아마 앞으로 그의 이름은 평생 알 수 없을 것이다. 이탈리아의 한 농부가 베수비오산 아래 평지의 비옥한 땅에서 우물을 파고 있었다. 1748년에도 베수비오산의 어두운 꼭대기에서 피어나는 연기를 종종 볼 수 있었다. 그 농부는 농작물들이 잘 자랄 수 있게 우물을 파고 있었다. 그의 소들이 옆에 있고 매미의 울음소리가 뜨거운 공기를 가득 메웠다. 그는 구덩이를 가슴 높이만큼 팔 때쯤 옆에 세워둔 수레가 점점 파낸 흙으로 덮이고 있었다. 구덩이의 흙은 점점 부드러워졌다. 그는 깊이가 3미터 정도가 될 때까지 계속 팠다. 파는 중에 주변 흙보다 딱딱한 무언가를 느꼈다. 그는 멈추고 딱딱한 물체를 파헤쳤다. 그는 깜짝 놀랐다. 그의 눈앞에 나타난 것은 마치 방금 깨우기라도 한 것처럼 화가 나서 눈을 부릅뜨고 노려보는 커다란 대리석 머리 석상이었다.

농부는 다시 조심스럽게 더 파내려갔다. 곧 그 머리가 거대한 조각상의 일부라는 것을 알아차렸다. 그는 석상에 묻은 흙은 떼어내는 데만 거의 하루를 다 보냈다. 그리고 근처에 있는 집으로 한 시간이나 걸려

소가 끄는 수레로 조심스럽게 옮겼다. 다음날 그 농부는 다른 고대 유물 가운데 귀중한 것을 발견했다. 그는 눈치 빠르게도 이 밭을 농작물을 키워 파는 것보다 훨씬 높은 가격으로 쉽게 팔 수 있을 것이라고 짐작했다. 그는 곧 고대 예술품을 좋아하는 지방 행정관에게 연락했다. 약 2000년 전 한 도시 전체가 여기에 묻혔다는 소식이 삽시간에 퍼졌다. 얼마 지나지 않아서 지금은 부서진 한 건물의 입구에 새겨진 문구가 이 도시의 이름이 폼페이라는 것을 알려줬다. 이 이야기가 사실인지 확인하기 매우 어렵다. 때문에 우리는 그 농부의 이름이 무엇이며 그 사건이 진실인가에 대해 궁금할 수밖에 없다.

1748년 몇몇 사람들은 폼페이를 갑자기 집어삼킨 그 파멸에 이른 운명의 사건이 당시에 있었을 거라고 짐작했다. 일부 학자들은 당시 다른 지역보다 폼페이의 발견을 통해 로마의 물질적인 문화에 대한 우리의 지식을 영원히 바꿔놓을 것이라고 생각하기도 했다. 오랫동안 묻혀 있던 이 엄청난 예술품들은 그 가치와 중요성에 있어서 현존하는 대부분의 로마 예술품들을 능가했다. 폼페이가 역사상 가장 중요한 발견 가운데 하나로 평가받아야 하는지에 대해서는 여러 가지 그럴싸한 이유들이 많다. 그 가운데 주요한 몇 가지를 살펴보자. 서기 79년 베수비오산의 화산 폭발은 폼페이를 순식간에 묻어버렸다. 우리는 그 당시 상황을 목격한 진술을 가지고 있다. 1748년 폼페이의 우연한 발견은 고고학이 과학적으로 체계화되기 전의 일이다. 폼페이는 1750년대 이후 여행가와 수집가들에게 매력적인 장소가 됐다. 이 발견으로 인해 18~19세기 폼페이 문학은 잊혀진 비극에 열광하는 독자들로 인해 아주 유명해졌다. 게다가 지금까지도 유적과 유물 발굴이 계속되고 있다. 재앙에서 살아남은 폼페이 건축물들은 로마인들의 건축술을 알아내는데 도움을 주고 있다. 폼페이의 발굴 유물들은 로마 예술의 가장 대표적인 것들이다. 1735년부터 시작된 피상적인 발굴에서 다른 고대 도시인 헤르쿨라네움이 먼저 발견됐다. 그러나 이 도시는 이암과 용암으로 폼페이보다 더 깊게 묻혔다. 그래서 몇 십 년 동안 발굴을 포기한 상태였다. 이 글을 쓰고 있는 현재 폼페이 전체에서 아직 발굴되지 않은 채 남아 있는 유물들을 고려해볼 때 이제까지 발굴된 것은 65퍼센트 정도에 지나지 않는다.

과거 폼페이의 재앙으로 현재 계속 발굴되는 유물들은 그 가치를 매길 수 없을 만큼 중요하다. 그 농부가 우물을 파기 위해 땅을 판 이후 로마인들의 일상적인 삶은 폼페이의 발굴을 통해 모든 것들이 확인되고 있다. 여기에 확실한 것이 있다. 실제로 세계가 로마의 물질적인 문화에 관해 수집해온 유물들 가운데 25퍼센트가 한번의 화산 폭발로 대부분이 묻혀버린 폼페이에서 나온 것이다. 폼페이는 죽음의 재앙으로 보존되고 살아남은 것이다.

서기 79년 8월의 어느 날 순식간에 묻혀버린 도시 폼페이는 그 큰 재앙으로 세상으로부터 영원한 주목을 받을 것이라고 생각하진 못했을 것이다. 하나의 석고상이 발견되기까지 다른 어느 곳에서도 고대 로마인들의 삶에 대해 제대로 된 정보를 얻지 못했다. 재앙이 너무나 빠르게 닥쳤고 또한 성급하게 도망쳤기에 지구상 어느 곳에서도 일상생활과 생활 용품들을 이렇게 자세하게 보여주는 유물들을 찾을 수 없다. 여기에서 발견된 유물들은 상아로 만든 빗에서 벽화 그리고 타고 그을린 파피루스와 보석, 애완동물까지 헤아릴 수 없다. 카메오 유리에 있

지금의 폼페이 전경. 베수비오산의 화산 폭발로 묻혀버린 폼페이는 당시의 재앙이 지금도 고스란히 남아 있다.

는 귀중한 보석에서부터 매일 차리는 식단을 포함한 일상적인 모습의 기록에 이르기까지 다양하다. 파괴된 집 안의 식탁과 오븐 속에 남아 있는 빵 조각, 호두 그리고 심지어 정원에 있는 나무와 화초들의 뿌리까지 역시 잘 보존되어 있다. 폼페이로부터 얻을 수 있는 학문적인 가치를 평가하기 시작한 지 수세기가 지났지만 지금도 완전하게 알 수 없다. 그러나 우리는 폼페이가 사라지던 바로 그날까지 폼페이 사람들이 어떻게 살았는지에 대한 것은 물론 79년 여름의 그 파괴적인 재앙을 재구성해 볼 수 있다.

서기 79년 8월 24일

서기 79년 8월 24일, 이탈리아 남부의 지겹도록 길지만 막바지에 이른 여름은 뜨거운 열기를 일렁거리며 내뿜고 있었다. 멀리에는 원통 모양의 산들이 자리하고 있고 나폴리만은 역동적인 푸른 바다가 출렁거리고 있었다. 그날의 더워지기 전 이른 아침의 거리는 평소와 같이 시장으로 오가는 사람들로 가득했다. 부두 아래쪽에서는 새벽 미세노에서 잡은 온갖 종류의 물고기가 판매되고 있었다. 미세노는 원래 다양한 어류가 넘치는 곳이다. 이탈리아 남부 캄파니아 지역은 채소와 과일이 풍부했다. 많은 시인과 작가들은 포도주로 유명한 이곳 캄파니아 펠릭스를 진심으로 "행복한 캄파니아"라고 했다. 화산 폭발로 죽은 플리니우스(Gaius Plinius Secundus, 23~79)는 그의 저서인 《박물지(Historia Naturalis)》에서 이렇게 썼다. "자연이 아주 기쁜 마음으로 일하는 곳이 있다. 캄파니아, 기후는 온화하고 토지는 비옥하며 언덕은 매우 빛나고 작은 숲은 그늘이 되어주는 곳이다." 그러나 아이러니컬하게도 화산 폭발이 일어난 것은 8월 23일로 불과 대장장이 신인 불카누스(Vulcanus)를 위한 축제가 막 끝난 날이다. 이 신은 산으로 둘러싸인 지하에서 불을 다스리며 뜨겁게 녹은 철을 벼리고 다시 두드려 아름다운 예술품을 만드는 데 재능이 탁월한 신으로 화산 또한 그가 관장한다.

만일 폼페이 시민들이 포장된 도로를 걸으면서 발 아래를 한번이라도 유심히 살펴봤다면, 도로를 만드는 사용한 육각형 모양의 검은 돌들이 근처 화산에서 흘러나와 굳은 용암이라는 것을 알 수 있었을 것이다. 그 지역은 화산 지형으로 분출된 용암이 굳은 곳이다. 세월이 흘러 지표면으로 드러나 도로를 만드는 데 사용한 것이다. 비와 태양 그리고 바람 등으로 오랜 시간이 흐른 뒤 그 용암 대부분은 흙으로 부서졌다. 폼페이 주변 지역은 이탈리아에서 가장 비옥한 곳이다. 이는 수천 년 동안 산발적으로 무수히 일어났지만 대부분 잊혀진 화산 폭발에서 나온 화산재와 무기물 때문이다. 만일 그러한 땅 위에 솟아 있는 베수비오산에서 내려다보면 캄파니아 지역 사람들이 산 아래에 있는 활기 넘치는 만을 보기 위해 더 전망이 좋은 곳을 찾아다니거나 아니면 경사면을 따라 싱싱한 포도밭을 일구는 것은 당연하다. 이런 면에서 생각해보면 아주 극소수의 사람만이 잠재된 위험성을 인색했거나 우려했음이 틀림없다.

알다시피 폼페이 시민들은 축복받은 사람들이었다. 이집트와 동쪽에서 사치품들이 들어오는 로마에서 가장 부유한 항구였다. 사르노강 하구에 있는 항구로 배들이 드나들었다. 이 부두에 있는 창고는 로마와 제국 전역에 걸쳐 팔릴 사치품들로 가득했다. 향료와 비단 그리고 진주와 같은 것들이었다. 게다가 헤르쿨라네움과 오플론티스 그리고 스타비아에 같은 작은 마을들을 끼고 있는 나폴리만은 로마에서 떨어져 있어 호화스러운 저택들이 즐비했다. 폼페이 해변에 있는 큰 마을들은 청동과 대리석으로 만든 조각상과 사랑스러운 정원들로 온통 뒤덮여 있었다. 이곳은 그야말로 천국이었다. 로마 귀족들은 소작인과 노예들이 경작하는 거대한 농장에서 쉴 수 있었다. 그리고 그 자리에서 향기로운 흙에서 수확한 신선한 농작물을 맛볼 수 있는 곳이었다. 꽃들은 격자 울타리와 낮은 장식용 회양목으로 만든 울타리 주변 어느 곳에서나 가득 피었다. 폼페이의 윤택한 예술로 볼 때 음식은 바다에서만큼이나 땅에서도 풍부했다. 폼페이의 그림을 보면 향기로운 과일들이 나무에 주렁주렁 달려 있다. 그리고 크기가 1센티미터도 안 되는 조각들로 만든 정교한 모자이크 바닥에는 많은 물고기들이 입을 벌린 채 바라보고 있다. 만일 이 예술품들이 무엇인가를 의미하는 것이라면 아마도 부유한 폼페이에는 돈이 확실히 많았다는 것이다.

이 도시는 사랑에 있어서도 행운이었다. 이 도시의 주된 여신 가운데 하나가 바로 육체적 사랑의 상징이라고 할 수 있는 베누스(Venus)다. 이 여신은 도시의 사람들이 뜨거운 열정으로 사랑이 가득한 삶을 살도록, 또는 이에 대한 강한 환상을 갖도록 축복했다. 베누스 사원은 사르노강 위쪽 도시의 가장 높은 곳에 세워졌다. 그녀는 도시 전반에 걸쳐 생생한 존재감을 일으킨다. 교통의 요지 구석에 자리잡은 매춘굴, 벽돌에 새겨진 남근 이미지 그리고 모든 성적 욕구를 충족시켜준다고 주장하는 외국인 매춘부 광고들. 만일 서기 79년의 폼페이를 잘 설명하는 무언가가 있다면 그것은 번영, 사치 그리고 욕구만큼이나 큰 자연이 주는 과잉이었을 것이다. 과연 누가 로마에서 여기 베수비오산 아래 폼페이보다 나은 삶을 살 수 있는 곳을 찾을 수 있을까?

베수비오의 재앙이 폼페이를 묻어버렸다

8월 24일도 다른 여느 날과 같이 날이 밝았을 것이다. 그러나 몇 시간 만에 모든 것이 바꿨다. 이 시간을 고고학과 화산학 그리고 목격자의 진술을 토대로 재구성하는 것은 그리 어렵지 않다. 폼페이 시민들은 자주 느끼는 땅의 진동을 이탈리아에서 가장 아름다운 곳에서 산다는 것에 대한 정당한 대가라고 여기고 참아왔다. 그러나 8월 24일 정오를 넘긴 오후의 고요함은 점심 후 낮잠 속의 도시를 갑자기 뒤흔드는 폭발로 깨져버렸다. 엄청난 폭발음이 공기를 찢어놓고 땅이 흔들리며 건물이 무너졌다. 겁을 먹고 무슨 일인지 살펴보기 위해 거리로 나온 시민들에게 먼지와 파편들이 떨어졌다. 태양은 재와 불을 뿜는 화산의 폭발적인 힘으로 소용돌이치는 구름 속으로 들어가 버렸다. 작고 가벼운 돌뿐만 아니라 수박 크기의 큰 화산 분출물들이 계속해서 온 사방에 빠르게 떨어졌다. 비록 시민들이 미리 알지 못했을 것이다. 산꼭대기는 중력을 거슬러 모든 것을 밀어내고 있었다. 수백만 톤의 바위와 재 그리고 수증기와 독성 가스를 포함한 연기를 내뿜었다. 몇 킬로미터 높이의 대기에서 연기구름이 만들어졌다. 그것이 점점 커지면서 다시 내려와 퍼져나갔다. 폼페이와 주변 마을들이 밤처럼 어두워졌다. 점토 등불도 무용지물이었다. 한 시간 만에 몇 1미터 넘게 쌓이는 화산재로 어떤 빛도 통과하기 힘들었다. 폼페이 시민 가운데 대략 2만 5000명 정도는 신속하게 그곳을 빠져나와 대피한 것이 틀림없다. 그러나 많은 사람들이 뒷골목 처마 아래나 건물 안에 몸을 피하는 것이 더 낫다고 생각한 것 같다. 또한 일부는 지금이야말로 마음껏 훔칠 수 있는 좋은 기회라고 생각했을 것이다. 도시의 당국자들은 돌덩이의 공격 앞에서 달아나는 것 말고는 다른 뾰족한 방법이 없다고 생각했다. 그 자랑스럽던 도시는 완전한 혼돈 속에 갇혔다. 현명한 사람들은 자기 자신과 자신이 사랑하는 사람의 목숨만 구하면 된다는 생각으로 귀중품을 포기하고 재빨리 대피했다. 또 다른 일부 사람들은 재빨리 집을 단속하고 항구로 가는 가장 빠른 길을 찾아 나섰다.

항구와 강은 화산 폭발에 따른 융기와 댐으로 막은 강과 연결된 해안선이 물러나 막혔다는 것을 몰랐다. 그래서 항구 쪽으로 대피한 사람들은 물이 빠진 항구에서 갈 곳을 잃어버렸다. 수백 명의 사람들이 부두 창고와 무용지물이 돼버린 배 근처로 모여들었다. 심한 독성을 가진 짙은 가스가 빠르게 밀려왔다. 아주 뜨거운 공기가 지나는 곳마다 타들어갔다. 화산재와 독한 연기 그리고 뜨거운 공기가 사람들을 압도했다. 끓어 넘치는 용암을 동반한 가스 폭발은 그날 밤 도시를 완전히 집어삼켰다. 먼 곳을 피하지 못한 사람들의 목숨을 앗아갔다. 많은 가족들이 헤어졌고 여기저기서 분간할 수 없는 울부짖는 목소리들이 터져나왔을 것이다. 그들은 조금이라도 숨을 쉬기 위해 옷감으로 코와 입을 막았다. 생의 마지막을 위해 아이들을 껴안은 채 흐느꼈다. 소리 없이 계속 떨어지는 화산재 그리고 쏟아지는 돌들로 인해 그들은 인생을 괴롭게 마감해야만 했다. 도시 전체가 하루 만에 화산재가 7미터 이상 쌓여 완전히 묻혔다. 어떤 곳은 이층 높이의 건물보다 높게 쌓였다. 정확하게 알 수는 없지만 그날 대략 2500명의 폼페이 사람들이 죽은 것으로 생각된다. 그날은 그야말로 폼페이가 죽은 날이다. 그러나 이 갑작스런 재앙으로 인한 시민들의 비극을 인정하면서도 고고학적으로 중요한 이 역사는 일반적인 붕괴와 달리 화산 폭발로 폼페이라는 도시의 많은 부분을 단 한번에 감췄다는 사실이다.

재앙의 목격자

이 놀라운 사건으로 충격을 받았지만 이를 직접 목격한 로마의 지식인들이 상세하게 기록한 것이 사라진 것은 아니었다. 단지 무시되면서 몇 세기 동안 잊혀졌을 뿐이다. 폼페이에 재앙이 닥친 바로 직후의 일이다. 로마의 법학자이자 작가인 청년 플리니우스(Gaius Plinius Caecilius Secundus, 61?~113?)는 유명한 역사학자인 친구 타키투스(Cornelius Tacitus, 55?~120?)에게 그의 삼촌이자 역사가인 플리니우스를 죽음으로 몰고 간 급작스러운 재앙에 대해 이렇게 썼다.

화산이 폭발하기 전 며칠 동안 땅에서 진동이 느껴졌다. 캄파니아에선 흔히 있는 일이기에 특별하게 놀라지 않았다. 그러나 그날 밤 그 충격은 너무 강했다. 단순하게 흔들리는 정도가 아니라 곧 이곳이 뒤집어질 것처럼 느껴졌다. 여자의 비명소리와 아기의 울음소리 그리고 남자들이 소리치는 것이 들렸다. 몇몇은 부모를 부르고 있었고 다른 사람들은 아이들과 아내를 부르고 있었다. 사람들은 자신과 사람들이 처한 이 비극적인 운명을 몹시 슬퍼했다. 어떤 사람들은 죽을지도 모른다는 공포에 질려 기도하고 있었다. 많은 사람들이 신의 도움을 간절히 요청했다. 그러나 더 많은 사람들은 더 이상 신이 이곳에 남아 있지 않다고 생각했다. 우주 전체가 앞으로 영원한 어둠 속으로 빠져들 것이라고 생각했다.

베수비오산의 화산 폭발은 계속 이어져 하루 반나절 동안 폼페이뿐만 아니라 오플론티스와 스타비아에, 토레 델 그레코 그리고 보스코레알레와 보스코트레카제에 있는 항구 근처의 호화 저택들은 물론 헤르쿨라네움을 완전히 뒤덮었다. 3일이 흐르고야 폭발은 진정됐다. 시원한 바닷바람이 다시 불기 시작하고 한여름의 태양이 여전히 피어오르는 연기 속에서 희미하게 빛나기 시작했다. 그러나 아름다운 평원의 경치는 완전히 변했다. 재앙을 피한 생존자들 가운데 몇몇은 다시 돌아왔다. 얼마나 피해를 입었는지 확인하고 챙길 것이 있는 살펴보기 위해서였을 것이다. 이곳 주민이 아닌 사람들은 무슨 일이 일어난 것인지 직접 알아보기 위해 들렀다. 참혹하게 완전히 파괴된 도시를 보고 모두 넋을 잃을 지경이었다. 비옥한 평원은 지옥으로 바꼈다.

폭발이 일어난 지 3일 만에 그 소식은 로마제국의 우편체계인 쿠르수스 푸블리쿠스(cursus publicus)와 미세노에 있는 해군본부에서 파견한 군인들이 로마제국 전역에 발 빠르게 소식을 전했다. 새로 부임한 황제 티투스(Titus, 39~81)는 한때 푸르고 풍요로웠지만 지금은 죽음의 도시가 돼버린 현장을 직접 보기 위해 폼페이를 찾았다. 생존자들이 아직

폼페이 유적 뒤로 베수비오산이 보인다.

뜨거운 재로 뒤덮인 건물들에서 가족과 친척 그리고 재산을 찾다가 죽고 있다는 소식을 들은 황제는 이곳을 위험 지역으로 선포하고 모두 떠나라고 명령했다. 또한 이 결정에 복종하지 않는다면 죽음을 당할 것이라고 못 박았다. 이로써 폼페이는 화산재들이 잔뜩 쌓인 그대로 세월이 흐르면서 굳어졌고 이곳에 대한 기억은 침묵 속으로 묻혀갔다.

폼페이가 갑자기 묻혀버린 뒤 그곳에서 일어난 일들은 1500년이라는 시간이 흐르기까지 그다지 주목받을 만한 점이 없었다. 티투스 황제의 포고령 이후 화산재로 뒤덮인 평원은 시간이 흐르면서 다시 풀들이 자라고 점차 비옥해지고 자리를 잡아갔다. 18세기에 이르러 완전히 다른 세계의 폼페이가 발견됐다. 그때까지만 해도 어느 누구도 그 묻혀버린 도시에서 때때로 발굴되는 유물들에 대해 관심을 기울이지 않았다. 누군가 왜 폼페이가 다시 발견되기까지 그렇게 오랜 시간이 걸렸는지에 대해 묻는다면 그에 대한 대답은 간단하다. 먼저 로마의 통치 문화와 황제 티투스의 엄격한 법은 거의 500년 동안 지속되었다. 또한 그때까지 살아남은 로마인의 수가 줄어 폼페이의 비극을 완전히 잊어버렸다. 무슨 일이 벌어진 것이지 아는 사람은 점차 줄었다. 따라서 청년 플리니우스가 쓴 책을 읽는 사람도 계속 줄었다. 두 번째로 로마인들은 조상을 숭배했다. 때문에 황제의 포고령보다도 신의 보복이 두려워 감히 그 거대한 무덤을 파헤칠 수 없었다. 게다가 화산 폭발이라는 큰 재앙에서 살아남은 폼페이 사람들은 두려움이나 충격으로 먼 다른 곳으로 떠났을 것이다. 몇 세대에 걸쳐 사람들은 신과 자연이 내린 저주의 땅을 떠나라는 경고에 폼페이는 잊혀졌다.

예술 때문에 이루어진 첫 발굴

이 장의 첫 부분에서 다룬 것처럼 폼페이는 이탈리아의 한 농부가 발견했다. 그뒤 스페인 왕의 지시로 조사됐고, 영국의 바람기 많은 여자를 아내로 둔 한 남자에 의해 계속해서 탐사됐다. 악평 속에서 잔인하게 살해당한 한 독일인이 폼페이에 대해 처음으로 자세한 글을 남겼고 다시 이탈리아 파시스트 독재자가 발굴 작업을 진행했다.

1748년 나폴리를 다스리던 당시 스페인 왕은 부르봉왕가의 카를로스 3세(Carlos III, 1716~1788)이다. 그는 폼페이의 값비싼 많은 조각상들을 스페인 본국으로 보냈다. 바람기 많은 아내를 둔 영국 남자는 윌리엄 해밀턴 경(Sir William Hamilton, 1731~1803)이라는 외교관으로 그는 수집가들을 위해 고대 유물지도나 이탈리아를 둘러보는 관광 목록에 폼페이를 넣도록 도왔다. 그의 아내 엠마(Emma, Lady Hamilton, 1765~1815)는 나폴레옹 시대에 칭찬이 자자했던 넬슨(Horatio Nelson, 1758~1805) 제독과 불륜관계에 빠져 있었다. 폼페이의 예술에 대한 책을 출간한 독일 학자 요한 빙켈만(Johann Joachim Winckelmann, 1717~1768)은 '근대 고고학의 아버지'이다. 그러나 그의 빛나는 업적은 동성애자인 그가 밀회를 나누던 애인 가운데 사이가 나빠진 한 명에게 살해당하면서 막을 내렸다. 1930년대 이탈리아의 위대한 고고학자 아메데오 마이우리(Amedeo Maiuri, 1886~1963)는 로마의 영광을 되찾고 싶어 하는 이탈리아의 통치자가 독재가 무솔리니(Benito Amilcare Andrea Mussolini, 1883~1945)라는 사실이 별로 마음에 들지 않았다. 그러나 당시 마이우리는 폼페이 발굴 작업에서 엄청난 성과를 올렸다. 폼페이는 단지 이탈리아의 유산이 아니라 세계적인 것으로 여겼기 때문에 많은 나라에서 그를 따르던 사람들이 그의 업적을 환영했다.

처음 언급한 1748년에 우물을 파다가 우연히 폼페이를 발견한 이탈리아 농부 이야기는 일화일 것이다. 그의 이름이 남아 있지 않고 입증할 방법도 없기 때문이다. 폼페이의 재발견은 그것의 가치만큼이나 대단하지는 않았다. 그러나 발견 그 자체는 역사적으로 중대한 전설임에 틀림없다. 캄파니아 지역에 폼페이 유물이 묻혀 있다는 것을 처음으로 알게 된 것은 식민지배 아래 있을 때다. 당시 스페인은 나폴리가 수도인 이탈리아 남부의 양시칠리아 왕국을 지배하고 있었다. 나폴리만 북쪽 끝자락은 '불타는 평원'이라는 악명 높은 뜻을 가진 대규모 화산 분지인 캄피 프레그레이다. 유황을 내뿜는 분기공들이 많은 지역으로 그리스 신화에 등장하는 예언자 쿠마이의 시빌레(Cumaean Sibyl)가 사는 곳이기도 하다. 르네상스 시대 화가 미켈란젤로(Michelangelo di Lodovico Buonarroti Simoni, 1475~1564)가 시스티나 성당에 그녀의 그림을 그리기도 했다. 1613년이라는 아주 이른 시기에 캄파니아 지역에서 서기 79년에 일어난 베수비오산의 화산 폭발로 인해 묻힌 숨겨진 유물들이 그 모습을 드러내기 시작했다. 그러나 이런 유물들이 하나의 사건으로 연결되기까지 몇 년의 세월이 더 걸려야 했다.

1734년 카를로스 3세가 나폴리의 왕이 되자 어머니의 본능적인 직감에 따라 재빠르게 고대 유물들을 수집하기 시작했다. 1748년 폼페이에 묻혀 있는 조각상들을 찾는 발굴을 시작했다. 아마도 그뒤에 우물을 파던 농부의 발견과 같은 일들이 있었던 것으로 보인다. 그 농부의 발견은 왕의 귀에까지 들어가게 됐다. 카를로스 3세는 발굴 전문가들을 동원해 유물이 풍부한 지역을 발굴해 유물을 바치라고 명령했다. 발굴은 먼저 행복과 운명의 여신인 포르투나(Fortuna)에게 바친 신전 근처의 지점에서부터 시작했다. 그리고 다시 곧 더 많은 보물이 묻혀 있을 것으로 보이는 헤르쿨라네움으로 옮겼다. 그리고 헤르쿨라네움 근처의 그라나노에서 발굴 작업을 시작한 지 1년 뒤 작업자들은 그라나노만을 따라 묻혀 있던 스타비아에를 발굴하기 시작했다. 폼페이 자체는 1754년과 1763년 두 차례에 걸쳐 발굴했다. 폼페이라는 이름이 새겨진 조각이 플리니우스가 묘사한 바로 그 도시에서 발견했다. 이름을 밝혀낸 것은 매우 중요한 사건이다. 위대한 판화가이자 건축가인 조반니 바티스타 피라네시(Giovanni Battista Piranesi, 1720~1778)는 그 재발견된 이름 폼페이를 그의 인상적인 예술품에 기록해놓았다.

매력적인 장소가 된 폼페이

묻힌 건물들에서 엄청난 양의 유물들이 나오면서 폼페이는 귀족이나 부유한 수집가들이 유럽 여행에서 즐겨 찾는 중요한 곳이 됐다. 폼페이가 여행가들에게 아주 매력적인 장소가 된 것이다. 많은 사람들이 폼페이의 명성만 듣고 특별히 이탈리아로 여행을 왔다. 파리, 런던, 베를린, 코펜하겐, 상트페테르부르크를 비롯해 여러 도시에서 온 유럽인들은 나폴리와 폼페이를 그들의 여행 일정에 꼭 넣었다.

발굴된 품목들은 다양하고 아주 많았다. 수십 개의 발굴팀이 폼페이 전역에 걸쳐 활발하게 발굴 작업을 벌였다. 유물들의 가치가 아주 컸기 때문에 카를로스 3세는 전례에 없는 고고학적 발굴을 독점하면서 모든 것들을 개인적으로 소중하게 관리했다. 카를로스 3세의 명령으로 발굴을 시작할 때만 해도 단순히 조각상과 기념물에 초점을 뒀지 유물들은 그렇게 중요해 보이지 않았다. 그러나 폼페이의 부드러운 석회화(石灰華, tufa) 아래에서 건물들이 하나둘씩 그 골격을 갖춘 채 나타나기 시작했다. 석회화는 오래돼 굳은 화산재를 총칭하는 지질학적 용어로 많은 곳에서 볼 수 있는 백색의 연토질 석회암인 백악(白堊)보다 덜 딱딱하다.

18세기 이러한 사실은 입 소문뿐만 아니라 편지 그리고 외교서신을 통해 로마와 이탈리아 밖으로까지 빠르게 퍼져나갔다. 대학 교육을 받은 유럽의 지성인들은 거의 2000년 동안 사라졌던 세계에 대해 처음으로 눈뜨게 됐다. 이 새롭게 발굴되고 있는 도시를 구경하기 위해 로마에서부터 나폴리에 이르기까지 고대 로마시대의 다양한 유적을 둘러볼 수 있는 새로운 여행 방식인 그랜드 투어(grand tour)가 탄생했다. 이전까지만 해도 차려진 식탁과 침대 기둥까지 완벽하게 그대로 발견된 고대 도시는 없었다. 좀더 자세히 들여다보자면, 청동으로 만든 그릇, 은으로 만든 주방용 식기, 로마의 유리잔, 심지어 불에 타다 남아 탄화된 나무로 된 가구들뿐만 아니라 홍옥수, 마노, 금 같은 아름다운 보석 장신구들까지도 그대로 볼 수 있다. 이것은 폼페이가 묻힌 후 맨 처음 발견한 것에 불과했다. 폼페이는 가정에서 쓰는 셀 수 없이 많은 일상적인 물건과 귀중품들을 그대로 보존하고 있었다.

대부분의 여행객들이 폼페이가 어떻게 몰락했는지 이해하는 것은 상당히 쉬웠다. 폼페이는 고대의 비극에 대한 현대적 동정이라는 매력을 느낄 수 있는 장소가 됐다. 화산 폭발로 폼페이에서 죽음을 맞이한 수천 명의 사람들은 아마도 폼페이를 방문한 사람들이 자신들이 죽음을 맞이한 순간과 그 이유를 정확하게 이해한다는 사실에 대해 놀랄 것이다. 이것 하나만으로도 강력하고 매혹적인 관심을 끈다.

많은 예술가들은 이 낭만적인 폐허를 그리기 시작했다. 학자들은 그들이 할 수 있는 한 수집가들과 함께 폼페이에 대해 배우기 시작했다. 이 학자들의 눈에 가장 두드러지게 보인 것은 폼페이가 발견되기 전까지만 해도 알려지지 않았던 로마인이 그린 엄청난 양의 벽화들이다. 도시 로마에 손상되지 않고 보존된 로마인의 그림은 거의 없기 때문이다.

1750년 나폴리를 통치하던 카를로스 3세는 점차 늘어나는 놀라운 수집품들을 포르티치 근처에 위치한 부르봉 왕가의 저택에 임시 보관했다. 이곳은 헤르쿨라넨세 박물관이 되었다. 오플론티스에 있는 율리우스 카이사르(Julius Caesar, BC 100~BC 44)의 양아버지 코르넬리우스 피소의 유명한 호화 빌라는 1754~1758년 사이 해변 마을 아래에서 동굴에서 발굴한 탄화된 파피루스 두루마리 도서관이 됐다. 카를로스 3세는 1755년 그 동안 수집한 유물들의 목록을 출간하기 위해 아카데미아 에르콜라네세(Accademia Ercolanese)를 간접적으로 인가했다. 폼페이와 그 주변 지역에서 발굴을 진행하는 데는 공무를 수행하는 관리들처럼 관료주의적 체계가 필요했다. 수천 개에 달하는 유물들을 보관하고 전시하는 것은 물론 기록하고 문서로 정리하는 것이 필요했기 때문이다.

과거에 찾아보기 힘들 정도로 두드러지게 혁신 정신을 가진 군주 카를로스 3세는 행정부 책임자에게 폼페이에 공식적인 연구시설을 건립하라고 명령했다. 폼페이에서 발굴 작업을 하는 사람 가운데는 나폴리 대학교의 학자들과 로마 출신으로 헤르쿨라넨세 박물관 책임자인 카미오 파데리니(Camillo Paderni) 같은 골동품 전문가 그리고 조각상의 복원을 총괄하는 프랑스 조각가 조셉 카나르트(Joseph Canart)와 같은 사람들도 있었다. 카를로스 3세가 아끼고 능력 있는 장관 가운데 한 명이자 신뢰하는 친구 마르퀴스 타누치(Marquis Bernardo Tanucci)는 골동품 수집가로 토스카나 출신의 학자였다. 그의 임무는 왕을 위해 폼페이 발굴을 감독하는 것으로 확대됐다. 카를로스 3세에게 미래 세대의 고고학자들을 위한 첫 무대를 세우자고 제안한 인재들이 있었다는 것은 행운이었다. 얼마 지나지 않은 1860년대 주세페 피오렐리(Giuseppe Fiorelli)라는 영악한 고고학자는 석회화의 구멍과 빈틈 그 자체가 잠재적인 유물이라고 생각했다. 그 구멍과 빈틈에 회반죽을 부어넣자 질식으로 고통받으며 뒤틀려 죽은 사람의 형상이 나타났다. 한 가지 기억해야 하는 사실은 그곳이 평야였다는 것이다. 로마는 나폴리의 평야지대와 필적할 수 있는 평원이 없었다. 판테온 신전과 같이 로마에서 살아남아 이제까지 보존된 건물이 거의 없으며 있다 해도 멀리 떨어져 있다. 그런데 여기에 사람의 손이 전혀 닿지 않은 악령의 도시가 자리 잡았던 넓은 평야지대가 아주 빨리 빛을 보게 됐다.

한편 18세기 초 '나폴리 연구에 대한 접근 방법'에서 실용성이 개척적인 보존 실험보다 실질적인 효과를 보였다. 그런 방법들 가운데는 유물을 안전하게 보호하기 위해 회반죽을 잔뜩 바른 유물의 표면을 왁스 광택제를 녹여 칠하는 것도 포함됐다. 이것으로 수백 개의 벽화들을 보호하는 데 큰 역할을 했다. 그대로 남아 있던 벽화들은 뜨거운 나폴리의 햇빛에 산화가 일어나 바래졌다.

폼페이의 매력이 유명세를 타기 시작하면서 방문한 초창기 여행가들은 아주 권위 있는 전설적인 인물들이었다. 독일의 위대한 낭만주의 천재이자《파우스트(Faust)》를 쓴 괴테(Johann Wolfgang von Goethe,

1749~1832)는 1786~1788년 사이 이탈리아를 여행했다. 그가 캄파니아에 있을 때 티슈바인이 그린 〈괴테의 초상〉은 폐허가 된 폼페이에서 여러 조각상에 둘러싸인 채 모자와 망토 등 여행복 차림으로 비스듬히 편하게 누워 있는 괴테의 모습을 보여준다. 훗날 《이탈리아 여행기(Italienische Reise)》에서 그는 폼페이에 대한 날카로운 관찰뿐만 아니라 느낀 인상을 뛰어난 문체로 남겼다. 화려한 디오메데스(Diomedes) 빌라를 자세하게 묘사하면서 그는 이렇게 썼다.

> 폼페이는 오밀조밀한 건물들로 모든 사람들을 놀라게 한다. … 좁으면서 쭉 뻗은 도로와 인도 …. 창문이 없는 작은 집들 …. 그러나 창의적이며 풍부한 색채로 장식하고 색칠돼 있다. … 비록 처음에 비처럼 쏟아지는 화산재와 돌덩이로 묻히고 도굴꾼에게 약탈당한 이 도시는 이제 완전히 파괴됐다. 그러나 이 도시는 여전히 예술적 직관과 예술에 대한 사랑을 보여준다. 역사적으로 일어난 사건을 더 명확하게 묘사하자면 아마도 눈으로 뒤덮인 산골 마을을 떠올려보면 될 것이다.

잊혀진 비극에 대한 작품들

에드워 불워 리튼(Edward Bulwer-Lytton, 1803~1873)은 1834년 그의 화려한 소설 《폼페이 최후의 날(The Last Days of Pompeii)》에서 잃어버린 도시의 마지막 시간을 상상했다. 이처럼 폼페이는 세상 사람들에게 관심의 대상이었다. 영국의 골동품 전문가이자 초기 폼페이 학자인 윌리엄 겔

경(Sir William Gell, 1777~1836)은 1817년《폼페이아나(Pompeiana)》를 썼다. 폼페이에 대한 문학적 묘사는 낭만적인 시를 비롯해 현학적인 글까지 여러 경계를 넘나들었다. 1804년 폼페이를 방문한 프랑스 낭만파 문학의 선구자 프랑수아르네 드 샤토브리앙(François-René de Chateaubriand, 1768~1848)은 1824년《이탈리아 여행(Voyage en Italie)》을 출판했다. 탐험가이자 고통의 관찰자로 알려진 사디즘의 마르키 드 사드(Marquis de Sade, 1740~1814)가 폼페이를 방문한 것을《이탈리아 여행기(Voyage d'Italie)》에 쓴 것은 놀랄 만한 일은 아니다. 어쩌면 당연하다. 폼페이를 방문하고 잊을 수 없도록 묘사한 문학가들 가운데는 프랑스의 상징주의 시인 테오필 고티에(Theophile Gautier, 1811~1872)도 있다. 그는 1852년《아리아 마르셀라(Arria Marcella)》라는 폼페이의 비극적인 한 젊은 여자의 이야기를 남겼다. 가리발디(Giuseppe Garibaldi, 1807~1882)가 임명해 짧은 기간 동안 나폴리 국립고고학박물관 관장을 지낸 프랑스 소설가 알렉상드르 뒤마(Alexandre Dumas, 1802~1870) 역시 1843년 폼페이에 관한 소설《코리콜로(Le Corricolo)》를 썼다.

폼페이는 역시 지중해를 건너는 그랜드 투어 일정에서 다른 어느 고대 유적지보다 인기가 좋았다. 귀족과 상류층 사람들이 교육적인 자료를 위해 찾는 중요한 장소였다. 사실상 유럽의 통치자나 왕실 사람들은 이 '새로운 발견'을 통해 어떤 이득을 얻을 수 있을지 알아보기 위해 반드시 폼페이에 가봐야만 했다. 19세기 폼페이를 방문한 수많은 사람 가운데 여러 나라를 많이 들러본 영국의 유명한 소설가 찰스 디킨스(Charles Dickens, 1812~1870)는 1846년《이탈리아에서 온 사진들(Pictures from Italy)》에서 폼페이를 이렇게 묘사했다.

저 고요한 거리들을 보라. … 부서진 집을 …. 베수비오산까지 …
이러한 조요한 그림들을 만들어낸 파괴자와 파괴된 자들 보다 이
상하고 우울한 감정으로 빠져들어 간다. 가만히 그 거리를 걸어보
라. 그리고 곳곳마다 있는 집들과 일상을 보여주는 친숙한 징표들
을 보라. … 도로에 난 마차 바퀴 자국들과 와인 상점의 돌로 된 계
산대 위의 용기들 그리고 오래전부터 지금 이 시간까지도 손 떼가
묻지 않은 저장고의 항아리들. 이것들 모두가 성난 화산이 도시를
이 땅에서 없애버리고 바다 밑바닥으로 침몰시켰을 때보다 수만
배나 더한 침통한 고독과 치명적인 외로움을 준다. … 우리는 점점
시야에서 멀어지는 베수비오산을 본다. 그리고 다시 와서 본다. 그
러나 처음 봤을 때와 똑같은 전율을 느낀다. 끔찍한 시간을 기다리
는 이 아름다운 도시의 마지막 운명처럼….

폼페이와 발굴 기술

폼페이는 여러 세기에 걸쳐 고고학적인 발굴 방식을 결정하는 중요
한 모델이 됐다. 이전에 실수한 발굴자들뿐만 아니라 다음 세대의 발굴
자들은 과거의 경험을 토대로 발굴 기술을 발전시켰다. 1860년 국왕 비
토리오 에마누엘레 2세(Vittorio Emanuele Ⅱ, 1820~1878)가 임명한 고고
학자 주세페 피오렐리(Giuseppe Fiorelli, 1823~1896)는 유물에 석고 반죽을
바르는 기술을 개척했다. 그는 3권으로 된《폼페이 사람들의 고대 역사
(Pompeianarum Antiauitm Am Historia)》라는 책을 출판했다. 1860~1864년 사

당시 순간을 보여주는 석고 모형. 화산 폭발이라는 급작스런 재앙은 폼페이의 시간을 멈추게 했다. 화산재는 순식간에 쌓였고 피할 틈이 없었다. 당시의 재앙이 고스란히 드러났다.

이에 쓴 이 책은 폼페이에서 발견된 막대한 양의 유물에 대한 기록으로 대부분은 일상적인 것들이고 일부는 섬뜩하게 소름 끼치는 유물도 있다. 피오렐리 덕분에 폼페이에서 당시 어떻게 죽음을 맞이했는지 그 순간의 자세와 모습을 그대로 보여주는 수십 개의 석고 모형이 있다. 그 가운데 가슴을 아프게 하는 처참한 모습의 모형은 황금 버킷(Golden Bucket)이라는 집 안쪽의 계단 아래에서 발견한 아이다. 대략 서너 살 정도로 보이는 아이가 자는 모습으로 감긴 눈꺼풀까지 그 순간이 거의 완벽하게 보존되었다. 부두에 있는 창고에서 발견한 것은 부모들이 재앙으로부터 더 이상 어떻게 할 수 없다는 것을 알게 되자 아이들을 사랑스럽게 꽉 껴안고 있는 모습이다. 율리우스 폴리비우스의 집이라는 곳에서 발견한 12명의 희생자들 가운데는 10대 임신부도 있다. 그녀는 금화와 은화 그리고 귀중품을 급하게 모아 가슴에 끌어안은 모습을 하고 있다. 짐작해보면 다른 사람들이라고 평화스럽게 죽음을 맞이한 것은 아닐 것이다. 숨을 막히게 하는 화산재와 유독 가스에 질식해 온몸을 비틀며 괴로워 몸부림치는 모습일 것이다. 19세기부터 진척된 발굴들 특히, 피오렐리의 업적에 기초해서 발굴의 역사를 연대순으로 살펴보자면 폼페이를 9개 구역으로 나눌 수 있다.

폼페이는 항상 고고학적 연구에 있어서 가장 중요한 위치에 있다. 폼페이는 실험적인 새로운 방법을 개척한 곳으로 다른 곳에서 이루어지는 고고학적 연구는 폼페이 방법들을 따른다. 20세기가 되면서 기술적으로 발전하면서 더욱 새로운 방법으로 고고학적인 발굴이 이루어졌다. 이전엔 발굴할 수 없었던 지역을 발굴할 수 있게 됐다. 문화적인 자산을 관리하는 소프린텐덴자(Soprintendenza)라는 관료체계를 확립하면서 폼페이 시대가 열렸다. 유서 깊은 최고의 고고학적 공간으로 현대 지식의 초점이 됐다. 위대한 '고고학자들 가운데 왕자'라 불리는 아메데오 마이우리는 1930년대에 세계를 지배한 고대 로마의 연장선으로 이탈리아의 위상을 새롭게 정의하려는 무솔리니의 의도를 잘 이용했다. 폼페이는 로마의 뛰어난 도시계획 수준을 돋보이게 하는 좋은 기회였다. 따라서 새로운 발굴을 통해 나오는 거대한 구역들은 도시의 더 많은 부분들을 있는 그대로 보여줄 수 있었다. 1992년《폼페이 - 한 도시가 죽던 날(Pompeii: The Day a City Died)》이라는 책을 펴낸 로베르 에티엔느(Robert Etienne)에 따르면 광범위한 발굴을 벌인 마이우리는 세계 속에서 폼페이가 과연 무엇인지에 대한 정의를 내렸다. 20세기 말 안

토니오 바론(Antonio Varone)은 파시즘의 비전은 알리지 않으면서 폼페이를 계속 발굴했다. 세계적으로 가장 유명한 고고학적 장소에 걸맞은 세련된 고대 유적으로서의 폼페이를 계속 유지하기 위해 국제적으로 각 나라와 학문기관들이 협력하는 프로젝트들이 장려됐다.

그러나 불행하게도 오랜 세월에 걸쳐 발굴된 것들을 보호하는 것은 생각만큼 중요한 일로 인식한 것은 아니었다. 유적지의 건물이나 유물의 보호는 종종 발굴과 그 속도에 맞추지 못했다. 폼페이는 발굴이 아니라 복구가 절실했다. 문화나 종교, 예술 등에 대한 무지로 유물과 유적들이 파괴되는 행위 즉, 반달리즘이 만연했다. 건물들을 아름답게 장식하고 있는 진흙으로 만든 많은 항아리들이 파괴됐다. 특히 시간이 지나면 썩는 목재는 보수 작업이 꼭 필요했다. 이곳을 방문한 사람들은 파묻힌 도시를 위해 통행료를 내게 됐다. 이렇게 노출되기 전이 보존에 있어서는 더 좋았다고 할 수 있다. 습기와 기온의 변화에 따른 악영향과 보존에 대한 의식이 부족한 가운데 벌어지는 고고학적 발굴과 관광으로 고고학의 청사진이던 이 장소가 생존이 위협받은 불안정한 곳이 됐다.

외국에서 온 방문자들이 진심으로 고대 로마의 생활에 대한 지식을 쌓고 싶고 나폴리에서 멀지 않은 곳에 이내에 있다면 우선 폼페이를 방문해야 한다. 폼페이를 방문하는 것 자체가 교육이다. 이를 직접 보지 않고 이해하는 것은 불가능하다. 고고학자이자 로마에 있는 영국학교 교장을 지낸 앤드루 월리스 헤드릴(Andrew Wallace-Hadrill, 1951~)은 "폼페이는 한 가정(家庭)의 이름이다"라고 말했다.

오늘날 대부분의 사람들도 과거 수세기 동안 그랬던 것처럼 폼페이에 자주 방문하며 며칠 머무는 것이 아니라 딱 하루 동안 둘러보는 것을 선호한다. 여름에는 하루 평균 5만 5000명 이상의 관광객들이 폼페이를 찾는다. 유럽의 여러 고대 유적지 가운데 폼페이는 여전히 가장 손상되지 않은 곳이다. 이상하게도 많은 관광객들이 찾음에도 불구하고 어느 도로 교차로의 돌 분수대에 새겨진 얼굴들만 보이는 거리 구석에서는 혼자가 될 수 있다. 지난 세기에 포장된 도로를 걷거나 유령이 살 것 같은 집이나 유물로 가득 찬 집 또는 나폴리의 거대한 박물관을 둘러보면 많은 사람들이 이러한 사실을 깨닫는다. 200년이 넘는 세월 동안 발굴해 셀 수 없을 만큼 많은 복원이 이루어졌지만 지금도 소름 끼치는 사실은 이 거대한 수집품들이 겨우 이틀 동안의 파괴로 모두 묻혔다는 것이다.

고대 로마의 건축을 정의하다

폼페이를 이해하기 위해 가장 중요한 요소들 가운데 하나는 그대로 보존된 도시의 골격이 역사가와 고고학자에게 이 도시의 일반적인 건축 계획을 재구성하는 데 얼마나 도움이 되느냐 하는 문제이다. 다시 말해서 로마가 지배한 곳에서 이루어진 도시계획에 대한 정보이다. 로마 도시들의 공통적인 특징들이 폼페이에 매우 명확하게 나타나 있다. 로마인들은 새로운 도시를 건설할 때 도시의 중심이 되는 대광장 주위에 행정, 종교, 상업 그리고 재판을 담당하는 건물을 배치했다. 폼페이는 이러한 도시계획을 가장 잘 보여주고 있다. 높이는 3미터 정도로 대부분의 파괴된 로마 도시들은 겨우 1미터밖에 안 되는 토대만 남아 있다.

로마의 전반적인 도시계획에 있어서 고속도로 격인 두 개의 직선

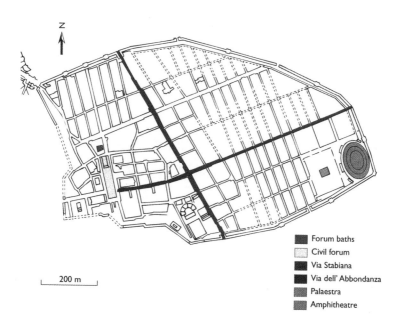

Forum baths
Civil forum
Via Stabiana
Via dell' Abbondanza
Palaestra
Amphitheatre

200 m

폼페이는 그 당시 모습 그대로 남아 있어 로마의 도시계획 형태를 잘 보여주고 있다.

도로가 도시의 중요한 방향축이 된다. 남북을 축으로 하는 카르도 막시무스(cardo maximus)와 동서를 축으로 하는 데쿠마누스 막시무스(decumanus maximus)가 도시의 중심축이 되고 다른 도시와 이어진다. 만일 그 도시가 군사적 목적이라면 성벽으로 둘러싼 사각형 모양이 된다. 두 중심 도로에서 작은 거리들이 갈라져 나온다. 이 작은 거리는 주거지뿐만 아니라 극장, 원형경기장, 대중목욕탕과 개인 목욕탕 그리고 다른 건물들이 위치한다.

　폼페이 덕분에 우리는 로마의 전형적인 집은 창문이 없으며 입구는 있지만 나머지는 벽으로 둘러싸여 있고 안뜰이 있는 형태라는 것을 알게 됐다. 이보다 크고 웅장한 집들은 방이나 특징적인 인공물 주위에 나무로 둘러싸인 안뜰과 같은 내부적인 요소들이 많았다. 폼페이의 집들도 이러한 개념에서 벗어나지 않는다. 일반적인 양식을 따랐는데 예를 들어 거리에 접하고 있는 출입구는 조그마한 돌기둥으로 된 안마당 홀로 이어진다. 여기에는 임플루비움이라는 지붕의 빗물을 받는 연못을 지나면 정원이 있고 별채에는 세 개의 의자로 장식한 식당과 매우 잘 꾸며진 응접실이 있다. 몇몇 집에서는 입구에서 안뜰까지 그리고 부엌과 침실 심지어 바깥마당까지 한번에 다 보였다. 대부분의 집에는 조상과 수호신을 숭배하는 일종의 사당인 라라리움이 있다.

폼페이는 다른 어느 지역보다도 로마의 전형적인 집에 대한 역사적 개념을 더 많이 알 수 있게 해준다. 가까이에 있는 헤르쿨라네움은 폼페이와 같은 도시라기보다 작은 마을에 가까웠다. 그곳의 집들은 대부분 크고 화려했다. 로마의 도시 생활을 가장 잘 보여주는 곳은 역시 폼페이다.

로마 예술을 보여주는 폼페이 유물

일부 사람들에게 폼페이는 소름 끼치도록 매력적인 장소이다. 폼페이 발굴을 환영한 사람들은 저명한 학자와 수집가 그리고 윌리엄 해밀턴 경과 같은 골동품 애호가들이었다. 영국의 전권공사로 외교적인 권리를 얻은 그는 '화산 애호가'로 알려졌다. 1764년 나폴리에 도착한 그는 베수비오산의 화산 활동이 여전히 빈번하게 일어나는데도 불구하고 18세기 후반인 당시 수십 차례에 걸쳐 산에 올랐다. 그는 무엇보다 바람기 많은 아내를 둔 남편으로 유명했다. 그는 참을성이 매우 큰 남편이었다. 아름답지만 악명 높았던 그의 부인 에마는 넬슨 제독과 내연 관계였다. 1775년 데이비드 알렌이 그리고 런던의 국립초상화미술관에 소장된 해밀턴의 초상화에서 그는 해질녘 저 멀리에서 연기를 뿜고 있는 베수비오산이 보이는 창가에서 기사 작위 가운데 최고의 영예라고 할 수 있는 '바스 대십자 기사'의 진홍색 의복을 입고 서 있다. 마른 체격과 매부리코를 가진 연륜과 위엄이 느껴지는 귀족의 모습이다. 대다수가 사회 상류층으로 고대 예술을 사랑하는 젊은 영국 심미가로 구성된 '딜레탕티의 모임(The Society of the Dilettanti)'의 노력과 함께 해밀턴의 수집품들은 초기 영국 박물관이 로마 예술품을 수집하는데 영감을 주고 그 토대를 마련해줬고 고고학 성립에 결정적인 역할을 했다. 해밀턴이 수집한 로마 예술품들의 대부분은 폼페이에서 나온 것으로 나폴리에서 구한 것들이다.

폼페이에서 로마인의 벽화가 발견되지 않았다면 제대로 된 것은 하나도 안 남게 됐을 것이다. 다른 지역에 있던 몇 개의 벽화들이 폼페이에서 발견된 수백 개의 벽화들과 비교되기 시작했다. 많은 벽화들이 손상 없이 나폴리 국립고고학박물관으로 옮겨졌다. 그러나 여전히 많은 벽화들은 폼페이 유적 현장에서 직접 볼 수 있다. 폼페이에서 발굴된 엄청난 양의 벽화들은 지난 한 세기 동안 매우 잘 보존됐다. 로마의 예술 역사가들은 기원전 2세기부터 폼페이가 사라진 서기 79년까지의 시간을 4단계로 나눠 벽화들을 구분했다. 물론 폼페이의 많은 벽화에는 극적인 환상들이 담겨 있지만 로마인들이 르네상스가 열리기 아주 오래 전부터 대단히 현실주의적이었다는 것을 보여주기도 한다. 영웅 아이

네이아스(Aeneas), 황소를 탄 여신 에우로페(Europa), 술의 신 바쿠스 (Bacchus) 등이 그려진 벽화들은 주옥과도 같은 보물들이다. 폼페이와 폼페이 예술이 얼마나 중요한지에 대해 가장 잘 이해할 수 있는 곳은 나폴리 국립고고학박물관이다.

로마의 모자이크들 또한 폼페이에 놀라울 정도로 잘 보존되어 있다. 이들 가운데 상당수가 세계에서 가장 중요한 모자이크 대열에 속한다. 그 가운데 대표적인 것은 마케도니아의 알렉산드로스 대왕이 기원전 333년 다리우스 3세(Darius III, ?~BC 330)를 왕이 이끄는 페르시아 대군과 벌이는 전투를 묘사한 〈이수스 전투(Battle of Issus)〉라는 모자이크 작품이다. 기원전 100년 무렵에 만든 것으로 추정되며 크기가 5밀리미터보다 작은 100만 개의 모자이크용 각석 타일로 만들었다. 이 작품은 가로 5.2미터 세로 2.7미터 크기로 육중하며 전반적으로 따뜻한 색감으로 매우 섬세하다. 심지어 조각이 떨어져나간 부분에서 보이는 갈색과 크림색 톤의 색깔까지도 그런 느낌을 자아낸다. 이 작품이 발견된 곳은 파우누스 저택인데 괴테는 1831년 발견된 모자이크에 대해 이렇게 묘사했다.

지금 그리고 앞으로도 우리는 이 놀라운 예술 작품에 대해 감히 어떤 말로도 적절하게 표현하지 못할 것이다. 또한 우리의 모든 연구와 설명이 이루어진 뒤에라도 놀라운 순수함과 단순함이 공존하는 이 예술품을 영원히 응시해야만 할 것이다.

다른 유명한 모자이크 작품으로는 〈바닷가 어시장(Sea Scene Fish

Market)〉이다. 이 작품은 꼭 살아 있는 것 같은 생동감이 느껴진다. 물고기의 벌어진 입과 튀어나온 눈이 입체감이 느껴지고 바다에서 막 건져 올린 것 같은 생각이 들게 한다. 이 모자이크에 등장하는 물고기들을 해양생물학자들이 분류했는데 문어, 바다가재, 오징어, 뱀장어, 홍어과의 물고기 등이다. 또한 집을 지키는 개를 묘사한 〈개 조심(Beware of Dog)〉이라는 모자이크도 유명하다. 이러한 예들은 폼페이 예술에서만 선택된 우주의 축소판이라고 할 수 있는 소우주 개념을 나타내고 있다.

폼페이에서 발굴된 청동과 대리석 조각상들, 붉은 줄무늬의 마노에 얇게 새긴 카메오 세공 보석들 그리고 그 외 많은 보석들은 우리가 로마 예술에 관해 아는 것 가운데 가장 완벽한 형태를 보여주는 유물들이다. 어느 누구도 폼페이와 그 주변 지역에서 발굴된 유물들을 모르고서는 로마 예술의 맥락을 알 수 없다.

이 책에서 폼페이에서 발굴된 수천 개에 달하는 예술품과 공예품 그리고 엄청난 양의 일상 생활용품들을 모두 설명하는 것은 불가능하다. 250여 년 동안에 걸쳐 발굴된 유물들에 대한 개념을 파악하기 위해서는 폼페이와 나폴리의 국립고고학박물관을 둘러보는 수밖에 없다. 나폴리 국립고고학박물관처럼 하나의 고고학적 사건에만 집중적으로 관심을 가진 박물관은 없다. 불과 며칠 동안의 재앙으로 묻혀버린 작은 도시 폼페이에서 출토된 예술과 인간 생활의 원형을 보여주는 걸작들을 상세하게 보여준다.

폼페이와 고고학

돌이켜보면 지금의 화산 연구자들은 서기 79년의 재앙을 목격한 청년 플리니우스가 그의 편지에서 처음으로 묘사한 '플리니식 분출'을 믿는다. 그와 이름이 같은 삼촌 플리니우스는 그에게 모든 것을 주의 깊게 관찰해야 한다고 훈련시켰다. 떨어지는 부석과 분출물을 비롯해 화쇄류와 대기의 진동에 이르기까지 청년 플리니우스의 섬세한 지질학적 지식은 놀라울 정도로 정확하다. 우리는 이제 베수비오산의 플리니식 분출이 지형학적으로 내부 깊숙한 곳에 숨어 있는 몇 가지 원인 때문이라는 것을 안다. 나폴리만 쪽의 바닷물과 지하수가 갈라진 틈으로 화산 활동이 활발한 베수비오산 아래 고온의 마그마가 있는 쪽으로 흘러들었다. 화산 폭발 때 이 물이 엄청난 압력의 증기로 바뀌면서 엄청난 폭발을 일으킨 것이다. 같은 식으로 1883년 세계 어디에서나 들을 수 있었다는 크라카타우 섬 폭발이 있었는데 이 폭발로 섬 전체가 몇 분 만에 완전히 사라졌다.

19세기 후반 철학자 니체는 현대 인간의 삶에 대해 전반적으로 비꼬면서 이렇게 말했다. "밀고 나아가라 그리고 베수비오산 꼭대기에 당신의 집을 지어라." 오늘날 베수비오산 주변을 둘러본 사람들은 볼 수 있다. 지방정부에서는 잠재적인 위험에 대비해 다른 곳에 정착할 수 있도록 지원해주는데도 불구하고 새로운 집들이 계속해서 베수비오산 경사면을 따라 계속해서 지어지고 있다. 이것은 현실이며 기이한 광경이다. 이곳은 위험성을 고려해 상대적으로 싸게 거래된다. 마지막 폭발이 일어난 것은 1944년이다. 그 당시 자욱하게 피어오르는 연기를 극적으로 잡은 흑백사진을 기억하는 사람이 얼마나 될까? 우리들은 우리들의 조상들과 많이 비슷하다는 걸 깨달아야 한다. 나폴리 시민들은 삶에 대한 변덕스러운 사랑이라는 관점에서 볼 때 그들은 과거 그리스와 로마 조상들을 닮았다. 운명을 받아들여 웃어넘기는 그들의 능력은 결코 역사를 무시하는 것은 아니다. 그러나 숙명적으로 짧은 인생의 매순간을 최대한 즐기도록 만들었다. 오늘날 나폴리 사람들은 베수비오산의 기슭에 있던 유명한 포도주 산지인 캄파니아 펠릭스가 실제로 존재했다는 것을 안다. 이런 유명한 문구가 여전히 유럽 전역에 울려 퍼지고 있다. "나폴리를 보라. 그리고 죽어라." 화산 폭발이 일어나기 전의 폼페이와 같이 나폴리는 지금도 여전히 무모한 일상으로 가득 차 있다.

폼페이 사람들은 서기 63년 그 도시를 심하게 흔든 지진이 일어나고 16년이 지난 서기 79년 베수비오산이 완전히 폭발했을 때까지도 복구작업을 계속됐었다. 그들은 거대한 지진이 주는 경고를 받아들였어야 했다. 아마도 당시 시칠리아에 있는 에트나산의 화산 활동을 관찰한 스트라보(Strabo, BC 63?~24)와 같은 몇몇 고대 지질학자들은 베수비오스산이 에트나산과 비슷한 원추형 화산이라는 것을 알았을 것이다. 스트라보는 용암이 불을 뿜는 에트나산 아래 마을 사람들이 정기적으로 대피하곤 했기 때문에 로마인들에게 잠재적인 위험성을 경고하는 기록을 남겼어야 했다. 어쨌든 하나 확실한 것은 폼페이의 엄청난 불행이 우리에게 행운이라는 점이다. 끊임없이 발굴되는 유물들은 박물관을 계속해서 채우고 폼페이에 대한 연구는 결코 멈추지 않을 것이다.

대다수의 지역에서 발견되는 깨진 조각 같은 전형적인 고고학적 발견과는 달리 폼페이와 그 주변에서 발견된 유물들은 전혀 손상되지 않았다. 폼페이의 발견과 그뒤에 나타난 세계의 관심과 그 이후 알게 된 사실들을 다루기 위해 고고학의 전반적인 학술용어들을 새롭게 만들어야 했다. 폼페이는 잃어버린 세계를 다시 열었을 뿐만 아니라 새로운 학문을 형성하게 했다. 현대적인 의미의 고고학은 폼페이의 발견에서 비롯됐다고 할 수 있다.

만일 재앙이 일어나기 이전에 폼페이에서 살던 사람이 오늘날의 폼페이나 헤르쿨라네움에 갑자기 나타나더라도 그는 쉽게 자기 집으로 찾아갈 수 있을 것이다. 이것은 다른 어떤 고대 장소들과도 다른 점이다. 많은 고고학자들이 이 점 때문에 다른 웅장한 고대 유적들보다 고고학에 있어서 폼페이가 가장 중요하다고 생각하는 이유이다.

성서 연구의
핵심

Hundstadt

Gemünden

Niederlauken

Rod

Oberlauken

Merzha

Altweilnau

Neuweilnau

...bach

Treisberg

Hundstall

Finsternthal

Brombach

Maurloff

...weil

z. Forst Oberems

...enbach

Schmitten

1947년, 사해 절벽

1947년 두 소년이 고대 유대사막에서 아마 1000년이라는 세월 속에서 성서적으로 가장 중요한 발견을 했다. 그들은 잃어버린 염소를 찾고 있었다고 했다. 그러나 그것은 마치 미지의 동굴을 탐험하는 것처럼 전 세계의 호기심 많은 소년들과 같았다. 아랍의 유목민족인 베두인족 소년들이 찾은 빛바랜 가죽 두루마리에 담긴 글은 반세기가 넘는 기간 동안 학문을 변화시켰다. 이 두루마리들에 적힌 내용이 과연 무엇을 의미하는지에 대한 논쟁은 여전히 계속되고 있다. 처음 발견한 것에 대한 이야기 또한 가치 있다. 수세기 동안 쿰란 동굴 유적(Khirbet Qumran)으로 알려진 문서들이 발견된 곳과 가까운 쿰란이 그 불모의 고립 지대에서 어떻게 세상의 종말로 생각할 수 있었는지 상상하는 것은 어렵지 않다. 이 고립은 비단 우리들에게 뿐만 아니라 와디 쿰란 또는 '마른 강바닥'으로 알려져 있는 협곡으로부터 멀지 않은 절벽의 그늘 아래에서 천막을 치고 사는 베두인에게도 진실이다. 이러한 고립은 그 문서들이 그토록 오랫동안 발견되지 않았는지에 대해 설명할 수 있는 해답이기도 하다.

논쟁에 휘말린 사해문서

1947년 발견된 사해문서는 진실보다는 픽션으로 읽혔으며 그 내용이 전하는 의미와 그것을 둘러싼 소유권을 놓고 종교적이고 정치적인 논쟁에 자주 휘말렸다. 이 문서가 의미하는 것과 누가 주인인지에 대한 문제는 이 문서의 중요성을 약화시키진 못한다. 사해문서의 발견이 역사에서 가장 중요한 발견 가운데 하나로 인정하는지에 대해 몇 가지 이유가 있다. 이 문서들은 거의 2000년이라는 세월 동안 건조한 사막이라는 악조건에도 불구하고 잘 보존 됐고 발견 그 자체도 음모와 사기라는 아주 흥미로운 이야기들로 점철돼 있다. 이 문서들은 지금까지 알려진 것 가운데 가장 오래된 성서 필사본들을 포함하고 있다. 이 발견으로 성서 필사본에 대한 소유와 지식을 1000년 이상 과거로 올라가게 하는 계기를 마련해주었다. 사해문서들 가운데 가장 오래된 문서가 만들어진 연대는 기원전 250년까지 추정된다. 이 문서들은 이른바 예수가 태어난 것으로부터 시작하는 서기 1세기부터 유대인의 종교적 분파가 어떻게 전개됐는지에 대한 독특한 관점을 제공하면서 기존에 알려진 것들보다 더 자세한 내용들을 담고 있다. 이 문서들의 글 그 자체는 언어의 진화를 보여줌으로써 고대 문헌들의 연대를 추정하는 데 도움이 된다. 이 문서는 어떤 면에서 현대 학자들의 격렬한 싸움터라고 해도 과언이 아니다. 또한 이 문서들은 이스라엘 건국 초기에 국가의 지위가 어느 정도였는지 알 수 있는 답을 제시하고 있다. 이 믿을 수 없는 이야기들의 일부는 사해문서로 잘 알려져 있는 쿰란의 동굴들에서 발견한 문서들에 대한 사실을 구체화하는 방식으로 엮을 수 있다. 과연 소년들이 정말로 문서들을 발견했는지는 아직도 논쟁 중이다. 그러나 이 놀라운 문서는 틀림없는 사실이며 그 사실은 점점 확산돼 갔다.

어떻게 발견했나?

이것은 확실한 것이다. 두 어린 베두인족 양치기 소년들은 어느 이른 오후에 가슴이 쿵쾅거리는 것을 무릅쓰고 절벽 꼭대기에 나란히 누웠다. 소년들은 이 사막에 있는 절벽의 좁은 가장자리에 매달려 오르기 위해 좁은 공간에서 배를 납작하게 댔다. 샌들을 신은 발이 둥근 절벽을 파고 들어갔다. 한 발 크기 정도의 최근 갈라진 틈은 안의 어두운 곳을 들여다 볼 수 있었다. 위험하고 가파른 벼랑으로 떨어지지 않게 안간힘을 썼다. 자신들이 거의 2000년 동안 쌓인 사해 절벽의 먼지를 처음 밟는 사람일 수도 있다는 것을 몰랐다. 소년 가운데 한 명인 모하메드 아드-디브(Muhammed edh-Dhib)는 하루 전날 이 틈을 발견했지만 혼자서 탐험하기에는 너무 무서웠다. 그래서 사촌 형을 데리고 온 것이다. 둘은 다른 아이들과 마찬가지로 위험한 장난에 대담했다. 두 소년의 부모나 친척들이 절벽을 탐험하는 것이 위험하다고 반대했다. 그래서 이들은 염소를 모는 척하며 모험을 시작했다. 염소들이 도망가지 못하게 묶어두고 절벽으로 갔다.

사막의 태양은 파란 하늘에서 눈부시게 빛나고 있었다. 두 소년이 사해 절벽의 먼지를 휘저으며 틈이 있는 곳으로 갔다. 틈 안쪽의 깊이를

베두인 두 소년이 사해문서를 처음 발견한 쿰란 동굴. 이후 주변 10개의 동굴에서 추가로 사해문서들이 발견 됐다.

짐작해보기 위해 돌들을 그 틈 안으로 넣었다. 떨어질 때마다 다른 소리가 나는 것을 듣고 놀랐다. 도자기가 깨지는 것 같은 소리도 들렸다. 작은 손으로 틈을 파기 시작했다. 거친 손이 빠르게 움직이면서 구멍이 점점 넓어졌다. 두 소년 가운데 등치가 작은 소년이 허리에 줄을 맸다. 떨어지지 않으려고 조심하면서 구멍 안으로 들어갔다.

　이제 시간은 늦은 오후가 됐다. 건조한 와디 쿰란에 그림자가 길게 내려앉기 시작했다. 바닥까지 내려갈 수 있게 충분히 긴 줄은 아니었지만 소년은 결국 해내고 말았다. 소년의 눈이 동굴 속의 어둠에 적응하자 전갈이나 독사가 없는지 살폈다. 소년은 감탄과 함께 승리의 함성을 질렀다. 이 소년은 타아미레 베두인 부족으로 본명은 모하메드 아메드 엘-하메드(Muhammad Ahmed al-Hamed)였다. 보통 아랍어로 '늑대'를 의미하는 아드-디브라는 별명으로 통했다. 아드-디브는 희미한 동굴 속에서 너저분하게 뒤범벅이 된 깨진 도자기에 있던 물건을 한 움큼 집었다. 손에 일부가 바스러지는 것을 느끼고 놀랐다. 금이나 은 같은 보물이 있을 거라고 생각했는데 이것들은 너무 가벼웠다. 그러나 챙겨서 올라갈 준비를 했다. 젖 먹던 힘까지 써가며 간신히 동굴을 빠져나왔다. 두 소년은 발견한 것들을 살펴보고는 염소를 묶어둔 곳으로 갔다. 해가 지기 시작했다. 이제 천막이 있는 마을로 돌아가야 할 시간이었다. 저녁을 먹고 조용해진 뒤 소년들은 그 비밀스러운 발견물들을 자세히 확인해볼 수 있었다. 이 발견물들의 내용은 지난 반세기 동안 논쟁의 초점이 됐다. 우리는 그 결과가 어떤 식으로 나왔는지 정확하게 알 수는 없을 것이다. 베두인 두 소년이 쿰란 동굴에서 발견한 보물이 그들이 상상한 어떤 금 같은 것보다 더 가치가 있다는 것을 알지 못했다.

1947년 이후 숨겨져 있던 이 사막의 문서들은 초기 유대인과 그리스도의 종교에 대한 인식에 혁명을 가져왔다. 이미 언급한 것처럼 이 발견은 성서 필사본에 대한 우리의 지식과 사고를 1000년 정도나 과거로 돌아가게 했다. 문서들의 우연한 발견과 이 진짜 이야기에서 나오는 간헐적인 비밀은 때때로 국제적인 음모로 생각하는 경우도 있다. 어떤 때에는 이 문서들이 권력을 유지하고 학술적인 발전을 위해 자신의 위치를 고수하려는 학자들에게는 절망적인 내용일 수도 있다.

모하메드 아드-디브와 그의 사촌 형의 결국 더 많은 것을 탐험했다. 고대 문자로 쓰여 있는 부서지기 쉬운 문서들을 더 많이 찾아 마을의 원로들과 함께 발견의 기쁨을 나눴다. 몇 년 뒤 일단의 외부인들이 이

비밀스러운 발견에 참여하기 전까지는 문서의 발견이 얼마나 중요한
지 전혀 몰랐다.

예루살렘에서 사막으로 간 문서들

어떤 면에서 사해문서 이야기는 로마와 예루살렘 그리고 사막에서
시작된다. 다시 말해서 고대 로마의 군대가 유대인의 반란을 진압하기
위해 예루살렘으로 향하던 서기 66~70년 사이 문서들을 보호하기 위
해 근처 사막의 비밀스러운 장소에 숨겼다는 것에서부터 이야기가 시
작된다. 당시 유대는 로마가 영원히 약해질 것이라고 생각하고 네로
(Nero, 37~68) 황제의 느슨한 통치시기에 로마로부터 독립하려고 식민
지 지방 국가 가운데 하나였을 뿐이다. 그때 로마는 현명하면서도 오래
된 조언자로 네로의 스승이었던 부르스(Sextus Afranius Burrus, 1~62)
가 정계에서 은퇴하고 죽음을 맞이했다. 또한 오랫동안 스승으로 모셨
던 로마의 지성 세네카(Lucius Annaeus Seneca, 4?~65)는 정적들의 음
모로 자살할 수밖에 없었다. 네로의 탐욕은 더 이상 막을 수 없었고 방
치됐으며 제국을 이끌 적절한 리더십은 없었다.

네로는 이륜 전차를 모는 것과 그리스의 현악기인 키타라를 연주하는
것을 더 좋아했으며 이것으로 로마를 통치할 수 있다고 생각했다. 역사
가 타키투스에 따르면 황제의 이런 행동은 로마인은 물론 황제 자신에
게도 전혀 어울리지 않았다. 네로는 제국의 황제로서 지방에 대한 의무
를 완전히 저버렸으며 식민지에서 그의 세력은 약화될 수밖에 없었다.
자세히 보자면 규율과 기강은 해이해졌고 로마는 더 이상 관심이 없는

제국이라는 말이 나돌았다. 서기 61~64년 사이 세 개 지방이 반란의 기회를 포착해 실행에 옮겼다. 여왕 부디카(Boudicca)는 브리타니아 북쪽에 있는 영국인들을 선동해 영국에 진출한 로마 도시들을 불태웠다. 자유를 내세우며 로마인들과 마을 사람들을 학살했다. 카이우스 율리우스 키빌리스(Caius Julius Civilis)는 지금의 네덜란드 지역인 바타비아에서 반란을 주도했다. 유대인 지역에서 항상 일촉즉발의 상황이 벌어진 곳은 유대 동부였다. 이 지역의 팔레스타인 종교 집단은 시카리(Sicarri) 또는 질로트(Zealot)이라는 테러조직을 만들어 로마인과 로마 통치에 협력하는 유대인들을 공격하면서 반란을 꾀했다. 그들은 로마의 참혹한 지배에 대한 증오를 결코 숨기려고 하지 않았다.

원래 1947년 이후 몇 십 년 동안은 에세네(Essenes)라는 종파가 쿰란을 지배해왔다고 생각돼왔다. 그러나 지금은 그럴 가능성이 거의 없다. 1996년 이후 쿰란에서 이루어진 새로운 발굴들은 철저히 고립되고 금욕적인 생활을 했다는 에세네 공동체와는 상당히 반대되는 놀라운 결과들을 내놓았기 때문이다. 대신 쿰란은 아주 부유하고 세계주의적 사고를 가진 유대인들이 모여 살았던 사막 속의 저택들로 이루어진 곳으로 보인다. 그들은 원주민인 아랍 유목민족 나바티안 사람들로부터 여러 가지를 배웠다. 겨울 폭풍으로 나오는 물을 흙으로 만든 댐에 저장했고 그 물이 증발하지 않도록 깊은 지하에 저장하는 방법을 배웠다. 쿰란은 멀리 왜 떨어진 곳에 위치하고 있었지만 사실상 엔게디 오아시스로 가는 길에 잠시 머무르는 곳만은 아니었다. 이 지역에 대한 로마의 정보는 역사가 플리니우스로부터 나왔다. 그는 쿰란이 어떤 로마인도 모험하려 하지 않을 정도로 아주 메마른 지역이라고 서술했다. 고대 유대인들은 로마인들이 그렇게 생각하길 바랐던 것인지도 모른다. 거의 동시에 예루살렘은 반란을 꾀하고 있었고 플리니우스는 다음과 같이 썼다.

유독한 공기를 내뿜는 아스팔티티스 호수(로마인들은 사해를 '아스팔트 호수'라고 불렀다-옮긴이) 서쪽외딴 곳에 에세네라는 부족이 사는데 아주 놀랄 정도로 특이하다. 그들에게 여자는 없다. 모든 성적 욕구와 부를 거부한다. 그들의 유일한 삶의 동반자는 야자수다. 그들의 수는 증가했다. 삶에서 도피한 사람들이 많기 때문이다. 그들은 삶에 대한 욕망을 포기하거나 가난 때문에 이곳으로 몰려와 금욕주의적인 생활을 실천한다.

이러한 에세네에 대한 설명은 엔게디 오아시스의 유물에서 나왔다. 플리니우스는 에세네에 대해 잘못된 정보를 얻은 것으로 보인다. 그 장소들은 아직도 대부분이 발견되지 않은 상태다. 그러나 플리니우스는 발삼나무의 거래에 대해 그리고 사해에서 나오는 생산품들에 대해 언급했다. 우리는 현재 엔게디 오아시스에서만 볼 수 있는 독특한 사막 식물인 오포발삼에서 나오는 향기로운 치료 수액이 귀중한 연고의 원천이라는 것을 알고 있다. 이 발삼 무역은 아마도 부분적으로 쿰란의 장원을 경영하는 소유주가 통제했을 것이다. 사해는 플리니우스가 말한 것만큼 삶의 황무지는 아니었지만 마실 수는 없었다. 그렇지만 쿰란은 빗물을 모아 충분한 물을 비축하고 있었다. 또한 쿰란은 도자기 생산의 중심지이기도 하다. 로마는 치료용 향료의 하나인 발삼을 위해 사해 지역의 풍부한 자원을 노렸다. 또한 유명하고 달콤한 대추와 약효가 있는 역청 등에 관심이 많았다. 로마의 군대가 쿰란으로 진군한 것은 바로 이와 같은 이득을 위해서였다. 그러나 이 근처의 동굴들은 정치적 반란의 주모자들이 숨어 있었으나 쿰란의 부에만 관심을 가진 로마의 군대의 눈길을 피할 수 있었다. 이 동굴들은 로마의 바로 코앞에서 유대인의 성서를 안전하게 숨길 수 있는 비밀의 장소가 됐다. 로마의 거대한 압력으로 예루살렘이 제기한 협상은 매우 빨리 진행됐을 것이다. 평소보다 많은 활동이 시작되면서 쿰란은 단순한 농업지역을 넘어 문서들의 일시적인 보관처가 됐을 것이다. 이곳의 지질은 카르스트 지형의 석회암 지대라 절벽들엔 동굴들이 많았다. 입구가 가려진 대부분의 동굴들은 로마의 지배가 끝날 때까지 신성한 보물들을 숨기기에 아주 완벽한 장소였을 것이다.

서기 66~70년 사이 몇몇 유대 사제들에 의해 쓰여진 지 수백 년이 지난 신성한 문서들을 존경받는 랍비들이 단 권위적인 주석과 함께 단정히 포장했다. 그리고 고대 유대의 유대교 회당과 신성한 문서들을 위한 지하의 보관소인 예루살렘 성전 또는 제2의 성전에서 문서들을 꺼냈다. 그들은 그것들을 쿰란으로 향하는 상인들의 수레에 교묘히 숨겼다. 문서를 옮기는 수레들 가운데 마지막 수레는 로마 황제 베스파시아누스(Vespasianus, 9~79)의 아들 티투스가 거느린 로마 군대가 서기 70년 예루살렘 사람들이 도망갈 조그마한 틈조차 막아버리고 예루살렘의 위대한 신전이 연기 속에서 파묻혀 갈 때 이 도시를 빠져나왔을 것이다. 1세기의 유대 역사학자 요세푸스(Flavius Josephus, 39?~100)는 《유대인의 전쟁(War of the Jews)》에서 당시 참혹한 광경을 이렇게 서술했다.

신성한 신전이 불타고 있었다. 발견되는 것은 모조리 약탈당했다. … 또한 불길에 고통당하는 사람들의 신음소리와 엄청난 소음이 들렸다. 이 언덕은 높았고 신전은 너무 거대했기 때문에 사람들은 도시 전체가 불길에 휩싸였다고 생각했을지도 모른다.

아마도 불타는 신전을 바라보면서 자신의 신분을 숨긴 유대인들은 재빨리 교리가 담긴 보물을 안전하게 지키기 위해 행동했을 것이다. 그들은 다시 한번 신성한 문서들이 과거에 얼마나 영광스러웠던지 간에 단순한 건물보다 그들의 믿음에 충실했다는 것을 잘 알려준다고 할 수 있다.

사해문서라는 아주 대단한 보물

많은 문서가 단편적으로 남아 있지만 아주 많은 양의 각기 다른 문서들이 수세기에 걸쳐 여러 지역으로 퍼져나갔지만 사해문서의 자료들은 꽤 균일하며 보호를 위해 아마포에 쌓여 있었다. 문서의 전체적인 수는 누구의 목록을 기준으로 하느냐에 따라 다양하다. 적어도 850개의 문서가 존재한다. 몇몇 학자들은 아직도 개인이 소유한 것이나 아직 발견되지 않은 상당수의 문서가 존재할 것으로 여긴다. 문서의 수는 이로 인해 1000개 정도까지 있을 수 있다. 초기에 쓰여진 문서는 양가죽이고 여기에 사용된 잉크는 보통 램프 그을음과 올리브오일 그리고 아리비아고무 같은 식물에서 나온 윤활제 등에서 추출한 탄소 잔여물이다. 털로 만든 붓이나 이집트 필경사들이 오랫동안 사용한 갈대 같은 것을 이용해 썼

사해문서들 가운데 하나인 시편이다. 쿰란의 동굴들에서 나온 사해문서는 적어도 850개에 달한다.

다. 비록 문서의 글씨가 정확하게 필기체는 아니자만 개인적인 서신에
서 볼 수 있는 붓으로 쓴 글씨이다. 이 글씨는 솔이나 붓으로 쓰면 나타
나는 전형적인 모양인 가장자리가 둥그런 형태를 보여준다. 다양한 필
기체와 글 양식에 대해 연구하는 고문서 연구자들은 각기 다른 필경사
500여 명이 수백 년에 걸쳐 사해문서를 썼을 것으로 추정한다.

　사해문서의 언어는 시기에 따라 히브리어, 고대 시리아어인 아람어
그리고 그리스어 순이다. 가장 오래된 문서는 히브리어로 쓰여졌는데
기원전 약 600년 무렵 바빌로니아의 감금 이후에 아람어화된 히브리어
의 초기 형태로 수정된 언어이다. 언어학적으로 볼 때 아람어는 히브리
어와 사촌지간이다. 그러나 이 히브리어는 히브리 사람들이 메소포타
미아의 공용 언어(lingua franca)와 기원전 535년 무렵 바빌로니아의 포
로 생활을 통해 그들이 가져온 초기의 구어(口語)였다. 고전적인 히브리
어 알파벳 자체는 페니키아로부터 빌려와 아람어로 변경돼 왔으나 히
브리어와 아람어화된 히브리어 그리고 심지어 후기 아람어와의 차이
는 그리 크지 않았다. 셰익스피어 시대의 영어와 빅토리아 시대의 영어
와의 차이 정도로 거의 비슷하다고 할 수 있다.

쿰란에서 온 대부분의 고대 문서들은 양가죽이다. 그러나 3Q15라고 알려진 1952년의 문서는 3번 동굴에서 발견된 것인데 이른바 구리 두루마리라고 불리며 구리로 만들어졌기 때문에 특별한 관심을 모으고 있다. 이 구리 두루마리는 2000년 넘는 기간 동안 산화됐다. 그래서 잘 부스러진다. 발견 초창기인 1955년과 1956년 영국 맨체스터대학교 실험실에서 조심스럽게 개봉해 직접 관찰하기 전까지는 문서의 내용을 엑스레이로 읽었다. 글은 구리 종이 위에 압축돼 찍어져 있다. 아마 그 글은 예루살렘 신전의 보물 가운데 중요 목록이었을 가능성이 크다. 또한 로마가 예루살렘을 완전히 포위한 때를 전후해 다른 곳으로 밀반출돼 사막의 한 곳만이 아니라 여러 장소에 나눠 숨겼을 가능성이 높다. 이 구리 문서의 한 서문에는 다음과 같이 쓰여 있다. "경의로 차 있는 이 오래된 집의 동굴, 사슬의 플랫폼에는 65개의 금괴가 있다." 비록 보물의 전체 양이나 실제 존재 여부는 논란이 됐다. 그러나 이 내용으로 상당한 양의 금과 은이 존재할 가능성을 암시해준다. 적어도 65개의 숨겨진 장소나 보물 저장소가 문서에 열거돼 있다. 그러나 이 보물들이 발견됐지만 공개되지 않았거나 발견되지 않았다. 그래서 많은 모험가들이 어딘가 있을 거라는 희망을 가지고 사막을 헤매고 다녔다.

사해문서가 발견되기 이전만 해도 가장 오래된 유대 성서의 사본 원고는 1000년 전에 불과한 중세시대로 거슬러 올라간다. 그것도 유대전통주의자로 일컫는 마소라 학자(Masoretes)들이 복사한 것들이 대부분이었다. 이보다 더 이전인 가장 오래된 사본 소장품이라면 케테르 아람 초바(Keter Aram Tzova)라고도 불리는 알렙포 코덱스(Aleppo Codex)이다. 비록 완전한 히브리어 사본 소장품은 아니지만 920년에 랍비 벤

아셰르(Ben Asher)가 성서의 단편들을 모아 엮었다. 또한 역시 서기 10세기로 연대가 추정되는 레닌그라드 코덱스(Leningrad Codex)가 뒤를 잇는다. 두루마리 대신 코덱스는 하나하나의 페이지들을 모아 엮은 초기 형태의 책이다. 이보다 앞선 유대 사본은 나쉬 파피루스로 된 것으로 기원전 100년 무렵 십계명이 적힌 이집트의 단편 문서이다. 이 이후 가장 오래된 완전한 구약성서의 사본은 서기 4세기로 코덱스 시나이티쿠스(Codex Sinaiticus)와 알렉산드리아 코덱스(Alexandria Codex)로 영국도서관에 있다.

앞서 지적했듯이 사해문서의 발견은 성서 사본의 역사를 기존보다 1000년도 더 이전인 대략 서기 70년 무렵으로 올려놨다. 또한 그 가운데 일부는 이보다 몇 세기 더 전인 기원전 2세기로 학자들이 얼마나 많은 문서들이 수세기 동안 변하지 않고 복사됐는지에 대해 이해할 수 있는 계기를 마련해주었다. 이 발견이 주는 드라마 그리고 세 대륙을 넘어 이 문서들을 둘러싼 해독은 국가적으로 강한 자부심의 문제로 읽혀졌다. 뿐만 아니라 간첩 행위로도 읽혀졌다. 일부 정보업체들이 고용되어 이 소중한 문서들이 밝힌 소장품들을 추적하는 데 혈안이 됐다. 서로 다른 문화와 종교 그리고 국가들이 지난 50년 동안 이 사막의 한 부분인 쿰란을 둘러싸고 왜 힘겨루기를 계속했는지 충분히 주목해볼 만한 가치가 있는 이야기다.

1947년의 이야기

정치와 종교는 고고학적인 연구에 도움이 되지 않는다. 쿰란의 동굴 가운데 중요한 곳은 11개이다. 1947년 이후 쿰란의 동굴들은 수많은 문서들을 세상에 나오게 했다. 대부분은 단편적이지만 1952년에 발견된 4번 동굴과 같은 일부 동굴들에서는 이제까지 알려진 전체 문서의 약 40퍼센트에 달하는 400여 개의 두루마리 문서들이 발굴됐다. 이 많은 문서들이 전혀 손을 데지 않은 채 점토로 만든 병에 보관된 온전한 상태 그대도 발견됐다. 모하메드 아드-디브가 절벽에서 발견한 최초의 1번 동굴을 비롯해 이 동굴과 바로 접하고 있으면서 상당히 많은 문서들이 발견된 4번 동굴은 폭이 약 2.5미터 길이가 약 6미터나 된다. 이런 동굴들은 수 제곱킬로미터에 이르는 주변 협곡이 고대 유대교 정신 속에 자리 잡고 있는 중요한 문서들을 보호하기 위해 이용됐다는 것을 보여준다.

이야기가 확실치 않으며 찬성하기 힘든 샛길들이 많이 있다. 그러나 주된 이야기는 이렇게 흘러가야 한다. 1947년 늦은 봄 타아미레 베두인 부족 사람들이 그들의 호기심을 충족시켜 줄 만한 충분히 많은 두루마리들을 발견했다. 그 이후 그들의 원로들은 가치가 충분히 있다는 것을 믿고 1번 동굴에서 발견한 최소 4개의 두루마리를 베들레헴으로 직접 가져갔든지 아니면 칸도(Kando)로 알려진 카릴 이스칸더 샤인(Khalil Iskander Shahin)이라는 골동품 거래상과 거래하려고 마음을 먹었다. 칸도라는 골동품 거래상은 주로 불법적으로 유출된 고대 도자기나 유물 그리고 베들레헴 근처에서 찾을 수 있는 기념품 등을 거래하고 있었다. 그러나 그는 두루마리 문서들을 읽을 수 없었다.

비록 문서들을 읽을 수는 없었지만 칸도는 상황 판단이 빨랐다. 그가 본 찢어진 가죽 두루마리는 이러한 것들을 소중히 여기는 사람들에게 팔아 돈을 챙길 수 있을 만큼 충분히 오래됐다는 것을 알아챘다. 그는 역시 골동품을 거래상인 조지 이사야(George Isaiah)라는 친구를 데려왔다. 이사야는 아마도 팔레스타인을 속이는 정치에 더 관심이 있어서 문제 해결이 쉬운 영국 위임통치 당국 쪽으로 빼내오는 것을 도왔을 것이다. 칸도와 이사야 모두 시리아 정교회 신자이자 구성원이었다. 만약 법이 요구하는 대로 동예루살렘에 있는 록펠러 박물관에 발견한 문서를 보고하거나 제출하지 않고 옛 예루살렘에 있던 그들의 시리아 정교회와 거래하는 쪽을 선택했다. 만약 법을 충실하게 따른다면 이 문서들을 다시 못 보게 될 것이고 따라서 수익을 챙기지 못할 것이라고 생각했기 때문이다. 이 문서 두루마리를 시리아 정교회의 대주교인 아타나시우스 예수아 사무엘(Athanasius Yeshua Samuel)에게 넘겼다. 시리아 정교회는 사무엘 대주교에게 그의 예루살렘 교구에 대해 자주권에 가까운 권한을 주었다.

사무엘 대주교는 학자가 아니라 관료에 불과했다. 그는 히브리어나 아람어를 몰랐으나 성 마르크 수도원에 오래된 옛 문헌들을 소장한 도서관이 있었기 때문에 이 문서들이 가치가 있을 것이라고 느꼈다. 대주교는 칸도와 이사야를 통해 베두인들에게 그들이 가지고 있는 두루마리 문서들을 모두 그가 살고 있는 성 마르크 수도원으로 가져오라고 했다. 대주교가 예상한 것보다 더 많은 10개 정도의 두루마리를 가지고 왔으나 협상은 깨지고 말았다. 이름도 없는 이 베두인들은 쫓겨나고 말았다. 외부인들에 대한 수도원의 불신과 지역의 정치적인 불안 그리고 '거친' 사막 생활로 인한 베두인들의 무례한 태도 등을 생각해보면 별로 놀라운 일은 아니다.

칸도는 화가 잔뜩 난 베두인들로부터 1번 동굴에서 나온 것이 확실한 4개의 두루마리를 구입했다. 이 첫 번째 동굴에서 나온 문서는 믿을 수 없을 정도로 대단한 보물인 것으로 판명됐다. 한 두루마리의 길이가 7미터가 넘는 히브리의 예언자 이사야의 사본뿐만 아니라 지금 알려진 것과 같은 하박국 페셰르(Habakkuk Pesher)와 외경 창세기 등이었다. 이것들이 얼마나 귀중한지를 생각해보면 시리아 정교회가 칸도에게 준 24파운드라는 아주 적은 금액은 아직도 놀라울 따름이다. 사해문서를 발견한 베두인들은 이보다도 훨씬 적은 돈을 받았을 것이다.

이제 완전히 자기 것이 됐다는 데 고무된 사무엘 대주교는 쿰란이 두루마리들이 나온 곳이라는 것을 알았다. 그는 조지 이사야와 한 사제에게 불법적이지만 자체적인 고고학적 발굴을 하도록 권한을 부여했다. 그들이 1947년 중반에 무엇을 발견했는지는 공개하지 않아 아무도 모른다. 그러나 베두인에게서 얻은 문제의 첫 4개 두루마리 문서들은 좀 더 자세하게 확인하기 위해 시리아 다마스쿠스로 가져갔다. 그곳은 시리아 정교회 야콥교회의 총대주교가 가장 큰 교회본부를 관장하고 있었다. 두루마리들이 예루살렘과 성 마르크 수도원으로 되가져간 것같이 보이자 이곳에서도 불법적인 발굴을 진행하라는 허가가 떨어졌다. 예루살렘에서 사무엘 대주교는 새로운 히브리 대학의 고고학과 학과장을 맡고 있던 엘리아자르 수케닉(Eleazar Sukenik, 1889~1953) 교수를 포함해 히브리 하자들에게 은밀하게 충고를 구했다. 이 일은 위험하면서도 어려운 일이었다. 예루살렘은 정치적으로 심하게 분열된 지역이기 때문이다. 수케닉과 수도원에서 보낸 중재인 사이에 몇 번의 만남이 필요했다. 수케닉 교수는 11월 말 신분을 숨기고 베들레헴으로 위험한 여행을 떠났다. 이 여행은 정말로 위험한 여행이었다. 유대인과 무슬림 그리고 그리스도 팔레스타인 등 종교와 종파가 다른 사람들이 하늘을 찌를 듯한 분노 상태에 섞여 있었기 때문이다. 납치 사건이 빈번하게 일어나고 주둔한 군인들은 여차하면 살인을 일삼았다. 시민들도 마찬가지였다. 어두운 길이나 심지어 순찰이 이루어지는 공공장소에서도 유괴와 살해가 끊임없이 벌어지고 있는 상태였다. 수케닉 교수에게 베들레헴은 '적'의 영토였다.

수케닉 교수는 두루마리 문서들에 대해 증명할 수 있었다. 그러나 그가 예루살렘으로 돌아온 이후 새롭게 출범한 유엔(UN)에서는 이스라엘의 국가 수립을 승인했다. 따라서 1번 동굴에서 나온 문서들은 우연찮게도 역사의 커다란 변화와 맞물리면서 그 가치가 극적으로 높아지게 됐다. 다시 말해서 고대 유대와 유대인들이 로마에 의해 파괴됐을 때 두루마리 문서들을 지키기 위해 사해의 동굴에 숨긴 것처럼 부활한 유대인 국가 이스라엘도 성서 문헌을 통해 그들의 과거를 되찾을 수 있게 된 것이다.

시리아로 넘어간 두루마리의 일부를 다시 살 수 있는 방법을 알게 된 수케닉 교수는 서둘러 거래를 제안했다. 그런데 미국 존스 홉킨스대학교와 예루살렘에 있는 미국 동양학연구소에서 교수로 있는 앨브라이트(William F. Albright) 교수 쪽에서 더 괜찮은 제안을 해왔다. 그래서 사무엘 대주교는 수케닉 교수의 제안에 대한 답변을 미뤘다. 예루살렘의 정치적 불안정이 점점 더 고조되자 이 두루마리들은 넘기기 전 안전한 은행 금고에 보관하기 위해 베이루트를 통해 뉴욕으로 옮겨졌다.

사해문서의 발견이 공식적으로 알려지게 된 것은 미국에서다. 1948

년 4월 당시 예일대학교의 대변인인 밀러 버로우스(Millar Burrows, 1889~1980) 교수는 근동언어학과 학과장이자 미국 동양학연구소의 예루살렘 담당 연구소 소장이었다. 1948년 4월 11일자 〈뉴욕 타임스〉 기사에 따르면 당시만 해도 그렇게 극적인 것은 아니었다.

이사야서의 가장 초기의 것으로 알려진 사본이 …. 예루살렘에 있는 성 마르크라고 하는 시리아의 한 수도원에서 발견됐다. 이 문서는 기원전 약 1세기에 제작된 것으로 추정되는 양피지 두루마리에 적혀 있다. 최근 이 문서는 예루살렘에 있는 미국 동양학연구소 학자들에 의해 확인됐다.

또한 이 신문은 다른 히브리 두루마리들에 대해 언급하면서 발견 장소를 완전히 조작하지는 않았다고 했지만 의도적으로 사실을 숨겼다. 버로우스 교수의 말은 반 정도만 사실이었다. 왜냐하면 사본들이 이미 성 마르크 수도원의 재산이 돼버렸고 발견된 동굴들 역시 다른 사람들이 찾을까봐 비밀로 유지되고 있기 때문이다. 그래서 사무엘 대주교 쪽에서 버로우스 교수 쪽에 이런 점을 미리 전했을 가능성이 크다. 동양학연구소는 뜨거운 감자인 팔레스타인 문제 속에서도 충분히 그들만의 발굴 작업을 할 수 있는 여력이 있었다. 사해문서에 관한 〈뉴욕 타임스〉의 보도는 팔레스타인의 급증하는 혼란 속에서 이슈가 되지 못했다.

1948년 유엔의 동정적인 결의 따른 도움으로 이스라엘은 독립을 선언했다. 그러자 이스라엘과 주변 아랍 국가들 사이에 전쟁이 뒤따랐다. 갓 새로 태어난 국가와 이웃 국가들 사이의 적대감으로 인해 인접한 이집트, 트란스요르단, 시리아와 레바논뿐만 아니라 사우디아라비아와 이라크가 군대를 쏟아냈다. 1949년 1월에 이르러서야 정전협상과 함께 일단락됐다. 트란스요르단은 요르단으로 이름을 바꿨으며 예루살렘은 이스라엘과 요르단 사이로 나눠졌다. 문제의 쿰란과 사해 지역은 요르단의 관할 아래 거의 20년 동안 그 상태 그대로 머물렀다.

동예루살렘의 성경연구소인 에콜 비블릭(École Biblique)의 원장인 롤랑 드 보(Roland de Vaux, 1903~1971) 신부는 훈련받은 고고학자는 아니었다. 드 보는 또한 에세네 공동체 이론의 열렬한 지지자이기도 했다. 그는 1951년 쿰란의 폐허 유적들을 발굴할 때 영국 망명자로 요르단 골동품 수집가인 하딩(Gerald L. Harding, 1901~1979)과 함께 일을 진행했다. 그들은 그 지역의 207개 넘는 모든 동굴들과 가능한 곳을 조사했다. 그들은 많은 두루마리 문서들을 찾아냈다. 1952년에는 3번 동굴에서 구리 두루마리를 발견하기도 했다. 문서들이 발견된 동굴들 가운데 가장 풍부한 자료가 나온 것으로 보이는 4번 동굴은 1952년에 발견해 문서들을 발굴했다. 처음 두루마리를 발견한 베두인 부족 사람들도 동굴 조사와 발굴에 참여했다. 1951~1953년 사이 요르단의 지원 아래 쿰란에서 이루어진 발굴들을 통해 얻은 모든 두루마리들은 체계적으로 분류됐다. 이 두루마리들은 1955년 예루살렘의 록펠러 박물관에서 보관했으나 1956년 수에즈운하를 둘러싼 분쟁이 일어나자 요르단 암만의 한 은행 금고로 옮겨 보관하다가 1957년 다시 록펠러 박물관으로 돌아왔다. 1966년 독립적이고 국제적인 기관이었던 록펠러 박물관은 요르단이 인수해 요르단 국립박물관이 됐고 쿰란에서 발굴한 두루마리들은 공식적으로 요르단의 재산이 됐다.

두루마리를 둘러싼 이야기는 이제 점점 더 복잡한 양상으로 전개된다. 수케닉 교수에게는 아주 영악한 아들이 있었다. 그는 히브리 이름인 이가엘 야딘이라고 이름을 바꿨다. 야딘은 1949년 이스라엘 방위군에서 퇴직하고 히브리대학교에서 고고학을 공부하기 시작해 사해문서 연구로 박사학위를 취득했다.

시리아 정교회 사무엘 대주교는 그가 가지고 있던 3개의 두루마리를 팔려고 했다. 입찰 경쟁률을 높이기 위해 매스컴까지 동원했지만 1948년 이후 몇 년 동안 몇 가지 이유들로 할 수 없었다. 요르단 정부는 시리아 정교회가 가지고 있는 두루마리들은 쿰란에서 훔친 자신들의 재산이라고 주장했기 때문에 잠재적인 구매자들은 한 발 물러나 있었다. 1954년에는 호가가 100만 달러에서 50만 달러로 떨어졌다. 이때 수케닉 교수의 영악한 아들 야딘은 중개상을 통해 시리아 정교회 측으로부터 3개의 두루마리들을 구입하려고 일을 꾸몄다. 만약 이스라엘이 실제로 유일한 잠재적 구매자라는 것이 공공연하게 알려졌다면 요르단과 시리아 정교회가 결사반대했을 것이다. 요르단은 이스라엘과의 전쟁에서 팔레스타인 지역의 일부를 잃은 것을 가슴 아파하고 있었기 때문이다. 시리아도 종교적인 이유로 이를 방해했을 것이다. 그들은 독립적인 기독교 종파인 시리아 정교회를 가지고 있는 나라다. 그들은 3개의 두루마리 문서와 발견되지 않은 다른 문서들 모두가 유대인들의 손에 들어가는 것보다 신념을 가지고 있는 기독교인에게 가는 걸 더 선호했다.

야딘은 두루마리들을 둘러싼 위험한 게임에서 그는 영악하게 행동했다. 그는 우선 두루마리에 대해 이스라엘이 관심을 가지고 있다거나 소유하려고 한다는 것을 숨기기 위해 '미스터 그린'이라는 사람의 이야기를 만들어냈다. 이 계략은 당시에는 시리아 정교회에 알려지지 않았다. 야딘은 뉴욕에서 시리아 측과 협상하기 위해 은행을 통해 작업을 추진했으며 자금을 지원할 익명의 후원자를 찾았다. 25만 달러라는 적은 합의 금액이 시리아 정교회와 중개상의 손에 전달됐다. 여기에서 4개의 두루마리의 진품을 보장한 사람이 바로 야딘이 꾸며낸 인물인 '미스터 그린'이다. 실제로 미스터 그린이란 인물은 히브리의 미국 학자 해리 올린스키(Harry Orlinsky, 1908~1992) 교수였다. 다음날 4개의 두루마리는 은행에서 호텔의 금고로 이동됐으며 누군가가 반대할 틈도 없이 신속하게 뉴욕에 있는 이스라엘 영사관으로 옮겨졌다. 두루마리들은 다시 하나씩 비밀리에 이스라엘로 옮겨졌다. 야딘은 두루마리들을 모두 이스라엘로 보낼 때까지 문서에 대한 모든 것을 암호로 대화했고 모두 마무리된 다음 예루살렘으로 돌아왔다. 이는 이스라엘을 위한 주요한 외교적 쿠데타였다.

1967년 요르단과 이스라엘 사이에 전쟁이 일어났다. 이른바 이 6일 전쟁 동안 이스라엘은 예루살렘의 나머지 지역까지 차지했고 록펠러 박물관도 점령했다. 동예루살렘의 성경연구소인 에콜 비블릭의 분노가 증가하는 가운데 박물관이 소장하고 있던 두루마리 자료들은 이스라엘의 전리품이 되는 신세가 됐다. 이스라엘이 도시의 동쪽 반을 점령하고 있는 예루살렘의 정치적인 분위기는 사해문서를 둘러싸고 1967년을 매우 색다른 시간으로 만들었다. 드 보 신부는 이스라엘이 모든 두루마리를 압수하기 위해 예루살렘을 정복할까봐 두려웠다. 그가 1951년 이후 두루마리에 대해 연구를 같이하자던 유대인들의 어떤 요청도 거절한 것 때문이기도 하다. 이스라엘은 아마 동예루살렘의 새로운 팔레스타인 사람들과 평화를 유지하기 위해 4번 동굴에서 나온 약 800개에 달하는 엄청난 양의 두루마리들을 에콜 비블릭에 남겼다. 그러나 이스라엘은 4번 동굴의 두루마리를 전쟁에서 얻은 전리품으로 그들의 재산이라고 생각한 반면 록펠러 박물관에서 일하던 에콜 비블릭 그룹은 자기들의 수집품이라고 여기고 이스라엘의 개입에 저항했다.

사해문서의 공개는 쿠데타

수십 년 동안 주로 에콜 비블릭이 주도해온 국제 사해문서 연구는 해마다 늘려갔으며 외부의 성서학자들과 고고학자들의 시도들을 막은 채 연구했다. 저명한 히브리 학자들로부터 여러 차례의 요청에도 불구하고 교구의 에콜 비블릭이나 미국과 다른 곳의 연구자들은 이를 거절했다. 1991년 마침내 에콜 비블릭이 주도하던 '음모'는 극적으로 붕괴되고 말았다.

음모를 붕괴시키는 데 결정적인 역할을 한 몇 가지 이유가 있다. 첫 번째는 워싱턴DC의 〈성서 고고학 리뷰(Biblical Archaeology Review)〉와 〈성서 리뷰(Bible Review)〉의 편집인으로 집요한 성격의 허셀 섕크(Hershel Shanks)는 12명 남짓한 학자들로 이루어진 국제팀을 압박했다. 그래서 이미 두루마리들을 모두 출간한 이스라엘에 보조를 맞추기 위해 이제까지 느리게 진행했던 속도를 높였으며 또한 전 세계의 젊은 학자들에게 만은 양의 자료들을 건네주었다. 섕크는 몇 년 동안 침묵으로 일관했고 일과 관련된 모든 것을 거부했다. 1989년 이스라엘 고고학위원회는 외국에 있는 학자들이 갖고 있는 것을 포함해 국제 사해문서 연구팀이 보유한 쿰란 4번 동굴에서 나온 발행되지 않은 엄청난 양의 자료들에 대한 관리감독을 떠맡게 됐다. 이스라엘 고고학위원회는 좀더 신속한 발행을 위해 최후통첩을 내렸다. 이러한 주장은 일견 동의를 이룬 것으로 보였다. 그러나 효과적인 차원에서 말하자면 사해문서 연구팀장이던 존 스트로그넬(John Strugnell)을 통해 무시됐다.

1985년 생크는 발행의 걸림돌을 제거하기 위해 〈성서 고고학 리뷰〉를 통해 캠페인을 시작했다. 그는 마침내 록펠러 박물관이 거의 50년 전 그들이 수집한 모든 두루마리 문서와 단편들에 대한 사진 자료를 만들었을 것으로 생각했다. 1960년대 에콜 비블릭은 예루살렘이 문서의 생존을 위해서 가장 안전한 장소로 생각하지 않았기 때문에 록펠러 박물관이 사진을 가져도 된다고 허가했다. 마이크로필름 원화들은 안전한 보관을 위해 멀리 떨어진 캘리포니아의 헌팅턴 도서관으로 옮겼다.

생크는 처음으로 〈성서 고고학 리뷰〉에 승인되지 않은 일련의 복제 문서들을 실었고 이에 대해 국제 사해문서 연구팀은 소송을 걸겠다고 협박했다. 이것은 한때 변호사였던 생크에게는 전혀 문제가 되지 않는 일이었다. 생크는 헌팅턴 도서관의 책임자인 윌리엄 마펫(William A. Moffett) 박사를 설득해 사해문서의 마이크필름 원화들을 출판을 위해 공개해줄 것을 요구했다. 선견지명이 있는 도서관 이사회 인사들은 대중의 관심이 크다며 긍정적인 견해를 보였다. 사해문서를 완전한 출판물로 낸다는 소식은 1991년 9월 22일 매스컴에 대문짝만한 보도와 함께 발표됐다. 비밀스러운 댐이 완전히 붕괴된 것이다.

전체 문서들 가운데 40퍼센트를 차지하는 4번 동굴 문서들의 발행 독점권을 깨뜨린 두 번째 소동은 애석하게도 예측 불가능한 사건으로 펼쳐졌다. 몸이 성치 않았던 존 스트러그넬은 공식석상에서 유대교는 단지 기독교에 적대감정을 갖고 있는 것에 불과하다는 개인적인 입장이었다고 발표한 것이다. 이 너무나 충격적인 언급은 〈뉴욕 타임스〉에 실렸고 대중들의 엄청난 항의가 뒤따랐다. 이미 은퇴한 처지나 마찬지였던 스트러그넬은 이틀 만에 연구팀의 책임자 자리에서 물러났다. 이스라엘은 재빠르게 사해문서와 단편들에 대한 통제를 하나로 묶고 그들의 발견물을 독점적으로 발행하려는 교구의 권리를 제거해나갔다. 예를 들자면 이스라엘은 드 보 신부가 몇 년 전에 두려워했던 것을 이뤄냈다. 사해문서 프로젝트의 새로운 책임자는 히브리대학교의 에마뉴엘 토브(Emanuel Tov)라는 교수로 이스라엘 사람이었다. 약 50년에 걸친 비협조적인 방해와 지역주의는 끝나고 말았다. 사해문서에 대한 자신들만이 가장 잘 안다고 생각한 그룹, 사해문서의 상당 부분을 자신들만의 통제 아래 뒀던 그룹 그래서 세상 사람들로 하여금 사해문서의 내용과 그 파문에 대해 아주 궁금하게 만들었던 그룹은 이제 완전히 무너졌다.

1991년 이후 사해문서들을 요약한 상당량의 책들이 발행되거나 편집됐다. 1993년 모든 사해문서들은 사진 형태로 촬영해 브릴 프레스(Brill Press)와 공동으로 이스라엘 골동품 관리국이 발행했다. 그러나 2007년 현재 모든 것이 해독된 것은 아니다. 아직 해독되지 않은 분량이 얼마나 되는지 정확히 알기는 어렵다. 이는 사해문서 가운데 진품으로 확인되지 않은 문서들을 개인이 소장하고 있는 것이 많이 남아 있기 때문이다. 그러나 일반적으로 평가해볼 때 해독되지 않은 자료들은 전체 사해문서 가운데 1퍼센트도 되지 않을 것이다. 사해 두루마리가 주는 의미에 대한 논쟁들은 앞으로 적어도 또 다른 반세기 혹은 그 이상까지도 격렬하

214

게 벌어질 가능성이 크다. 그러나 그러한 논쟁이 성경 연구와 고고학에 있어 대단한 중요성을 가진다는 것은 모두가 공감하고 있다.

종교적이며 세속적인 기록을 대표하는 사해문서

비록 일부 문서들이 불법적으로 골동품 시장에 나오고 있지만 사해 문서에는 발견한 장소에 따라 글자와 숫자로 된 코드가 있다. 예를 들어 1Q라고 하면 쿰란에 있는 1번 동굴에서 발견했다는 것을 의미한다. 문서들은 또한 성서와 성서가 아닌 자료들로 주제에 따라 분류돼 있다. 문서 대부분이 부분적인 반면에 적어도 하나의 두루마리는 놀랍게도 전체가 거의 완전하게 잘 보존됐다. 이것은 이른바 쿰란 11번 동굴에서 나온 성전문서(Temple Scroll 11Q19-20)이다. 두루마리들 가운데서 가장 긴 것은 8미터가 넘는다. 일부 학자들은 원래는 이보다 60센티미터 정도 더 길었을 것이라고 주장하기도 한다. 사해문서의 주제에는 다음과 같은 내용들이 포함돼 있다.

경전에는 창세기와 느비임(Nevi'im) 등장하는 율법, 이사야서 같은 예언서, 사무엘서와 케투빔 같은 성문서, 시편에 나오는 기록들 등이 포함된다. 유대교 계율에 따르고 있는 거의 모든 유대 성전에 나와 있다. 이사야서는 하나의 두루마리에 완전하게 나타나 있다. 에스델서를 제외한 모든 구약성서의 내용이 부분적으로라도 나온다. 시편, 신명기, 창세기, 이사야서 같은 많은 성서 속의 내용들이 거의 완벽하게 보존돼 있다.

주석에는 탈무드, 탈굼, 페샤림 그리고 마슈나 등이 포함된다. 이것들은 보통 서서에 대한 랍비식 기록이며 서로 다른 많은 성서를 참조한 내용을 포함하고 있다.

그리고 전쟁 두루마리, 다마스쿠스 두루마리, 공동체가 지켜야 할 계율 등으로 분류하는 종말론과 외경 그리고 내경이 있다. 여기에는 종교 공동체가 지켜야 할 계율과 관례들을 포함하고 있고 종교적인 텍스트들로 곧 불어 닥칠 심판에 대한 것도 있다. 또한 이미 알려졌거나 전설적인 성서 속 인물에 의해 썼다는 문서들이 있다. 계율로서는 거절 당했으나 가치가 풍부한 문서들도 있다. 점과 마술에 대한 문서들 또한 여기에 속해 있다. 이것은 아마도 사해문서 자료들 가운데 가장 흥미로운 것이다. 만약 사해문서가 발견되지 않았다면 유대교에는 이런 관습이 없었을 것이라며 영원히 묻혔을지도 모르는 부분에 대해 알려주기 때문이다.

그리고 구리 두루마리와 같은 문서가 있다. 이것들은 종교적인 문서는 아니지만 보물에 대한 회계와 재고 등을 알려주는 내용으로 되어 있다. 어느 부분은 지금과 일치하는 부분도 있다.

사해문서라는 그 영향력이 아람어와 히브리어뿐만 아니라 그리스어에까지도 영향을 미칠 정도로 확대돼 왔다. 사해문서는 가죽과 파피루스로 된 것도 있지만 거의 대부분은 양가죽에 아람어와 아람어와된 히브리어가 잉크로 쓰였다. 일부 문서의 연대는 약 서기 70년 예루살렘이 파괴된 시기보다 더 오래된 것으로 추정된다. 그러나 대부분은 로마에 항거하는 유대인 반란이 일어났던 서기 1세기 중반 정도로 그 연대가 측정된다.

기독교 이론과 연결되지 않는 두루마리들

지금까지 사해문서들을 숨겨준 것이 유대인 공동체라는 사실을 증명해주는 신약성서 자료는 하나도 발견되지 않았다. 이는 당시 기독교 문서들이 거의 존재하지 않았다는 역사적인 인식을 받아들일 수 있는 충분한 근거가 된다. 이런 내용은 문서를 둘러싼 논쟁으로 귀결된다. 많은 사람들이 사해문서 또는 당시 유대인들과의 관계에서 기독교인들의 연관성을 찾으려고 했으나 허사였다. 복음서들은 금욕주의자라고 묘사했기 때문에 일부 학자들은 신약성서 속의 인물인 세례 요한을 에세네 공동체와 연결하려고 노력했다. 그러나 이러한 추측에는 어떤 증거도 없다. 기독교와의 관계에서 가장 가깝다고 할 수 있는 인물은 '정의의 스승'이라고 불린 의문의 인물이 이끈 것으로 보이는 에세네 또는 쿰란 공동체의 종교적 리더일지도 모른다. 소수의 기독교 학자들은 이 정의의 스승이 예수의 제자로 예수의 가르침을 따른 사람이라고 주장하기 위해 많은 노력을 기울였으나 허사였다.

음모론은 새로운 것이 아니다. 에콜 비블릭을 비롯해 1950년대 처음 조직한 국제 사해문서 연구팀이 지난 50년 동안 고압적인 통제 속에서 사해문서들을 관리해왔기 때문에 많은 학자들이 아직 해결해야 할 문제가 해결됐다고 여기지 않는다.

몇 년 동안 두루마리의 내용에 대한 많은 소문은 근거 없는 음모론으로 이어졌다. 문서에 대한 외부인의 접근을 고의적으로 차단하고 4번 동굴의 자료를 독점하고 이 자료의 발행을 아주 느리게 진행했기 때문이다. 한 소문에 따르면 심지어 바티칸 당국이 두루마리 내용이 로마 가톨릭이나 초기 기독교의 교의적 해석을 해칠 수 있기 때문에 문서의 발행을 저지했다는 것이다. 이런 음모론이 충분히 이해할 수 있지만 이 사해문서 연구팀이 그 동안 보여준 부끄러운 비밀과 인색함으로 보아 터무니없거나 허무맹랑하다고 할 수 있다. 아주 오래된 다른 음모도 있다. 오랫동안 문서들의 일부는 조작되어 예수와 신약성서에 대해 언급했다는 소문이다. 그러나 이러한 조작들은 모두 밝혀졌다. 1980년대 후반《예수와 사해문서의 비밀(Jesus and the Secret of the Dead Sea Scrolls)》이라는 제목으로 출간된 유명한 이 책은 4번 동굴 자료가 부족하자 광고를 낸 다음 한 독자를 통해 아이디어를 얻었다. 또 다른 소문이 있다. 현대 유대인들이 이 사해문서가 발간되면 고대 유대교에 대한 공식적인 지위가 무너질지도 모른다는 우려 때문에 발행을 막았다는 것이다. 이 소문은 현재 대부분의 세속적인 이스라엘 사람들이 적극적으로 그들이 소유한 모든 문서들의 발행을 원하는 것과 발행을 위해 일부 문서를 가지고 있는 다른 이들에게 계속적으로 출판을 강요했다는 점에서 사실이 아니라고 할 수 있다.

신약성서 또는 기독교와의 연관 관계를 둘러싼 이러한 시각은 몇 가지 이유로 매우 의문시된다. 이런 시각에 대응하는 주장을 살펴보자. 첫 번째, 1950년대에서 1990년대까지 50여 년 동안 4번 동굴에서 발굴된 문서들 가운데 적어도 40퍼센트가 예루살렘에 프랑스 로마가톨릭 도미니크회인 에콜 비빌릭 또는 그들이 선정한 기독교 추종자들의 손에서 관리됐다. 만약 입증 가능한 신약성서 자료들이 존재했다면 그들은 대부분 초기 기독교의 시작을 이해하기 위한 기초 자료로써 문서들을 대했을 가능성이 크다. 이처럼 사해문서라는 독특한 종교적 공동체 자료는 1세기 후반 유대교와 신약성서 복음과 연관성이 있는 것 같아 보인다. 당시까지만 해도 잘 알려지지 않은 유대교 한 분파가 지금은 굉장히 확대됐다는 점에서 본다면 말이다. 기독교의 연관 관계에 대한 두 번째 주장은 파괴의 시간을 맞이한 예루살렘에는 전통적인 유대교를 믿는 유대인들이 압도적으로 많았다. 그래서 그들은 이단이라고 여긴 기독교도의 문서들을 숨기는 일에 대해 동정심이나 애착이 전혀 없었다.

이미 언급했듯이 당연히 그 당시 기독교에는 어쨌든 율법에 기초해 성서로서 확인된 문서는 거의 없었다. 그리고 사도 바울의 서한은 확실히 유대의 유산을 보물처럼 여기는 사람들의 마음속에선 반유대적이며 이방인의 사고로 인식됐다. 이 모든 소문들에 대응하는 세 번째 주장은 모든 사정을 다 알고 난 뒤 뒤늦게 온다. 대부분의 문서들이 발행돼 해독되고 확인됐기 때문에 이 소문들과 음모론을 지지하는 어떤 혁명적인 자료도 나타나지 않았으며 이 문서들은 주로 로마의 정복을 패숨긴 유대인의 문서라는 것이 확실하다.

사해문서를 둘러싼 논쟁은 계속될 것이다

사해문서는 이제까지 알려진 것 가운데 가장 오래된 성서 문헌으로 1세기 무렵 유대교의 실상을 아주 잘 보여주고 있다. 이들은 기독교가 고대 유대 성서를 구약성서로 채택하기 훨씬 전의 유대 성서를 알 수 있고 1세기 무렵의 언어에 대해 알려준다.

1991년 이후 사해문서가 모든 사람들에게 접근 가능해진 지금 왜 하나의 작은 그룹이 두루마리들을 비밀리에 통제하는 일에 그토록 집착했는지 그 이유를 이해하긴 쉽지 않다. 그것은 아마도 특권층만이 누리려는 학문의 배타성이 그 동기가 될 수 있을 것이다. 발행의 엄격한 통제와 지연은 종파의 자부심 또는 교리와 잠재적인 오해를 둘러싼 두려움 그리고 변절이나 부활한 이단 등에 의해 벌어진 일이라고 보여진다. 그러나 아직 기독교도 유대교도 사해문서의 발행으로 파괴되지는 않았다.

거의 대부분의 사해문서들은 현재 누구나 쉽게 접근할 수 있다. 마이크로필름 형태로 이용 가능하고 많은 분량이 인터넷으로도 이용할 수 있다. 자료를 다 보여주지 않고 있다는 세간의 논란은 결국 가라앉을 것이다. 해석을 둘러싼 논쟁은 앞으로도 오랫동안 계속될 것이다. 결과가 무엇이든 역사적으로 중요한 위치를 차지하는 이 성서학적 보물에 대한 개념은 호기심에 가득 찬 1947년의 두 베두인 소년들은 상상도 할 수 없을 것이다.

에게해 청동기 시대의 중심

1967년, 에게해

한 고고학자가 에게해로부터 반사돼 내리쬐는 정오의 햇볕을 피하기 위해 비바람에 씻긴 얼굴을 손으로 가렸다. 그는 더 이상 젊고 혈기왕성하지 않았다. 그는 60대에 접어들었고 젊은이들도 피곤해 할 정도로 지루한 새로운 현장 프로젝트를 이끌기에는 나이가 많다는 것을 알았다. 하지만 몇 십 년 동안 이 작은 섬 티라에 대한 자료들을 조심스럽게 수집해왔다. 이번의 발굴은 많은 이들이 오랫동안 경멸해온 이론을 뒷받침할 그의 마지막 실험적 근거였다. 오랫동안 미노아 고고학에 대해 훈련받고 크레타에서 프로젝트를 이끈 뒤 이 인내심 많은 고고학자 스피리돈 마리나토스(Spyridon Marinatos, 1901~1974)는 그의 학문을 최종적으로 입증할 만한 극적인 무언가를 찾고 있었다. 그는 이번의 발굴이 그가 기다리던 바로 그때라는 것을 알았을까? 아마 그럴 것이다. 그는 정확한 현장을 찾기 위해 수십 년을 기다렸으며 이 현장은 이미 몇몇 숨길 수 없는 징후들을 드러내고 있었다. 발굴을 시작한 지 단 이틀 만에 지표면 바로 몇 미터 아래에서 작은 질그릇 조각들이 나왔다. 그가 고용한 인근 아크로티리 마을에서 온 작업자들은 이제 어느 정도 숙달돼 부드럽고 미세한 화산재 속에서 삽으로 유물들을 조심스럽게 다룰 수 있었다. 화산재가 그들 옷뿐만 아니라 이곳저곳에 달라붙어 온통 하얗게 됐다.

마리나토스의 심장이 갑자기 빠르게 요동치게 한 것은 깊어지는 도랑의 중간 지점에서 터져 나온 흥분에 찬 외침이었다. 그가 몇 미터를 뛰어가 한 작업자가 한 손에 무언가를 조심스럽게 들고 다른 손으로 그것을 솔로 털고 있는 것을 확인했다. 그것의 윤곽으로 봤을 때 단순한 파편이 아니었다. 무릎을 꿇고 앉아 그것을 빠르게 살폈다. 그는 것이 완벽한 점토라는 것을 알아차렸다. 경험이 풍부한 그의 눈이 반짝거렸다. 흥분에 휩싸인 그는 이 우아한 도자기가 손때가 전혀 묻지 않은 채

아크로티리 유적. 스피리돈 마리나토스의 열정과 의지로 발견한 아크로티리는 폼페이처럼 화산 폭발로 묻혀 있던 고대 미노아 문명을 되살려 냈다.

완벽하게 보존된 미노아의 등자 용기라는 것을 알았다. 용기 표면에 쌓인 먼지를 털어내자 심장이 멎는 듯했다. 우아한 모습의 그 용기는 흰 바탕에 파란색의 독특한 장식을 하고 있는데 그가 알고 있는 어떤 미노아 장식들과도 다른 돌고래 주제의 용기였다. 크레타로부터 바다 건너 상당히 멀리 떨어진 곳이라는 것을 미뤄볼 때 알려진 모양과 알려지지 않은 장식의 조합은 굉장히 중요한 특징이었다. 유레카! 그는 마침내 그렇게 오랫동안 밝혀내기 위해 기다려 온 증거를 드디어 찾았다는 것을 알았다. 비록 이 사건에 대한 이야기는 편지와 대화 그리고 목격자의 증언으로 재구성한 것이다. 그러나 이야기가 얼마나 신뢰성이 있느냐는 것과는 상관없이 그 본질은 아직도 마리나토스의 흥미로운 발견이 확인해주고 있다는 사실이다.

마리나토스의 고집스러운 투지와 몇 년에 걸친 준비 속에서 연마된 고고학자로서의 본능과 같은 칭찬은 하지 말기로 하자. 티라의 아크로티리 발굴 현장은 여러 가지 이유에서 굉장히 중요하다. 여기에서 마리나토스와 그의 젊은 동료 고고학자 크리스토스 도우마스(Christos Doumas, 1933~)는 바로 화산 폭발로 묻힌 전체 도시의 덮개를 벗겼다. 그리고 티라의 파멸는 오늘날 중기와 후기 청동기 시대 사이 과도기의 연대를 알아내는 데 도움을 줄 수 있다. 화산 폭발은 화산재가 팔레스타인까지 이를 정도로 대단했다. 크레타에 있는 미노아 함대의 상당 부분을 파괴했을지도 모르며 아마도 미노아 문명에 심각한 영향을 주었을 것이다. 또한 그리스 본토에서 올리브오일을 운송하는 것을 포함해 티라와 이집트와의 활발한 교역은 에머리(자철석)와 같은 귀중한 지역 품목에 집중됐을 가능성이 크다. 아크로티리에 아직 남아 있는 건물의 프레스코 벽화는 티라섬에서 수준 높은 문명과 그들의 예술이 존재했었다는 것을 보여준다. 궁극적으로 아크로티리는 플라톤(Platon, BC 428?~BC 347?)이 언급한 오랫동안 잃어버린 아틀란티스가 단순한 신화가 아니라는 것을 증명해줄지도 모른다. 비록 아틀란티스가 절대로 이해될 수 없을지라도 티라와 아크로티리의 발견이 아틀란티스뿐만 아니라 고대 역사의 필수적인 시점 즉, 한 시대를 마감하고 새로운 시대로 진입하는 에게해의 무역을 이해하는 핵심적인 열쇠일 수도 있다.

지금도 티라는 푸른 에게해에서 가장 아름다운 섬일 것이다. 마리나토스가 아크로티리에서 발굴을 시작한 이후 몇 년 동안의 연구 덕분에 우리는 티라가 고대에는 더욱 아름다웠다는 것을 안다. 몇 킬로미터 밖에서도 보이는 티라의 원뿔형 산은 빛나는 수면 위에 높이 솟아 있다. 비탈을 따라 숲이 우거져 있으며 오래된 전설 속의 이 이름은 그것을 알고 있거나 동지중해에 있는 그곳을 여행해본 모든 이들에게 경외심을 불러일으킨다. 일부 사람들은 이 섬을 '가장 아름다운 섬'인 칼리스테로 알고 있으며 점점 많은 고고학자와 고대 역사가들은 지금 이것이 아틀란티스 신화의 출처였다고 믿는다. 오늘날 그곳에 있는 곳 주변을 항해하거나 빛이 닿는 깊은 바다 속을 유심히 들여다본 사람들은 그 섬을 티라 또는 산토리니라고 부른다. 그곳은 그리스 본토와 다른 모든 섬들의 시야에서 멀리 떨어진 크레타 사이의 에게해에 홀로 고요히 존재한다. 오늘날 잠수부들은 해면동물이 자라거나 문어 군집이 돌 아래 숨어 있는 깨끗한 물 깊숙이 들어간다. 하지만 우리가 오늘날 보는 섬 그야말로 정말 장관이었던 기원전 1620년과 비교해보면 많이 다르다. 지금은 오직 흘러간 과거의 아름다운 그림자일 뿐이다. 왜냐하면 3400년 전 세계를 완전히 변화시킨 화산 폭발이 이 섬의 대부분을 날려버렸기 때문이다. 그래서 남은 것이라고는 초승달 모양의 육지와 깊은 칼데라 분화구뿐이다. 이제는 깊은 바다만이 한때 둥근 섬이었던 이곳을 채우고 있다. 티라섬이 정말 아틀란티스였을까?

스피리돈 마리나토스는 고대 티라의 중요성에 대해 심각하게 생각한 첫 번째 현대 역사가 가운데 한 명이다. 1939년 그는 강의와 저명한 학술지인 〈고대(Antiquity)〉에 발표한 논문을 통해 보수적인 학계를 흔들었다. 이 논문에서 그는 고대 티라의 화산 폭발이 미노아 문명의 종말을 가져왔을 수도 있다는 가능성을 제기했다. 일부 학자들은 티라와 신화적인 아틀란티스를 연결하면서 잊혀진 과거에 두 섬 모두 자연에 의해 파멸했다는 점을 들어 마리나토스의 주장을 따랐다. 당시 학계의 많은 학자들은 마리나토스를 비웃었다. 그리고 마리나토스를 계승한 크리스토스 도우마스는 에게해의 문명을 바꾼 엄청난 파괴에 대해 마리나토스가 절대적으로 옳았다는 것을 증명해주었다. 고대 티라를 발굴했을 때 그는 화산재에 묻혀 있던 아크로티리의 잃어버린 도시를 극적으로 발견했다. 1983년 고고학자 콜린 렌프루(Colin Renfrew, 1937~)는 이렇게 말했다. "티라는 … 유럽에서 아니 세계에서 가장 완벽하게 보존된 유사 이전의 장소로 평가돼야 한다."

아크로티리는 아틀란티스를 증명할지도 모른다

플라톤은 아틀란티스가 사실이라고 믿었던 것 같다. 만약 아틀란티스 이야기가 사실이라면 이것 역시 거대한 재앙으로 파멸되기 전 해상을 지배한 위대한 고대 문명이었을 가능성이 크다. 아틀란티스를 티라와 연결하는 것은 아직 큰 논쟁거리지만 플라톤이 아틀란티스에 대해 기원전 4세기 〈티마이오스(Timaeus)〉(25a-d) 기술한 것의 핵심은 다음과 같다.

> 이 섬 아틀란티스는 섬 전체와 몇몇 다른 곳들 그리고 대륙의 일부까지 지배한 위대하고 놀라운 제국이 존재했다. 더구나 아틀란티스 사람들은 리비아의 일부를 지배했으며 헤라클레스의 기둥 속에서 이집트까지 그리고 유럽과 (오늘날의 토스카나 지역인) 타이레니아까지 지배했다. 하지만 그뒤에 격렬한 지진과 홍수가 일어났다. 하룻밤 사이 일어난 불행으로 모든 용맹한 남자들이 통째로 땅속으로 가라앉았고 아틀란티스도 마찬가지로 바다 깊숙이 사라졌다. 그런 이유로 그 바다는 통행이 불가능하고 들어갈 수도 없었다. 왜냐하면 진흙 때문인데 이는 섬이 가라앉아 일어난 현상이다.

만약 우리가 아틀란티스에 대한 플라톤의 표현들을 본다면 아마도 마리나토스의 눈을 통해 몇몇 사실이 바로 확인될 것이다. 첫 번째로 플라톤에 따르면 아틀란티스는 단순하게 하나의 섬이 아니라 섬을 중심으로 한 제국이었다. 그로 인해 바다와 섬 그리고 육지까지 지배한 막강한 해상의 힘을 갖고 있었다. 그래서 아마도 많은 배들과 뛰어난 항해술을 필요로 했을 것이다. 우리가 지금 알 수 있는 것은 에게해에서 원거리 해상무역이 1000년 정도 지속됐으며 바다를 통해 수백 킬로미터 떨어진 유럽과 이집트 그리고 팔레스타인과 같은 지역을 연결했다는 것이다. 초기의 해상무역에 대한 증거는 콜린 렌프루 같은 고고학자의 작업을 통해 발견됐다. 몇 십 년 전 렌프루는 흑요석이 멜로스와 같은 섬에서 그리스 본토 심지어는 6000년 전으로 거슬러 올라가 아나톨리아(터키)까지 에게해를 가로질러 거래됐다는 것을 증명하는데 도움을 주었다. 피터 워렌(Peter Warren)과 같은 또 다른 고고학자들은 기원전 3000년 또는 더 이전까지 거슬러 올라가 통일되기 한참 전 이집트에서 건너온 섬록암 석재 꽃병을 연구했다.

에게해와 지중해의 교역은 육지를 벗어나 이루어지는 일이다. 따라서 항해를 필요로 하며 이는 대부분의 인류 역사에서 놀랄 만한 일이다. 고대 항해에 대한 연구에 있어서 가장 권위 있는 리오넬 캐슨(Lionel Casson, 1914~2009)은 이 지중해 시나리오가 결코 무리한 이야기가 아니라고 주장한다. 항해사들은 오랫동안 안전한 교역을 위해 태양과 달 그리고 별들에 의존해왔다. 그들은 또한 항해에 유리한 바람이 부는 계절을 예측할 수 있었다. 고대의 항해사들은 세심한 관찰과 경험에 의존했다. 이는 변화무쌍한 바다는 결코 정복될 수 없는 대상이라고 생각했기 때문이다. 그들은 넓은 바다가 그들에게 교역을 통해 거의 상상할 수 없을 정도의 부를 가져다줄 수도 있지만 그들의 모든 것을 한순간에 삼켜 삶을 끝장낼 수도 있다는 것을 알았다. 그러나 많은 이들이 반복해서 건너면서 바다에 도전했다. 이들은 바다가 주는 위험보다는 기회가 더 크다고 생각했기 때문이다. 만약 충분히 많은 배들이 있고 항로와 항구를 관리하는 사람들이 있다면 하나의 문명이 상업과 항해를 통제할 수 있었을 것이란 이야기는 완벽하게 가능하다. 그래서 문화나 문명이 바다를 지배했을 수도 있었을 것이라는 점에서 플라톤의 생각은 옳다고 할 수 있다. 많은 학자들은 기원전 1800~1500년 사이 크레타의 미노아인들이 그리스와 이집트 사이의 바다를 지배했을 것이라고 주장한다.

우리가 플라톤의 말에서 얻을 수 있는 또 다른 점은 그가 기술한 아틀란티스의 물리적인 파멸이 종종 지진으로 인해 일어나는 화산 폭발로 인해 발생한 것과 매우 비슷하다는 점이다. 이러한 설명은 아틀란티스의 폭발과 매우 가까이 있던 관찰자의 시각에서 쓰여졌을 수 있다. 그러나 그렇게 보면 화산재 구름과 끓어오르는 해수로 인해 생긴 증기 때문에 많은 부분이 잘 알려져 있지 않았을 가능성이 크다. 이와 같은 현상이 에게해 지역 주변으로 퍼졌다면 관찰자는 수 킬로미터 밖에서 봤을 수도 있었을 것이다. 사람들은 이와 같은 현상이 바다의 신으로 거대한 지진을 관장하는 포세이돈 때문에 일어난 것이라고 봤을 것이다. 화산 폭발을 직접 관찰한 목격담과는 다르고 안전한 거리에서 떨어져 보고 들은 것만 기록한 플라톤의 이야기는 누군가가 그것에 대해 쓰기 전까지 오랜 시간 동안 여러 세대를 거쳐 입에서 입으로 전해졌을 것이다. 더구나 땅이 가라앉아 섬이 몰락한 것은 플라톤이 언급한 것처럼 티라의 80퍼센트가 넘는 부분이 바다 속 깊은 칼데라 분화구를 채우기 위해 급속도로 가라앉으면서 폭발한 것과 일치한다. 플라톤이 언급했던 물속에 잠겨 있는 모래톱은 오늘날 티라에는 없다. 그러나 칼데라와 주변에 있는 저지대 섬에는 잔해들이 남아 있다. 그리고 네아 카메니라는 화산섬이 1707년부터 1950년 사이에 일어난 화산 활동으로 인해 바다 분화구 중심 근처에 새로 생겼다.

종합해볼 때 아틀란티스 파멸에 대해 플라톤이 한 설명은 이상하게

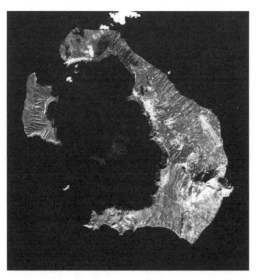

티라섬의 가운데 부분이 화산 폭발이라는 재앙으로 가라앉았으며 몰락했다. 플라톤은 티라섬이 전설의 아틀란티스라고 말했다.

도 마치 티라를 탈출해 도망가는 어떤 배에서 관찰한 것처럼 아주 비슷하다. 나중에 후손들에게 놀라운 이야기를 전해준 일부 생존자들은 그들과 같이 살았던 대부분의 사람들과 함께 아크로티리나 티라의 항구에서 완전히 파괴되기 전에 탈출했다는 것은 엄청난 행운이었음에 틀림없다.

　그리스의 지진학자인 엔젤로스 갈라노포우로스(Angelos Galanopoulos)는 1960년 티라의 파멸이 아틀란티스 신화와 직접적으로 연관되어 있다는 학설을 주장함으로써 마리나토의 이론을 한 단계 더 발전시켰다. 시간이 지나면서 화산학자와 고고학자들 사이에 그럴 듯한 공동연구들로 인해 일부 학계는 더 이상 아틀란티스를 플라톤이 반복한 신화로만 생각하지 않게 됐다. 아틀란티스는 그저 추측으로만 격하될 이야기로만 남아 있을 필요가 없게 됐다. 아마도 아틀란티스의 생성과 소멸이 티라에서 역사적으로 증명된 실제 장소였을 수도 있다. 반면 티라의 파멸은 미노아 문명의 끝을 이야기하는 결코 아니다. 그러나 티라는 키클라데스 제도의 중요한 화물을 보관하는 항구였다는 차원에서 굉장히 중요하다.

화산으로 묻힌 도시를 되찾다

티라의 파멸에 대한 진실은 남아 있는 잔해들을 통해 재구성할 수 있다. 화산의 칼데라를 둘러싸고 있는 조그마한 섬들 가운데 남아 있는 작은 섬 티라는 기원전 약 1620년 청동기 시대의 폭발에서도 살아남았다. 지금은 마치 초승달이 서쪽을 마주하는 것처럼 가라앉은 깊은 분화구를 둘러싸고 있다. 두 번째 남아 있는 섬은 테라시아로 칼데라 입구 서쪽에 자리 잡고 있다. 칼데라를 마주하고 있는 티라는 화산 폭발로 생긴 가파른 벽들이 있다. 이 화산 원형은 거의 300미터 높이 정도 되는 높은 벼랑이다. 반면 외부의 동쪽 부분은 차츰 줄어들었다. 꼭대기는 평평한 모습과는 달리 튀어나와 800미터까지 솟아 있지만 보통 해수면과 거의 같다. 지금도 남아 있는 꼭대기들 가운데 아마도 원래 섬의 화산의 원뿔 크기에 가까운 것은 어디에도 없을 것이다. 지금은 팔라이아 카메니라고 불리는 칼데라 중앙에 있는 오래된 작은 섬은 바다에서 솟아났을 가능성이 큰 것으로 생각되어 왔다. 이에 대한 설명은 약 서기 20년 그리스 지리학자 스트라보의 글에서 발견할 수 있다. 팔라이아 카메니는 기원전 약 197년 무렵 티라 근처의 바다에서 솟아났기 때문에 스트라보의 글은 몇 백 년 뒤에 쓰여진 것이다.

주요 청동기 시대 유적이라고 할 수 있는 아크로티리의 고고학적 현장은 초승달 모양의 섬 남쪽 끝에 자리하고 있다. 바다와 가깝고 바다와 섬을 가로질러 늘 불어대는 북풍과 북서풍을 피해 보호하고 있는 형국이다. 이 도시는 한때 배들이 바람과 폭풍을 피해 안전하게 머물 수 있었던 항구였다. 화산 봉우리가 도심 북쪽으로 솟아나 있어 늘 생기는 나쁜 날씨를 막아주던 좋은 피난처를 상상해볼 수 있다. 이것은 폭발이 섬의 대부분을 날려버리기 이전의 이야기이고 오늘날 볼 수 있는 것은 붕괴하고 남은 것들이다. 기원전 1620년 폭발로 생긴 화산재의 두꺼운 층이 섬의 대부분을 덮고 있다. 일부 장소에서는 20~45미터 혹은 더 두꺼운 3개의 분리된 층으로 나타나며 아크로티리는 9~12미터 두께이다.

마리나토스는 티라의 화산 폭발로 미노아 문명이 붕괴했다는 것을 증명하기 위해 25년 넘게 기다려야 했다. 그러나 그는 포기하지 않고 증거를 수집하고 있었다. 그는 이 과정에서 앞서 19세기에 진행된 연구에서 도움을 받을 수 있었다. 첫 번째는 초기의 발굴자라고 할 수 있으며 1870년에서 1874년 사이에 발굴을 진행한 프랑스의 마멧(H. Mamet)은 아크로티리 근처 파바티스에 근접한 골짜기에서 탐색을 했다. 그는 키프로스에서 온 하얀색 도자기 조각을 발견했는데 이는 미노아 시대에 멀리 떨어져 있는 다른 섬들과 교역을 했다는 것을 증명해주었다. 아테네에 있는 독일 고고학연구소 또한 그들이 진행한 초기 탐험 기록들을 제공해주었다. 그 가운데 포타모스 계곡을 끼고 있는 카마라스 현장도 있었다. 이외에도 배론 힐러 본 개트링겐(Baron Hiller von Gaetringen) 또한 1890년 고대 티라 언덕에서 작업을 했다. 티라 언덕은 메사 보우노 언덕에 위치한 곳으로 해수면으로부터 400미터 높이였으며 또한 조수인 잔(R. Zahn)이 섬을 가로질러 여러 장소에서 실시하는 여러 조사들을 관리하기도 했다.

마리나토스는 고고학적 기록 보관소와 섬에서 오랫동안 살았던 늙은 농부들로부터 많은 것을 배웠다. 그들을 통해 티라 연구의 선구자라고 할 수 있는 마멧과 잔이 포타모스 계곡 근처 특히, 아크로티리와 정반대에 위치한 파바티스 근처에서 상당한 양의 부서진 미노아 도자기를 찾아냈다는 것을 알게 됐다. 마을 사람들이 아직도 사용하고 있는 선사시대의 거대한 돌절구는 마리나토스에게 그곳의 중요성을 확인하는 도움을 주었다. 그는 이 절구가 너무 크고 무겁기 때문에 다른 곳으로 옮기기가 불가능했을 것이라고 생각했다. 마지막 단서는 포타모스 계곡과 좁은 골짜기 같은 지역 주위에 있는 몇몇 장소에서 주저앉는 땅에 대한 농부들의 신고로부터 나왔다. 마리나토스는 즉시 지면이 주저앉는 것이 화산재가 쌓인 층 아래에 빈 공간이 있다는 것을 반증한다고 생각했다. 그는 그의 전임자들이 밝힌 선구적인 보고서들과 함께 한 장소에서 충분히 많은 양의 고대 도자기들이 집중적으로 발견되는 것으로 미뤄 이곳이 잃어버린 도시를 알려줄 곳이라고 확신했다. 그는 포타모스 계곡 근처의 낮은 고원과 해안 언덕을 여러 차례 걸었다. 그리고 섬의 지표면을 덮고 있는 미세한 화산 먼지가 북쪽에서 불어오는 바닷바람을 타고 위로 올라가는 것을 봤으며 그 아래에 무언가가 묻혀 있을 것이라고 생각했다.

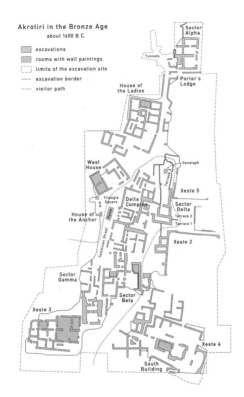

아크로티리의 유적 발굴을 통해 전체 도시가 드러났다.

　그러나 우리가 상상할 수 있는 것은 1967년 지표면의 미세한 화산재 층을 간신히 뚫고 들어간 첫 번째 탐험에서 미노아 양식의 도자기를 발견했을 때 마리나토스가 경험한 흥분 정도이다. 그는 아크로티리에서 첫 기회를 잘 이끌었다. 그의 과제는 파고 내려가면서 모래처럼 부서지는 수 톤의 미세한 재를 옮기는 문제였다. 그는 곧 중요한 고고학적 구조물이라고 할 수 있는 고대 석조 벽과 창문을 발견했으며 무언가 독특하고 특별한 것이라는 것을 알았다. 그의 발굴을 돕기 위해 크리스토스

도우마스가 1968년 합류했으며 연구는 2000년까지 계속됐다.

1967~1974년 사이 그들이 진행한 아크로티리 발굴에서 전체 도시가 드러났다. 광장 주변의 좁은 거리와 함께 블록 단위로 2층과 3층 집들이 이어져 있었다. 지금까지 1만 제곱미터가 넘는 면적을 발굴했는데 도시의 정확한 외곽 경계를 찾았은 것은 아니다. 적어도 방이 120개가 넘는 건물을 10개 발굴했으며 대부분이 다층 건물이었다. 또한 적어도 7개 이상의 건물들이 화산재 아래에 군데군데 묻혀 있는 것으로 확인됐다. 아크로티리의 발굴 현장은 오늘날 오래된 작은 골짜기를 따라 자리하고 있는데 그 방향은 북에서 남으로 이어져 있고 고대 도로(텔키네스 도로)는 지금도 도시의 모든 구조물들을 연결하고 있다. 마리나토스와 도우마스는 건물들을 알파, 베타, 감마와 같은 알파벳으로 나열했다. 또한 제스트(Xeste) 1~4, 웨스트 하우스(West House)와 여성의 집(House of the Ladies)으로도 나누었다. 돌로 벽을 쌓은 건축양식의 이름을 딴 제스트는 잘 맞는 마름돌을 쌓은 석재를 뜻하는 그리스에서 따왔다. 제스트는 아크로티리 유적에서 발견되는 주된 건축양식이다. 지금까지 아크로티리에서 발굴된 가장 큰 구조물은 델타인데 여러 층이 있는 4채의 집이 서로 연결되어 있는데 방이 40개가 넘는다. 화산 폭발 이전의 인구를 추정하긴 어렵지만 적게 잡아도 5000명 이상이 이 도시에 살았을 것으로 보인다. 만약 지금까지 발굴한 지역을 바탕으로 도시의 경계는 서너 배 확장한다면 충분히 가능하다. 도시가 폭발로 파멸된 뒤 화산재에 덮여 있었기 때문에 고고학자들은 고대 미노아의 나머지 지역들에 대해서는 추측해야 한다. 아크로티리에서의 발굴을 통해 알 수 있는 것은 엄청난 화산재가 도시를 덮은 것과 동시에 지진으로 큰 피해

가 있었다는 것이다. 이 두 가지는 동시에 일어났을 것이다.

아크로티리의 건물들은 복잡하면서도 정교하게 지어져 있다. 대부분의 집들이 충분히 빛이 들어올 수 있게 잘 설계된 출입문과 창문들이 있으며 벽돌로 되어 있었다. 계단은 대부분 거실로 사용하는 위층까지 연결되어 있었다. 유적을 살펴보면 물을 상당히 기술적으로 사용했다는 것을 알 수 있다. 특히 덮개를 씌운 하수시설 그리고 수세식 화장실은 물론 많은 방에서 배관이 있다는 것은 아직도 놀라운 일이다. 티라가 에게해의 폼페이로 불리는 것은 당연하다. 로마의 폼페이처럼 티라의 집들도 잘 보존되어 있다. 도우마스는 화산재 구멍에 석고를 부어 작은 책상과 같은 가루를 복원했을 정도였다. 일부 역사가들이 더 흥분하는 것은 아크로티리가 폼페이보다 무려 1700년을 앞서 화산 폭발로 묻혔다는 것이다. 화산 폭발로 3400년 동안 묻혀 있던 에게 문명에서 아크로티리가 가장 완벽하게 보존된 도시라는 것을 알게 된 것이다.

일흔이 넘어서도 계속 일하던 마리나토스에게 개인적인 비극이 닥쳤다. 1974년 아크로티리의 발굴 현장에서 심장 발작이 일어나 숨을 거둔 것이다. 도우마스는 1974년 마리나토스의 죽음 이후 아크로티리의 발굴과 재건을 이끌어나갔다. 아테네대학교에서 강의하는 것에서 공식적으로 은퇴한 2001년까지 발굴 작업을 이어나갔다. 나는 아내와 손님으로 도우마스 부부와 함께 1998년 일주일 정도 아크로티리에 머문 적이 있다. 나와 여러 고고학자들에게 베푼 그들의 친절한 환대는 언제까지나 기억에 남을 것이다. 고고학적 연구를 위해 우리 부부는 아크로티리에 있는 뮤즈의 별장(House of Muses)에 살았다. 바다에서 부드러운 바람이 불어와 방을 가득 채웠고 커튼을 흩날리게 했다. 수천 년 전 티라도 그랬을 것이다. 그날 밤 우리의 꿈속으로 바다의 향기가 전해왔다.

미노아 함대를 파멸시키다

1939년 만해도 많은 사람들이 마리나토스가 너무 앞서가고 있다고 생각했을지도 모른다. 그러나 그는 단순히 티라의 폭발과 미노아 문명 사이에 있을 수 있는 거대한 영향을 파악하는 데 있어서 비이성적으로 비약하진 않았다. 남쪽으로 110여 킬로미터 떨어진 크레타의 거대한 섬에서 발굴 작업을 벌이던 고고학자들이 북쪽 해안에서 미노아의 주된 항구였던 암니소스 항구 시설을 발견했다. 현장을 이해하는데 있어서 가장 도전적인 인공물이 나타났다. 바로 파멸된 함대였다. 이는 당시 티라의 폭발로 인해 해일이 일어난 것이다. 티라의 화산 폭발은 해저에서 엄청난 지진을 동반했을 것이며 이로 인한 거대한 해일은 미노아 함대를 마치 성냥개비처럼 부숴버렸을 것이다. 미노아가 에게해를 지배할 수 있었던 것은 이 막강한 해군력 때문이다. 정치·무역·군사적인 차원에서 이러한 지배력은 이른바 제해권이라고 바다에 대한 지배였다. 이러한 결론은 마리나토스가 1939년에 생각한 사고의 연장이라고 할 수 있다. 그러나 이러한 이론을 뒷받침할 만한 증거가 부족했다. 대재앙에 대한 또 하나의 다른 증거가 아크로티리에서 발견됐다. 이 사건의 핵심은 에게해 주변에 있던 미노아 해군의 파멸이었다.

마리나토스는 크레타에서 암니소스의 고대 항구 시설을 일부분 발굴했으며 이 마을에서 많은 양의 화산 부석도 찾아냈다. 티라에서 도망치던 미노아 사람들은 하늘에서 비처럼 떨어지는 공기방울로 채워진 아주 가벼운 화산석인 부석을 모았을지도 모른다. 부석의 일부는 티라의 흔적을 따라 바다 위를 떠다녔을 것이다. 몇몇 학자들은 최근 암니소스의 신전에 있는 의식용 용기에 부석이 담겨 있었다고 주장했다. 이는 티라의 화산 폭발에 대한 두려움을 종교적으로 다뤘다는 것을 내포하고 있다. 티라의 폭발이 미노아 문명을 완전히 끝낸 것은 아니다. 그러나 그 폭발이 결국 한 세기만에 미노아가 멸망하는 데 있어 결정적인 원인이 됐을 가능성이 높다.

티라의 파멸은 고대 역사에 있어 가장 극적인 자연 참사 가운데 하나였음이 틀림없다. 티라에 대한 다양한 학회에서 많은 학자들은 거대한 화산 폭발의 힘이 핵폭탄의 위력을 넘어설 정도였다고 주장했다. 그들은 폭발의 힘이 굉장히 커서 그 소리가 멀리는 지브롤터해협과 남쪽으로는 중앙아프리카 그리고 북쪽으로는 스칸디나비아까지도 들렸을지 모른다고 주장했다. 바람을 타고 수백 킬로미터를 날아가 떨어진 낙진에 대한 이야기는 문헌에도 잘 기록돼 있다. 재의 '그림자'는 높은 고도에서 부는 제트기류를 타고 동쪽으로 수백 킬로미터를 이동하면서 지금의 터키인 아나톨리아를 포함해 동지중해 전역에 화산재를 뿌렸을 것이다. 크레타 동부 지역은 수십 센티미터 깊이의 재가 덮였다. 부석은 4층 건물 높이와 비슷한 약 12미터 높이로 24킬로미터 떨어진 아나피 섬을 완전히 덮었다. 해일은 얼마 지나지 않아 이스라엘 해변을 덮쳤을 것이다. 그곳에 있는 부석으로 보자면 해일의 높이는 6미터 정도였을 것으로 짐작된다. 화산 폭발로 일어난 해저 지진은 항구를 비롯해 수백 킬로미터 떨어진 낮은 해안 도시를 쉽게 덮쳤을 것이다. 또한 순식간에 해상 활동에 엄청난 손실을 입혔을 것이다. 이것으로 해상무역의 기반은 완전히 무너졌을 것이다. 그래서 미노아 문명이 부분적으로 자연재해로 인해 제기능을 발휘하지 못했다는 마리나토스의 주장은 결코 사실과 동떨어진 이론이 아니다.

아크로티리의 프레스코벽화

예술은 종종 풍부한 문화생활의 연장이거나 부와 여가의 표현이다. 그러나 예술은 한 문화의 창의적인 열정만큼 호화롭지는 않다. 예술은 때로 인생과 종교에 대한 시각적인 정보들을 통해 문화의 가치들을 표현하곤 한다. 만약 우리가 예술을 재구성하고 해석할 수 있다면 잃어버린 도시로부터 그 문화에 대해 훨씬 깊이 이해할 수 있을지도 모른다.

아마 아크로티리에서 이루어진 발굴 가운데 가장 중요한 발견은 많은 벽에 남아 있는 미노아의 프레스코일 것이다. 아직도 아크로티리의 많은 집들은 바닥부터 천장까지 자연과 일상생활의 장면들로 가득 찬 미노아 스타일의 다채로운 프레스코로 장식되어 있다. 아크로티리는 미노아 예술이 가장 많이 남아 있다. 폼페이와 같이 화산 폭발로 인한 재에 완전히 묻힌 뒤 버려진 도시가 됐기 때문이다. 자취를 감춘 이 미노아 예술은 무려 3400년이 지난 1968년이 돼서야 다시 빛을 볼 수 있게 됐다. 다양한 색채의 프레스코는 아름다운 미노아의 삶을 묘사하고 있고 티라 사람들이 얼마나 자연을 사랑했는지를 보여준다.

웨스트 하우스 5번 방의 프레스코는 몇 가지 놀라운 예들을 보여준다. 이는 이집트와 나일강으로부터 영감을 받은 것 같은 이국적인 상상을 포함해 이집트와 교역을 했다는 것을 뒷받침하는 좋은 증거가 된다.

예사롭지 않은 동물들, 그 가운데 일부는 그리핀 같은 신화 속의 동물들이 야자수가 있는 강가에서 서로 뒤쫓고 있다. 옆에 있는 어부의 프레스코는 젊은 남자가 참치를 두 손에 들어 올리고 있다. 1983년 도우마스에 따르면, 가장 중요한 아크로티리의 프레스코는 역시 이 방에 있는 소함대(Flotilla) 그림이다. 미노아 함대의 선박들이 한 항구에서 다른 항구로 열을 지어 가는 모습이다. 이 프레스코에서 배에 대한 세부적인 묘사가 뛰어나 청동기 시대의 선박 건조와 항해에 대한 많은 것을 알려준다. 베타 1번 방 벽에는 권투하는 어린이들 모습이 있다. 검은 머리를 땋은 소년들이 우아하게 스파링을 하고 있다. 같은 방의 대각선 벽에는 여섯 마리의 영양이 묘사되어 있다. 자유로우면서도 원숙하게 그

아크로티리의 유적에서 발견된 프레스코 벽화 '사프란을 따는 사람들'.

려져 있어 추상적이면서도 완벽에 가까울 정도로 자연스럽게 보인다. 베타 6번 방의 그림 속에는 파란 원숭이가 신나게 뛰어놀고 있다. 이것은 19세기 이후 멀리 떨어진 적도 부근 동아프리카에서 파란 원숭이가 보고되기 전까지는 상상의 동물로 여겨진 경우다. 이런 장관을 이루는 그림들은 그런 동물들을 보여줄 수 있다는 차원에서 티라가 놀랄 만치 큰 부를 소유한 곳이었다는 것을 말해준다.

제스트 3의 3번 방에는 사람들이 가장 큰 프레스코 중 하나를 완성하기 위해 아직도 1000여 개의 작은 석고 파편들을 붙이며 열심히 작업에 열중하고 있다. 이것은 불가사의하고도 놀라운 것으로 '사프란을 따는 사람들(The Saffron Gatherers)'이란 그림이다. 아마도 봄과 풍요를 상징하는 여신에게 사프란을 제물로 올리면서 경배하는 모습을 보여주고 있다. 며칠 동안 나는 예술품 관리위원들이 작은 석고 파편들을 붙이며 몇 시간 동안 일하는 모습을 볼 수 있었다. 절대 끝나지 않을 것 같은 어려운 퍼즐을 맞춰가며 완벽한 조화를 만들어냈을 때 환희의 외침이 들렸다.

우리가 티라 사람들에게 큰 친밀감을 느낄 수 있는 고대 예술품 가운데 걸작은 델타 2번 방에 있다. 이것은 완벽하게 보존된 상태로 '봄(Spring)'이라고 알려진 가장 아름다운 프레스코 가운데 하나다. 이 방의 벽은 화산 분출물이 지표면에 노출된 노두(露頭)에서 피어난 한 무리의 백합을 뒤덮여 있다. 그 위 하늘에는 제비가 날고 있다. 이 새는 요즘도 깊은 칼데라 위의 섬 절벽 근처에서 급강하하곤 한다. 프레스코에는 백합 위를 우아한 날개 짓을 하며 하늘을 배경으로 원을 그리고 있는데 구애와 짝짓기 의식 속에서 장난스럽게 춤을 추는 것처럼 보인다.

나는 파란 바다가 수평선을 삼킬 것만 같은 절벽의 가장자리에 서서 프레스코에 그려진 제비와 같은 제비들이 아찔할 정도로 높은 곳에서 춤을 추며 급강하하는 것을 보았다. 나는 제비의 비행을 보면서 크레타섬에 얽힌 다이달로스(Daedalos)와 이카로스(Icarus)에 대한 그리스 신화를 떠올렸다. 아크로티리의 프레스코 벽화들은 티라 사람들이 자연의 힘이 그들의 도시를 끔찍하게 파괴시키기 오래전부터 자연을 관찰하며 숭배했고 사랑했다는 것을 보여준다.

이집트와의 교역

아크로티리의 품격 높은 예술이 있을 수 있었던 이유는 무엇일까? 간단히 말하자면 아크로티리와 미노아가 두 문화의 상호 이익을 위해 이집트와의 교역량이 엄청났다는 것에서 찾을 수 있다. 이에 대해선 이집트와 크레타 그리고 티라에 남아 있는 예술에서 그 증거를 찾을 수 있다. 아크로티리 웨스트 하우스 5번 방의 벽화에는 이집트 나일강이 그려져 있다. 이 그림에 나오는 오리와 청둥오리는 이집트에서 볼 수 있는 것이다. 전통적인 나일강 모습이 담긴 이집트 그림들은 많이 존재한다. 그 대표적인 것이 티라가 파괴된 지 몇 세기 뒤 이집트 테베에 있는 네바문의 분묘에서 발견된 벽화들이다.

특히, 기원전 약 1550년에서 1450년 사이 제18왕조 때로 추정되는 테베에서 발견된 무덤 벽화에는 바다를 가로질러 이집트까지 온 미노아 상인들을 묘사한 장면이 있다. 예를 들어 미노아 사람들이 레크미어(Rekmire)와 센무트(Senmut)의 무덤 벽화에 그려져 있는데 그들은 크레타에서 배를 타고 두 나라의 종교 모두 숭배한 황소 머리를 만드는 재료를 비롯해 다른 상품을 가져오는 장면이 있다. 미노아 사람들이 이집트의 벽화에서 발견되는 것뿐만 아니라 이집트 사람들도 미노아의 예술품에 등장한다. 예를 들어 미노아 크노소스의 보석 프레스코에는 이집트 양식의 보석을 걸친 '아프리카인'이 등장한다. 미노아 사람들은 아마도 이집트에서 케프티우(Keftiu)로 알려져 있었을 것으로 짐작되며 이는 크레타를 염두에 두고 일컫는 것으로 확실히 에게해나 동지중해 섬을 가리켰다.

그러면 이집트와 아크로티리 또는 미노아 사이에 무역이 이루어졌다는 실질적인 증거는 무엇이 있을까? 에게해는 이집트가 원하는 것 가운데 어떤 것이 있었을까? 이 질문은 좀 복잡하다. 그러나 예술이 잘 설명해준다. 대신에 우리는 기원전 18~15세기 무렵 크레타섬에서 사용한 것으로 알려진 선형 A문자와 선형 B문자로 쓰여진 점토 서판으로 교역의 세부 사항들을 구체적으로 알 수 있다. 무역이 이루어진 것은 몇 가지 서로 다른 것에서 확인되고 뿐만 아니라 고대 이집트 단어에서도 나타난다.

앞서 언급한 것처럼 이전 왕조시대인 기원전 3000년 이전 가장 오래된 섬록암으로 만든 이집트의 돌 용기가 기원전 2100~1550년 미노아 시대의 크레타섬에서 발견됐다. 그런데 이 섬록암은 매우 독특하며 이집트에서는 풍부하게 생산되지만 크레타섬에는 없는 것이다. 피터 워렌과 다른 학자들은 미노아 현장에서 발굴된 이 용기들에 대해 연구했는데 이는 이집트의 섬록암으로 만든 것으로 보인다.

반면 부유한 이집트는 에게해로부터 수입할 정도로 필요한 상품이 크게 없었던 거 같다. 미케네의 고고학자 신시아 쉘머다인(Cynthia Shelmerdine)이 설득력 있게 보여줬듯이 확실히 초기의 '그리스' 상품은 올리브오일과 직물이었던 것으로 보인다. 그리고 매우 도발적인 아이디어이긴 하지만, 이집트에서는 거래가 됐지만 생산되지 않고 오직 에게해에서만 생산된 아주 가치가 큰 암석이 있었다. 수천 년 동안 이집트의 석조산업 종사자들은 조각, 건축, 보석과 부적 등을 만드는데 아주 단단한 돌을 이용했다. 이집트인들이 비용을 지불하면서까지 수입한 돌은 바로 에머리(강옥)였다. 여러 가지 석재를 다듬는데 사용한 어떤 다른 돌보다 에머리가 더 단단했다. 모스경도에서 다이아몬드 다음으로 단단한 것이 에머리다. 이집트에서 자연적으로 발견되는 돌 가운데 단단한 것이 규암과 조립현무암인데 이보다 훨씬 단단하다. 에게해의 보물이라고 할 수 있는 에머리는 당시 티라와 외교적으로 가까이 접촉했거나 아니면 지배받았을 가능성이 높은 에게해의 낙소스에서만 나온다. 내가 티라의 현장에서 저장시설을 발굴해봤을 때, 낙소스 동쪽에 위치한 청동기 시대의 항구 마우트사우나에서 아크로티리를 포함해 다른 곳으로 에머리를 배에 실어 보낸 것이었다.

　몇 년 동안 이집트 학자들은 에머리가 프톨레마이오스 왕조(기원전 300~기원전 47) 때까지 이집트에 들어오지 않았다고 말해왔다. 당시에는 지금 에머리(emery)의 어원인 smeris로 썼다. 하지만 나는 몇 년 전 기원전 약 1450년 무렵 투트모세 3세 때의 문헌에서 이국적인 수입 돌로 되어 있는 ysmerii라는 단어를 찾았고 에머리에 대한 논쟁은 쓸데없게 됐다. 아직도 잠정적이긴 하지만 논리적으로 가능한 시나리오는 다음과 같다. 만약 티라가 낙소스의 에머리를 독점하고 이집트와의 교역을 관리했다면, 이집트는 그것을 수입하기 위해 높은 비용을 지불했을 것이다. 에머리는 이집트 건축과 예술에 쓰이는 무수 많은 석재들을 다듬는데 도움이 됐다. 화강암과 규암 같은 단단한 석재를 조각하고 광을 낼 수 있는 도구는 에머리뿐이었다. 이 에머리 때문에 티라가 높은 수준의 예술이 가능하지 않았을까?

중기 청동기 시대와 티라의 파멸

지금도 역사가들과 고고학자들 사이에서는 연대 구분과 왜 중기 청동기 시대가 지중해에서 끝났는지에 대한 문제를 놓고 논쟁을 벌이고 있다. 중세 미노아 문명의 모호한 끝 그리고 후기 청동기 시대의 시작이라고 언급한 문헌에서 그 연도는 대략 기원전 1550년이었다. 이 연도를 이집트의 갑작스러운 중기 왕조의 끝과 새로운 왕조의 시작과 연결하려던 노력은 매우 힘든 작업이었다. 이집트 역사에서는 이를 기원전 1700년에서 기원전 1550년 사이의 이 시기를 제2의 중간기라고 부른다. 그러나 새롭게 인정하고 있는 티라 파멸의 초기 연대인 기원전 1620년 무렵은 이 두 연대 중간에 정확히 맞아 떨어진다. 모호한 중기 청동기 시대의 끝과 후기 청동기 시대의 시작 연대에 대해 일부 학자들은 기원전 1700년 무렵으로 규정하기도 한다.

어쨌든 만약 기원전 1620년 무렵에 일어난 티라의 파멸을 여기에 적용해 본다면 고대 문화가 급격하게 변화한 것에 대한 실마리를 찾을 수 있을 것이다. 이것은 특별히 에게해 세계에서 딱 들어맞는데 그것은 이집트와 미노아의 역사와 맞아떨어지기 때문이다. 더구나 모순점이 많다기보다 오히려 물질문명에서 나타나는 주목할 만한 변화를 더 잘 설명해주고 있다. 이 시기에는 누구도 특히 이집트인조차 망망대해를 탐험하려는 시도를 하지 않았고 하는 방법도 몰랐다. 그래서 티라의 파멸로부터 초래된 해일로 크레타의 미노아와 아크로티리는 항구와 배 등 해상의 장점들을 크게 잃은 것이 확실하다. 이 가정이 맞는다면 에머리와 같은 상품에 대한 독점권을 잃고 이집트와 팔레스타인 사이의 해상무역에 대한 지배권도 잃었을 것이다. 이런 불리한 상황은 여러 세대에 걸쳐 영향을 주었을 것이다. 연대를 연결하는 것은 굉장히 어려운 문제가 있다. 역사가 베넷(J. G. Bennet)은 티라의 파괴와 동지중해로 퍼진 화산재로 인해 초래된 어둠을 출애굽기에 묘사된 이집트의 전염과 연관 지으려고까지 했다. 크레타섬에서 작업한 유명한 그리스 고고학자 N. 플라톤(Nikolaos Platon, 1909~1992)은 수십 년 전 과연 티라의 영향에 대해 언급한 이집트 문헌이 있는지에 대해 의문을 품었다.

태양은 완전히 덮였고 한 사람에게도 비추지 않았다. 태양이 구름 뒤에 가려진 이상 삶은 더 이상 불가능했다. 태양신은 그의 얼굴을 돌려 인간을 외면해버렸다.

보통 홍수 예측이 가능한 나일강 유역에서부터 깊은 남쪽까지 안정된 이집트에서 티라의 폭발로부터 초래된 두꺼운 화산재 구름은 삶과 농업에 필요한 햇빛을 감소시켰을 것이며 일시적인 재앙일 수 있다. 그러나 아직 고고학자들과 역사가들이 그리스 본토의 미케네와 미노아의 섬 문화의 계승자들이 조심스럽게 다시 바다로 모험을 시도해 지중해를 다시 장악하는 일은 일어나지 않았다. 이곳의 해상권은 페니키아 상인들에게 이어졌다.

티라는 과연 전설의 아틀란티스인가

플라톤은 서로 다른 오래된 신화를 대충 꿰맞추려고 했을지도 모르며 아틀란티스는 티라라고 증명된 적이 없을 것이다. 그러나 그러한 연결은 학문적으로 계속 연구해볼 가치가 있다. 아크로티리만으로 추정해볼 때 티라섬의 거대한 부는 특히, 화산 폭발로 섬이 가라앉기 전 중요한 미노아의 창고였다고 생각하면 그리 놀라운 일은 아니다. 아크로티리의 여러 층으로 된 집들로 구성된 아크로티리의 마을과 아름다운 프레스코 그리고 이집트와의 교역에서 독점권을 행사한 에머리 등을 연결 짓는다면 그 어느 때보다 아크로티리와 티라를 잘 이해할 수 있다.

주변의 육지를 면밀하게 관찰하면서 자신의 아이디어를 증명하기 위해 몇 년을 기다린 뒤인 1967년 마리나토스가 현장 조사에서 처음 흥분하며 마음이 들떴던 아크로티리의 발견은 결코 우연이 아니라는 것을 보여줬다. 섬을 가로지르며 바람에 날리는 미세한 재를 보면서 그는 자신이 훗날 역사에 과연 어떻게 기억될지 궁금했을 것이다. 그는 인내심이 컸다. 1939년 그의 아이디어가 비웃음을 받고 1967년 아름다운 점토 용기가 발굴되기까지 길고도 느린 시간을 생각하며 마리나토스는 웃음을 지었다. 결국 그는 웃을 수 있었다. 아크로티리가 화산재 아래에서 수천 년을 기다려 왔는데 자신의 질문에 답하기 위해 몇 십 년 정도를 못 기다리겠는가?

인류 진화의
열쇠

Hundstadt

Gemünden

Wilh...

Neubach

Niederlauken

Rod

Oberlauken

Merzha...

Altweilnau

Neuweilnau

10

Ibach

F. Landstein

Hundstall

Treisberg

Finsterthal

Brombach

Mauloff

Hoffweil

503

Forst Ober...

...eubach

Schmitten

1959년, 동아프리카 올두바이 협곡

　루이스 리키(Louis Leakey, 1903~1972)와 매리 리키(Mary Leakey, 1913~1996) 부부는 인류의 선조를 찾기 위해 노고를 아끼지 않았다. 적은 지원금으로 하루하루를 겨우 넘겨가며 주목을 받거나 성과를 낸 적도 없이 몇 십 년 째 동아프리카에서 궁핍한 생계를 간신히 이끌어 나가고 있었다. 그만큼 헌신적이지 않았다면 그들은 이미 그 일을 포기했을 것이다.

　그러나 1959년 6월 17일 모든 것이 달라졌다. 루이스가 아파서 매리는 홀로 일하고 있었다. 매리는 가능성이 있다고 판단한 새로운 길을 데스 바틀렛(Des Bartlett, 1927~2009)과 같이 갔다. 바틀렛은 지역 카메라맨으로 영국이 의뢰한 사파리 여행 관련 프로그램을 제작하는데 진기하다는 이유로 발굴 장면을 찍고 싶어 했다. 그들은 뼈와 석기 유적이 풍부한 움푹 꺼진 땅 올두바이를 걷고 있었다. 이곳은 두 계곡이 교차하는 곳과 가깝고 이 지역에선 코론고(Korongo)라고 불린다. 두 사람은 걸어서 루이스가 FLK라고 이름 붙이 이제까지 발굴하지 않은 장소를 탐사했다. 최근에 내린 비에 흙과 먼지가 씻겨내려 물체들이 생생히 드러났다. 매리와 같은 고고학자들은 비가 내리면 유적들의 표면이 얼마나 분명히 드러나는지 경험을 통해 빠르게 배운다. 현무암과 석회암이 섞여 있는 이곳 FLK 또한 마찬가지이다. 예리한 관찰력을 가진 매리가 비에 씻겨 내려간 올두바이 끝자락의 지면을 보며 걸어가고 있을 때 무언가가 그녀의 관심을 끌었다. 그것의 비에 토양 표면이 씻겨 내려 드러난 두꺼운 돌기모양의 두개골 조각이었다. 매리는 두개골의 치아로 봤을 때 다른 영장류가 아니라 바로 유인원이라는 것을 알아챘다. 그곳에는 수많은 뼈들이 파묻혀 있었다. 이 발견은 그녀의 경력에서 중요한 발견이 됐다.

매리는 곧바로 캠프에 있는 남편 루이스에게로 숨쉴 틈도 없이 뛰어갔다. 루이스는 아팠음에도 불구하고 벌떡 일어났다. 그들은 함께 다시 FLK로 뛰어가 조심스럽게 유인원의 두개골들을 발굴하기 시작했다. 발굴 과정은 동행한 카메라멘 바틀렛에 의해 필름에 담겼다. 두개골의 발견부터 발굴하는 세세한 과정 모두가 필름에 남겨질 수 있었다. 루이스는 약간 실망했다. 그는 후기의 인간 유골을 찾고 있었고 어쩌면 자신이 아니라 매리가 발견한 것이기 때문이었다. 그는 동아프리카를 뜻하는 아라비아어 zinj과 사람을 뜻하는 anthropus를 합쳐 그 자리에서 이 유인원을 진잔트로푸스(Zinjanthropus)라고 이름 붙였다. 그러나 종의 이름에 리키의 몇 안 되는 후원자 가운데 한 사람인 찰스 보이세이(Charles Boise)에게 경의를 표하는 뜻에서 진잔트로푸스 보이세이(Zinjanthropus Boise)라고 그의 이름을 덧붙였다. 호기심을 가지고 보고 싶어 하는 사람들에게 얼마 지나지 않아 범아프리카회의 아프리카 고고학 섹션에서

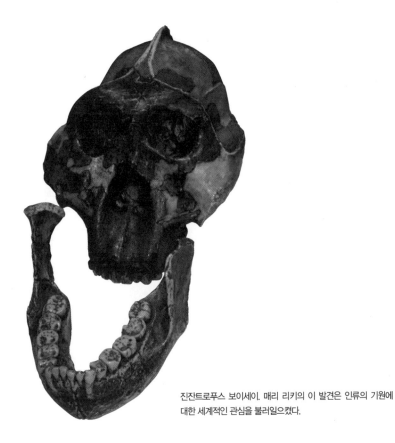

진잔트로푸스 보이세이. 매리 리키의 이 발견은 인류의 기원에 대한 세계적인 관심을 불러일으켰다.

공개됐다. 진잔트로푸스 보이세이는 텔레비전을 비롯한 언론의 주목을 받았다. 어느 누구도 그들의 발굴에 대해 의심할 수 없었다. 발견에서부터 모든 과정이 필름에 담겼기 때문이다. 진잔트로푸스에 관한 뉴스는 곧 국제적으로 저명한 과학 학술지인 〈네이처(Nature)〉에 '오스트랄로피테쿠스 속(屬) 원인 발견'이라는 내용으로 크게 보도됐다.

이 발견을 처음부터 끝까지 촬영한 것을 계기로 다큐멘터리 제작의 중요성이 새롭게 인식됐다. 다큐멘터리는 과학에 목마른 세계에 엄청난 호소력을 지니게 됐다. 이제 발견하는 과정을 텔레비전으로 생생하게 지켜볼 수 있게 된 것이다. 행운의 상황이 그들의 삶을 완전히 바꿔 놓았다는 것을 인식한 루이스 리키는 현명하게 처신했다. 당시 이러한 미디어의 가능성을 어느 누구보다도 잘 자본화시켰다. 뒤에 새로운 칼륨아르곤(K-Ar) 연대측정법은 이 두개골이 발견된 지역이 170만 년 전 인류의 조상이 살던 지역이라는 것을 입증했다. 이러한 화석에 대한 고생물학적 발견으로 리키는 과학계의 유명인사가 되었고 내셔널지오그래픽협회로부터 충분한 지원을 받게 됐다. 이로 인해 리키라는 이름은 학계의 각광을 받을 만큼 급속히 유명해졌으며 훗날 루이스의 호모 하빌리스(Homo Habilis, '능력 있는 사람'이란 뜻으로 도구를 만들어 쓴 최초의 인간을 뜻한다—옮긴이) 발견을 포함해 지속적인 연구가 가능하게 됐다. 그러나 인류의 선사 문화 전문가인 브라이언 페이건 교수가《옥스퍼드 고고학 사전(Oxford Companion to Archaeology)》에서 인정했듯이 "진잔트로푸스 보이세이는 인류 기원에 대한 연구의 전환점"이었다.

아웃 오브 아프리카

'아웃 오브 아프리카(Out of Africa)'는 그저 연관성이라고는 전혀 없는 이론상의 용어가 아니며 또한 영화 제목으로 소설에나 있을 법한 개념도 아니다. 당신이 거리에서 마주치는 보통 사람에게 '아웃 오브 아프리카'라는 말이 뜻하는 바가 무엇인지 사람마다 다르겠지만 여기서 말하는 것은 바로 '인류의 아프리카 기원설'이다. 아프리카 대열곡에 위치한 올두바이 협곡 근처에서 인류의 조상에 관한 발견이 역사를 영원히 바꿨는지에 대한 몇 가지 이유가 여기 있다.

인류의 기원에 대한 중요한 질문은 올두바이 협곡에서 그 답을 찾게 됐다. 그리고 계속된 연구는 이를 확인해주고 있다. 지질학과 판구조론이라는 차원에서 볼 때 아프리카의 대열곡대는 인류 기원의 자취를 추적하기에 아주 이상적인 곳이다. 이 근처에서 자란 루이스 리키와 그뒤 그의 가족들은 아프리카에서 인류의 조상을 찾을 개척자로 적합했다. 사실 리키 가족은 종종 '인류 기원을 밝힌 최초의 가족'으로 불린다. 앞서 언급한 바와 같이 리키 부부의 1959년 진잔트로푸스 보이세이의 발견은 세계를 깜짝 놀라게 했고 인류의 기원과 관련한 전 세계적인 관심을 아프리카로 돌렸다. 리키 부부에 이어 1974년 도널드 요한슨(Donald Johanson, 1943~)이 에티오피아에서 '루시(Lucy)'를 찾아냈고 루시가 초기의 '인간'인 오스트랄로피테쿠스에 속한다는 것을 증명했다.

이 이야기는 복잡해서 처음부터 쉽게 이야기하기 어렵다. 그러나 모든 것이 유기적으로 연결되어 있고 지난 몇 세기에 걸쳐 탐구됐기 때문에 마침내 20세기 초중반에 그런 성과를 낼 수 있었다고 할 수 있다. 인류의 기원을 둘러싸고 상당히 최근에 이루어진 발견에 대한 이야기는 우리 역사의 다른 발견들만큼이나 흥미진지하다.

동부아프리카를 가르는 협곡은 깊은 곳이 100미터가 넘는다. 그 협곡의 한 구역은 올두바이라고 이름 붙여졌다. 협곡을 가로질러 수백만 년이 넘게 지속된 지질학적인 힘에 의해 바위들이 점차 갈라지고 오랜 세월에 걸쳐 침식됐다. 눈에 보이지 않을 정도로 느리게 진행된 분리 과정에서 이러한 경계가 아프리카의 지질학적 구조 단위를 나눈다. 아마도 수백만 년 전 이 분열은 그렇게 크지 않았을 것이다. 그래서 당시 도구를 만들기 시작한 우리의 선조들이 살면서 사냥했을 것이다. 그들은 지금의 호랑이나 사자보다 훨씬 맹렬하고 날카로운 이빨을 가진 거대한 야수들에게 잡혀 조각조각 찢겨 먹이가 되기도 했을 것이다. 이러한 유인원 선조들의 뼈들이 이 협곡에 묻혀 화석이 됐다.

주변의 동부 아프리카처럼 올두바이 협곡 또한 화산 활동 지역이었다. 화산 폭발로 분출된 용암이 갈라진 표면을 가로질러 흐르면서 화석화된 뼈들을 덮기도 했다. 이러한 것들 가운데 어떤 것은 규토(silica)로 변하기도 했다. 이러한 초기 사냥꾼들의 생김새가 어떠했을지 상상해본다면 지금의 인간과 같은 모습이라고 생각하기 어려울 것이다. 그들은 높은 밀도의 뼈로 된 긴 팔을 가졌고 엉덩이와 무릎 관절은 직립하기에는 적합하지 않았다. 그러나 달리는 속도는 비상할 정도로 빨랐을 것이다. 털로 완전히 덮여 있지 않았다 해도 현대의 인간보다 더 많아 신체를 보호할 수단이 되었을 것이다. 겉모습은 이미 다른 영장류들과 구별될 정도로 달랐을 것이다. 그들의 두개골은 침팬지나 고릴라와 매우 다른 형태이다. 덜 튀어나온 이마로 인해 더 큰 전뇌(forebrain)를 가지고 있었다. 그러나 아직 낮은 지적 능력보다 더 빛나는 것은 눈이었다. 그들은 만만치 않은 적들로부터 살아남아야 했다. 자신들을 지키기 위해 손보다 더 나은 무기와 도구를 찾아야 했다. 그들은 경험을 통해 손에 쥔 돌이 손보다 강하다는 것을 알게 됐다. 손에 쥔 돌이 자연의 적에 저항할 수 있는 힘을 준 것이다. 그래서 그들은 주위에 널린 자연적인 것들을 이용하기 시작했다. 갈라진 돌의 예리한 단면으로 나무를 자를 수 있다는 것을 알게 되고 이것은 그들의 삶을 덜 험난하게 해줬다. 그들은 다른 야생동물이 그렇듯 불을 두려워했다. 그러나 언젠가부터 불을 이용하기 시작했다. 번개가 일으킨 불을 이용할 수 있는 그 마법과 같은 순간까지 호기심을 가지고 조금씩 접근했다. 이러한 점진적인 과정 어딘가에서 이 인류의 조상들은 우리가 인간이라고 할 수 있을 만큼 진화하게 됐다.

왜 인류의 기원이 중요한가

인간의 기원에 대해 물으면 어떤 사람들은 종종 그 문제가 복잡하거나 알려진 것이 없다는 걱정 때문에 종교적인 논쟁으로 돌려버릴 것이다. 오래된 도그마를 의심 없이 받아들인 상황에서 새로운 진정한 답을 찾는 것은 받아들이기 어려운 일일 수도 있다. 그러나 우리가 과연 누구이며 어떻게 발전했으며 어떻게 진화했는가를 이해하는 것은 보다 깊은 인간적 경험의 일부분이다. 우리가 이런 질문들을 숙고하지 않는다면 아마도 완전한 인간이라고 할 수 없을 것이다. 완전한 인간이 된다는 것은 계속해 지성적으로 어려운 질문에 대한 답을 찾는 것을 의미하는 것이기 때문이다. 가능한 대답이라는 것은 상상 가능한 범위 내에서 가장 오래된 때로부터 비롯돼야 하기 때문이다. 쉽게 이야기하자면 특히, 우리가 아주 오래전에 일어난 사건들의 역사를 쉽게 알 수 없기 때문이다.

우주 그리고 우주의 한 부분 속에 우리가 살고 있다는 것에 대해 부정하는 다른 생각은 종교의 관점에도 불구하고 언제나 있었다. 처음부터 샤머니즘의 주술사, 성직자, 예언자들이 사람들이 찾고자 하는 답을 알고 있다고 사람들이 아주 쉽게 믿은 것은 아니다. 르네상스 시대에 이루어진 과학적인 발전들 그리고 이어진 계몽주의는 인간의 역사와 선사시대에 대한 보다 많은 정보를 찾는 것은 우리에게 단지 받아들이는 문제가 아니라 필수적인 일이라는 것을 보여주었다.

기원전 3세기 사모스의 아리스타르코스(Aristarchos, 기원전 310?~기원전 230?)가 처음 지동설을 주장했지만 16세기 코페르니쿠스(Nicolaus Copernicus, 1473~1543)에 의해 태양계에서 지구의 실제적인 위치에 대한 인식을 변화시켰고 천문학계에 새로운 혁명을 일으켰다. 이를 계기로 지질학과 그 외 분야들도 기존의 역사를 부정하는 급진주의적 해석을 내놓기 시작했다. 그러한 해석들 가운데 우주와 지구의 역사가 기독교에서 말하는 기원전 4004년보다 훨씬 이전이라는 것도 포함되었다. 그러나 현대과학의 시작부터 비롯된 과거에 대한 대부분의 기본적인 생각은 인간은 창조된 것이 아니라 진화한 것이고 과도기적인 단계에서 탄생했다고 볼 수도 있다는 것이다. 아담과 이브는 더 이상 인간의 시작이 아니고 그들이 우리와 닮지 않았을 가능성도 있다고 생각하기 시작했다. 그들은 초기의 유전적 부모를 총칭하는 일종의 세트였다.

케임브리지대학교를 졸업한 찰스 다윈(Charles Robert Darwin, 1809~1882)은 1871년 《인간의 유래(The Descent of Man and Selection in Relation to Sex)》라는 책에서 아프리카가 인간의 기원일 수 있다는 가설을 세웠다. 인간의 진화를 연구하는 앤 기번스(Ann Gibbons)는 2006년 다윈의 가설에 대해 이렇게 말했다.

다윈이 아프리카에서 인류가 기원했다고 생각한 것은 동물의 왕국인 이곳에 침팬지와 고릴라 같이 인간과 가장 가까운 계통들이 살고 있다는 것을 알았기 때문이다. 그래서 그는 "우리의 초기 선조들이 다른 곳보다 아프리카에 살았을 가능성이 더 높다"라고 했다. 그러나 다윈은 "이러한 주제를 추론하는 것은 쓸모가 없는 일"이라고 인정했다. 인간과 비슷하지만 멸종된 유럽형의 유인원 또한 진화해 인간이 되었을 가능성이 있기 때문이다.

유인원이 인간의 조상일 수 있다는 다윈의 발상은 당시 보수적인 학자들에게 커다란 충격을 주었다. 하지만 올두바이 협곡을 그토록 중요하게 만든 것은 초기 진화에서 잃어버린 연결고리를 찾는 연구에서 매우 부족하던 증거들을 풍부하게 제공해줬기 때문이다.

네덜란드의 의사이자 해부학자인 유진 뒤보아(Eugene Dubois, 1858~1940)는 아시아에서 잃어버린 연결고리를 찾았는데 1891년 인도네시아에서 자바원인(Java Man)이라고 널리 알려진 불완전한 뼈의 잔해를 찾아냈다. 그는 직립원인, 피테칸트로푸스 에렉투스(Pithecanthropus Erectus)로 명명했지만 현재 호모 에렉투스(Homo Erectus) 범주에 속한다. 뒤보아는 각계로부터 비난을 받았다. 그는 증거를 조작했으며 뒤에 철회했다고 주장하는 반진화론자에게 여전히 공격의 대상이 되고 있다. 그러나 부당한 일이며 사실이 아니다. 이것은 초기 인류의 발견과 함께 처음으로 다윈의 이론을 입증한 것에 대해 그가 치른 대가라고 볼 수 있다.

루이스 리키 이전만 해도 당시의 고생물학자들은 필요한 증거를 찾기 위해 아프리카를 탐사하는 것이 드물었다. 레이몬드 다트(Raymond Dart, 1893~1988)와 소수의 학자들이 아프리카를 초기 인류를 연구하는 장소로 삼았을 뿐이다. 유명한 자연인류학자이자 해부학자인 다트는 1924년 이미 남부 아프리카에서 석회암에 묻혀 있던 유명한 타웅 베이비(Taung baby)라는 화석화된 오스트랄로피테쿠스 두개골을 발견했다. 그가 오스트랄로피테쿠스 아프리카누스(Australopithecus Africanus)라고 이름 붙인 새로운 인류 조상의 발견은 학계에서 받아들여지지 않았다. 또한 말할 것도 없이 다윈을 비방하는 종교 집단으로부터도 공격받았다. 다트의 놀라운 발견은 요행, 변칙적 사건 또는 화석 잔해에 대한 잘못된 해석이라는 소리를 들었다. 스코틀랜드 출신의 그의 동료 고생물학자 로버트 브룸(Robert Broom, 1866~1951)은 이런 비평과 비난에 저항했다. 그는 남부 아프리카에서 다트와 합류해 수십 년 동안 별로 알려지지 않은 채 일했다. 그러나 그는 보다 많은 오스트랄로피테쿠스 화석 파편을 찾아낸 학자 가운데 한 사람이다. 치과 의학 쪽에 밝았던 다트는 다른 영장류와 원인(hominoid, 사람과 비슷한 동물)의 차이점을 치아에서 지적해냈다. 초기 원인은 그들의 친척이라고 할 수 있는 영장류에 비해 날카로운 송곳니가 별로 발달하지 못했다. 대신 무언가를 씹어야 했기 때문에 앞니와 어금니들이 더 작았다. 부분적인 이유는 음식물 때문이다. 다른 이유는 다윈이 세운 이론처럼 송곳니의 역할을 대신하는 돌로 된 도구의 사용에 적응했기 때문이다. 그래서 치아 구조는 신뢰할 만한 증거이다. 다트와 브룸은 아래턱과 유양돌기 등 모두를 매우 중요한 자료로 여겼다. 그러나 다윈의 진화론에 살을 붙이기 위해서는 더 많은 증거들이 필요했다. 아프리카는 진화론과 관련한 연구를 하는 동료들에게 적합한 장소로 여겨졌다. 그러나 그 위치와 인류가 기원한 장소 그리고 그에 대한 세부적인 것을 파악하기 위해 일반적인 이론에서 벗어나 구체적이고 신뢰할 만한 고생물학 작업으로 연결하기 시작한 지 얼마 안 되었을 때였다.

올두바이 협곡에서 인류의 기원을 추적하다

다윈은 대륙을 가로지르는 대열곡대와 같은 지질학적 지식이 없었지만 가장 먼저 도전한 사람 가운데 한 명이었다. 판구조론은 오늘날 널리 인정되는 지구과학의 일반적인 원리지만 다윈의 연구는 한 세기 정도 이전에 나온 것이다. 남부 아프리카와 남부 아메리카 대륙을 맞붙이면 들어맞는다는 다윈의 생각은 훗날 루이스 리키를 포함해 아프리카가 인류의 기원이라는 것에 대한 전조가 됐다.

이미 언급했듯이 판구조 경계와 같이 대열곡대의 지질은 아시아와 아프리카 판이 서로 떨어져나가는데 영향을 받아 갈라지는 정도가 심했다. 대서양의 판 경계의 화산대처럼 하나 또는 두 대륙판의 화산 활동을 동반하는 열곡대들은 지구의 얇은 표면을 깊이 통과한다. 동부 아프리카의 올두바이 협곡은 수백 만 년 넘게 계속된 오랜 지질학적 변화의 자취가 남은 바로 그런 장소이다. 이 열곡대는 몇몇 현상에 의해 형성됐다. 그 가운데 하나인 판 경계가 천천히 무너지는 열곡지대에서는 깊이 묻혀 있던 침전물과 층의 경계가 점차 드러나게 된다. 이런 지질학적 활동이 없었다면 결코 볼 수 없었을 것이다. 그래서 올두바이 협곡 같은 지구대에서 화석들이 많이 발견된다. 지구대의 지질에는 흑요석이 자주 생긴다. 원인 또는 인간들은 화산 활동으로 생긴 흑요석이나 현무암 같이 도구를 만들 수 있는 돌을 찾아 나설 것이다. 흑요석은 인공유리와 매우 비슷하게 조개껍데기 모양으로 쪼개진다. 아주 예리해

자르는 것은 물론 무기로도 사용할 수 있다. 흑요석은 가치가 높은 필수품이 됐다. 올두바이 협곡은 흑요석이 풍부하기 때문에 초기 원인들이 이곳으로 모여들었다. 그리고 협곡을 가로지르는 저지대에서 물이 발견됐다. 흑요석을 무기로 동물을 사냥할 수 있었으며 협곡이라는 지형을 이용해 맹수를 유인해 죽일 수도 있었을 것이다.

경험을 통해 얻은 돌에 대한 지식을 생각하지 않고 초기 원인을 과소평가하는 것은 큰 잘못이다. 젊은 루이스 리키가 아프리카 지구대 낮은 절벽에 묻힌 흑요석 파편들을 주목한 것은 대단한 선견지명이었다. 그러나 리키는 지구대 구멍에서 물이 솟아나는 환경에서 자랐다. 그래서 풍부한 물과 야생의 삶과의 또 다른 연관성을 찾아보려고 노력했던 것 같다.

인류의 조상을 찾아 나선 루이스 리키

1995년 루이스 리키의 전기인 《선조에 대한 열정(Ancestral Passions)》을 출간한 버지니아 모렐(Virginia Morell)은 동부 아프리카 케냐에서 자란 리키의 유아기와 청소년기에 대해 상세히 언급했다. 부모가 모두 영국인 선교사였던 그는 키쿠유족 지역에 살면서 어린 시절 그곳에서 뛰어다니며 놀았다. 그래서 리키는 그곳이 너무나도 친숙했다. 소년 시절 처음으로 화석을 찾아낸 일은 그에게 지워지지 않는 열정을 만들어주었다. 그래서 자연과학 궁극적으로는 과거 인류의 삶을 연구하는 고생물학에 대해 열정을 품고 평생을 매달렸다. 아마도 어린 시절 백인인 자신의 가족과 키쿠유족 사람들 사이의 공통점과 차이점을 발견하고 많

루이스 리키. 그와 그의 가족은 인류의 기원을 찾는데 있어 큰 공헌을 했다.

이 당황했을 것이다. 그는 선교사인 부모로부터 아담과 이브 같은 성경에 나오는 이야기들을 들었다. 그러나 수천 년 동안 얼마나 많은 인간들이 공통 혈통이라고 여기는 선조로부터 다양하게 갈라졌는가에 대해서 당시 다른 사람들보다 더 많이 생각해야만 했다.

어린 리키에게 아프리카는 자연이 살아 숨 쉬는 교실이었으면 지성을 불태우는 실험실이었다. 영국인인 그는 삶의 문화적 양식을 비교해 볼 때 너무나 복잡하게 얽힌 행동 규범과 금기가 있는 다양한 부족과 씨족의 관계들의 다채로운 복잡성 그리고 인간의 다양성에 대해 일찍부터 깊이 생각하게 됐다. 그는 영국 케임브리지대학교에서 인류학을 공부했다. 그는 경험적인 차원에서 볼 때 아프리카에 대해 어쩌면 교수보다도 더 많이 알고 있었다고 할 수 있다. 아프리카에서 자랐기 때문에 리키는 영국보다 아프리카가 훨씬 더 편안하게 느껴졌다. 선교사 가족의 아이들에게 '외국'은 그들이 자란 곳이 아니라 부모의 국가를 의미한다. 그는 다른 학생들과 달리 케임브리지대학교에서 추진하는 세계에서 가장 엄격한 프로그램 가운데 하나에 참여할 수 있다고 생각했다. 다윈의 도전적인 연구가 빛나는 이론으로 보이기 위해서는 그에 대한 입증이 필요하다고 생각했다. 그래서 자연스럽게 그의 뿌리가 있는 아프리카로 돌아갔다. 그곳에서 리키는 다윈의 진화론에 살을 덧붙일 수 있었으며 삶의 경험을 지식과 연결시켰다. 물론 역설적이지만 루이스 리키는 1966년 아프리카에 대한 탐사 연구는 초기 인류를 찾기 위한 것은 아니라는 발언을 했다.

젊은 학생인 나는 아프리카에서 초기 인류를 찾는데 시간을 낭비하지 말라는 말을 들었다. 모든 사람들은 초기 인류가 아시아에서 시작했다고 알고 있었기 때문이다.

1929년 초반 케임브리지대학교를 졸업한 뒤 어린 시절부터 자신이 너무나 잘 알고 있는 자연 그대로의 아프리카로 돌아온 스물여섯의 리키는 케냐의 카리안두시에서 돌로 된 도구라고 생각한 것들이 많이 있는 것을 본 적이 있었다. 이 돌들 가운데 흑요석과 그와 관련된 화산 활동으로 생긴 도구 잔해들이 많이 포함돼 있었다. 그래서 그는 이 카리안두시에서 탐사를 시작하는 것이 좋겠다고 판단했다. 이른바 화산유리인 흑요석은 그때나 지금이나 돌 도구로 가장 적합하다.

리키의 고생물학 박사 학위는 어린 시절부터 케냐와 탄자니아에 사는 동안 관찰해왔던 것들이 주된 내용이었다. 그는 어린 시절부터 예리한 눈을 기를 수 있는 자연의 땅에서 살았다. 다른 이들이 놓친 오래전 선사시대 인간의 삶을 예민한 감각으로 쫓을 수 있었다. 그가 태어난 동부 아프리카에서 인류의 조상을 탐사하기에 역사상 가장 완벽하게 적합한 사람이었다고 할 수 있다. 다른 이들은 말라버린 강바닥의 수많은 돌들이 특별할 게 없었지만 리키는 오래전 인류의 조상들이 사용하던 돌 도구가 그 가운데 보였다.

매리 리키는 처음엔 루이스 리키가 현장에서 찾은 것들을 그릴 미술가로 합류했다. 리키는 이혼이라는 사회적 명예의 추락에도 불구하고 첫 부인인 프리다(Frida)와 헤어지고 매리와 재혼했다. 매리 리키는 사실 루이스보다 더 뛰어난 고고학자이자 고생물학자였다. 그녀는 물질적 증거를 다루는데 아주 신중했고 지루한 발굴 작업을 잘 견뎌냈다. 그녀 덕분에 엄격하고도 필수적인 과학적 검증을 받을 수 있는 가능성을 제공할 수 있었다. 그녀는 루이스를 비전이 있는 스승으로 항상 신뢰했다. 이미 설명했듯이 다윈의 진화론에 타당성을 부여했고 세계의 주목을 받은 오스트랄로피테쿠스 속의 증거인 진잔트로푸스 보이세이를 처음 발견한 것은 매리였다.

1930년대부터 적은 지원금과 어려운 환경에서도 지루한 연구를 계속해온 리키 부부는 1950년대에 이르러 문제의 올두바이의 대열곡대에서 대륙 확장 판구조에 의해 갈라진 고대 호수 바닥에서 인류의 조상을 찾는 작업에 집중했다. 매리 리키는 유원인과 인류의 공통 조상의 하나라 여겨지는 새로운 프로콘술(Proconsul) 영장류 화석을 몇 년 전 이미 찾아낸 터였다. 약간의 주목을 받긴 했지만 제대로 된 규모의 현장 연구를 진행하기 위한 충분한 지원을 끌어내는 데는 역부족했다. 매리의 발견은 과학계의 관심을 끌었다. 이 또한 인류의 기원에 대한 연구가 바로 자신들이 해야 할 일생의 작업이며 끝내 그 결실이 있을 것이라는 루이스의 확고부동한 확신이 없었다면 불가능했을 것이다. 루이스는 인류의 기원에 대한 대중의 관심과 호기심이 무엇인지 똑똑히 잘 알고 있었다. 또한 이 연구를 통해 다른 사람들에게 어떻게 감명을 줄지에 대해서도 잘 알고 있었다. 1959년 매리 리키의 진잔트로푸스 보이세이의 발견 뒤 내셔널지오그래픽협회가 지원하는 연구비로 리키 부부는 이전에 단지 이론에만 머물렀던 것을 증명하는데 성공해 그들이 매달렸던 수십 년 동안의 노력과 비전이 결국 결실을 맺게 됐다.

인류의 기원을 탐사한 최초의 가족

리키 가족은 75년이 넘도록 '인류의 기원을 탐사한 최초의 가족'으로 인정받고 있다. 리키 가족이 이룩한 업적으로 인해 고생물학과 화석인류학은 존경받는 분야가 됐으며 이 분야로 학생들을 끌어들였다. 새로운 발견이 기하급수적으로 늘어남에 따라 학생들은 나중에 관련 학계에 몸담게 됐다. 1960년대 초반부터 루이스 리키는 공개적인 연설과 강연 등 대중의 관심을 모으고 지원금을 더 받기 위해 집중하면서 새로운 연구들을 계속해 나갔다. 현장 연구에서 루이스와 매리는 서로의 부족한 점을 보완해주었다. 루이스는 더 큰 청사진을 그리며 끈기 있고 열정적이었던 것에 비해 매리는 좀더 세심했으며 세부적인 사항들을 잘 챙겼다. 그리고 비전과 열정을 가진 침팬지 동물학자인 제인 구달(Jane Goodall, 1934~)과 그녀만큼 고릴라 연구에 헌신한 다이안 포시(Dian Fossey, 1932~1982)가 루이스의 영향으로 그들의 연구를 시작했다. 리키 부부가 연구하는 그 사이 태어나 현지에서 자란 자녀들 가운데 장남 조나단(Jonathan Leakey, 1940~)은 투르카나 호수 지구대 현장에서 큰 성과를 냈으며 둘째인 리처드(Richard Leakey, 1944~) 또한 중요한 호모 에렉투스인 호모 에르가스테르(Homo Ergaster)를 발견하기도 했다. 리처드는 나중에 고고학과 고생물학 연구를 그만두고 동물보호에 앞장섰다. 그러나 리처드의 아내 미브(Meave Leakey)는 수십 년 동안 아프리카의 현장에서 연구를 진행하며 리키 가족의 위대한 업적을 이어 나갔다. 미브와 함께 일하는 아들 루이스 리키(Louise Leakey, 1972~)를 포함해 리처드와 미브의 자녀들은 더 오래된 새로운 원인의 발견으로 인류의 기원을 찾는 가문의 전통을 계속 이어나가고 있다. 리키가 이 분야에서 그 누구보다 많은 일을 했다고 주장하는 것은 옳지 않다. 그러나 한 왕조처럼 보이는 리키 가문이 이룩한 탁월한 업적으로 인해 점점 더 많은 사람들이 인류의 진화를 받아들인 것은 분명하다. 리키라는 이름은 초기 인류의 기원 연구에 항상 따라다니며 영원히 지속될 것이다.

루시는 오스트랄로피테쿠스

다른 고생물학의 개척자들도 올두바이 협곡을 비롯해 래토일, 쿠비, 포라 등 다른 많은 아프리카의 대열곡대에서 리키의 발자취를 밟았다. 이제 유명한 이름이 된 도널드 요한슨, 팀 화이트(Tim White, 1950~),

니콜라스 토스(Nicholas Toth)는 초기 인류와 석기 기술의 극적인 발견과 함께 계속된 영장류 연구로 깜짝 놀랄 만한 영장류의 관계를 증명해냈다.

1974년 11월 30일 도널드 요한슨은 아마도 가장 극적인 발견 가운데 하나라고 할 수 있는 고생물학적 발견을 이뤄냈다. 1970년 고령이된 루이스 리키를 만난 적이 있는 도널드 요한슨은 에티오피아 북동쪽 아파르 지역에서 같은 아프리카 대열곡대 북쪽으로 멀리 떨어진 곳에서 생물인류학자인 팀 화이트를 비롯해 연구자들과 함께 작업 중이었다. 그의 팀이 162지역이라고 간략하게 이름 붙인 하다르 사막의 화석이 풍부하게 묻힌 이곳에서 요한슨은 완전한 화석 유골을 발견했다. 이것은 최초의 완전한 해골 화석이며 여성으로 보였기 때문에 대단히 위대한 발견으로 세상의 주목을 끌었다. 이 여성 해골은 원래 '하다르 표본(Hadar Specimen) AL288-1'이라 기록됐지만 다정하게 '루시'라는 이름을 붙였다. 그리고 루시의 종(種)인 오스트랄로피테쿠스 아파렌시스(Australopithecus Afarensis)는 가장 초기의 원인으로 인정받았다. 그러므로 루시는 320만 년에서 350만 년 된 것으로 리키가 이전에 발견한 오스트랄로피테쿠스 속보다도 훨씬 오래된 것이었다.

1994년 고생물학은 팀 화이트의 오스트랄로피테쿠스 라미두스(Auralopithecus Ramidus)의 발견으로 새로운 경계로 확장되었다. 이 발견은 380만 년 전으로 추정될 수 있다. 이는 최초의 인류 조상이 다른 영장류들과 분리된 지 얼마 지나지 않았을 때다. 연결고리는 더 필요 없게 됐고 우리 인류는 기록되지 않은 시간으로 되돌아갈 수 있는 한 가장 멀리까지 갈 수 있게 됐다.

리키 가족은 다윈의 증명되지 않은 발상을 진지하게 받아들여 그것을 뒷받침할 수 있는 필수적인 증거를 내놨다. 그래서 오늘날까지 획기적인 것으로 남아 있는 인류의 진화를 대중적으로 받아들이도록 하는 데 큰 공헌을 했다. 우리는 언제나 지적인 두뇌에만 만족하지 않는 리키와 같은 새로운 사람들을 응원할 준비가 되어 있어야 한다. 선구자들은 엉덩이를 붙인 채 가만히 앉아 있는 것이 아니다. 많은 사람들에게 불편을 줄지도 모를 모험과 탐험을 하는 경향이 강하다. 발견에서 개척자란 쉽게 나오는 것이 아니다. 그들은 고되고 힘든 교육과 훈련이 필요로 하며 쉽게 될 수도 없다. 리키의 발견과 같은 중요한 발견들은 종종 이전 시대에 이루어진 지적인 투자가 결실을 맺는 것이다.

우연한 발견일지라도 누군가는 그것의 중요성을 인식하며 또한 아무리 상세한 증거가 있어도 무시당할 수 있다. 무엇을 살피고 어디를 봐야 할지를 아는 사람이 충분한 증거를 확보하고 다른 사람들을 설득하려면 오랜 시간이 걸릴 수 있다. 그러나 새로운 발견은 결국 새로이 나타난 지식의 경관 위에서 완전히 새로운 조망을 보여줄 것이다. 최근의 발견들은 그 자체만으로도 미래의 발견에 촉매제가 될 것이다. 그래서 아직 쓰이지 않은 흥미 진지한 인류의 선사시대와 역사를 이해하는 새로운 장을 열 것이다. 우리는 호기심을 가지고 아프리카의 강바닥에 도착한 초기 인류의 후손들이다. 그들은 손을 뻗어 돌 주워 감싸 쥐었다. 그 순간 손과 정신을 영원히 변모시켰다. 돌은 더 이상 돌이 아니라 도구가 됐다.

리키의 며느리와 손자인 미브와 루이스는 특히 이제까지 가장 오래된 인류의 조상을 찾았을 가능성이 있고 이를 조심스럽게 400만 년 전으로 추정하고 있다. 최근 루시가 발견된 아파르 지역에서 추가로 발견한 오스트랄로피테쿠스 속은 루시보다 10만 년 정도 빠른 원인일 수 있다. '루시의 딸'이라 불리는 2000년에 발견된 여자 아이 해골도 포함돼 있다. 만약 수백 만 년 뒤 태어날 그녀의 자손일 가능성이 있는 후예와 닮은 점이 있다면 나이나 생년월일을 밝히기 꺼리는 루시가 볼 때는 상당히 오래된 나이다. 루시와 루시의 딸 사이의 나이 차이가 말이다.

중국 최초의 제국을
세우다

Hundstadt

Laubach

Gemünden

Niederlauken

Rod

Oberlauken

Merzha

Altweilnau

Neuweilnau

10

bach

Hundstall

Treisberg

Finsternthal

Brombach

Manloff

Dorfweil

Forst Oberem

eubach

Schmitten

1974년, 중국

중국 중부 쌀쌀한 초봄의 어느 날. 옅은 안개가 맴도는 리산산은 옅고 흰 바다 위에 떠 있는 것 같았다. 쌀쌀한 날씨에 우물을 파기 위해 무리의 농부들이 주의 깊게 살피며 넓은 산시 언덕 아래에서 조심스럽게 땅을 팠다. 가장 가까운 지하수면이 어디인지 알아내는 것은 다소 위험이 따를 수 있다. 그러나 그들은 농사에 더 많은 물이 필요했다. 봄비가 내리지 않았고 강의 수위도 낮고 가물었다. 1974년 봄은 잔인할 정도로 가문 해였다. 멀리 떨어진 베이징에서 온 관리가 그들에게 할당한 우물 파기는 그야말로 참혹할 지경이었다. 농부들은 불평을 토해냈다.

농부들은 그렇게 힘들게 일하면 등이 염증으로 빨갛게 달아오를 것을 알면서 삽과 곡괭이로 단단한 땅을 파내려 갔다. 구덩이는 점점 깊어졌다. 처음에는 무릎 정도의 깊이가 차츰 깊어져 허리까지 됐고 해질 녘에는 어깨 정도까지 팠다. 그들은 지하수면을 찾기 위해 더 깊이 파야 했다. 다음날은 흙이 습기를 먹어 파기가 한결 쉬웠다. 마침내 개처럼 짖어대며 소리치는 관리의 발아래에 농부들의 밀짚모자를 볼 수 있을 정도가 됐다. 4미터 정도 팠을 때 좀더 단단한 무언가가 걸리자 작업을 잠시 멈췄다. 삽과 괭이의 날에서 강하게 '쩅그렁'하는 소리가 들렸다. 그와 동시에 다른 두 농부의 괭이질에 커다란 구멍이 생겼다. 거의 동시에 벌어진 두 가지 일은 현장에 있던 모두의 주목을 끌었다. 관리는 바로 내려와 구멍을 살폈다. 이상하게 생각한 관리는 농부들에게 단단한 것이 튀어나온 주위의 흙을 파라고 호통을 쳤다. 그리고 다른 농부에게 어두운 구멍 안을 살펴보기 위해 전등이나 횃불을 가져오라고 명령했다.

한 농부가 흙을 걷어냈고 다른 농부가 그 주변을 더 깊게 팠다. 흙을 모두 제거했을 때 그들은 깜작 놀랐다. 그것은 어깨와 그 아래에 몸통이 연결돼 있는 사람 모습의 머리였기 때문이다. 농부들은 미신을 믿었다. 관리는 사람이 아니라 조각상일 뿐이라고 불안해하는 농부들을 안심시켰다. 우물 파는 작업이 지연되자 관리는 초조해졌다. 두 명의 농부에게 이것이 무엇인지에 대해 알아오라고 시켰고 다른 농부들에게는 계속 땅을 파라고 명령했다. 농부들은 곧 다른 사람의 실물과 똑같은 형상을 발견했다. 농부가 전등을 가져왔다. 관리가 어두운 구멍 안을 비추자 움푹 꺼지고 어두운 갱도에 일정하게 줄을 맞춰 정렬한 형상들이 나타났다.

관리는 놀랐다. 빨리 우물을 파야 했지만 작업이 느려지고 못하더라도 이 형상들이 무엇인지 확인하고 싶은 호기심을 포기할 수 없었다. 그는 어쩌면 보물일지도 모른다고 생각했다. 그는 이 일을 상사에게 어떻게 보고하고 당국자에게 왜 작업이 늦어지는지 어떻게 설명해야 할지 난감했다. 그러나 우물을 파는 작업을 완료해야 할 마지막 날까지도 보물은 못 찾았다. 심지어 우물 파는 일을 돕기 위해 온 다른 지역의 농부들까지 지하갱도를 뒤졌다. 이 인물상들은 작업하던 농부들보다 30센티미터 정도 컸다. 일부 형상들은 그대로 서 있었으나 대부분은 옆으로 또는 뒤로 서로 기대고 있었다. 며칠에 걸쳐 이 상들에 묻은 흙을 깨끗이 씻어내자 농부들은 오래전의 군복을 입은 모습이라는 것을 알 수 있었다.

관리는 보물이 아니라서 실망했다. 하지만 우물 파는 작업이 미뤄진 다음날 바로 당국에 이 사실을 알렸다. 그의 상사들이 현장을 방문해 고대 군인 복장을 한 많은 형상들을 직접 봤다. 그들은 농부들이 유물이 나온 현장을 절대 건드리지 말고 멀리 떨어진 다른 곳에서 우물을 파라고 지시했다. 마침내 베이징에서 고고학 관련 당국자들이 현장으로 왔다. 고고학자들과 관련 관리들은 갱도 속의 도용들을 보았을 때 너무나 놀라 흥분을 억누를 수가 없을 지경이었다. 그들은 군인들의 복장 등으로 살핀 결과 적어도 2000년 전의 유물로 한나라 이전의 것들이라고 추정했다. 우물을 파다가 처음 이 도용을 발견한 농부들은 곧 다른 곳에서 우물 파는 작업을 시작했다. 그러나 그들은 유물이 나온 현장을 자주 찾았다. 그들은 신기하기도 했으며 자랑스러움을 느꼈다. 고고학자들은 리산산 언덕 아래 이 현장을 특별지역으로 표시하고 발굴 작업에 착수했다. 이 지역은 고대 중국의 진나라와 이 위대한 제국이 어떻게 시작됐는지에 대한 기존의 견해를 완전히 바꿔 놓았다. 이곳은 수많은 행렬의 테라코타 동상들로 이루어져 있기 때문에 곧 병마용(Terracotta Army)으로 불리게 됐다. 처음 발굴을 시작한 고고학자조차 이 테라코타 동상들의 내막에 대해선 알 수 없었다.

진시황릉의 병마용은 무엇을 의미하는 것일까? 진시황제는 중국 최초의 통일 제국 진나라를 세웠다.

앞서 언급했다시피 현대에 이루어진 고고학적 위대한 발견들은 우연하게 발견됐다. 즉 알려진 유물이나 기념물을 발견하기 위해 몇 년 동안 노력한 전문가들이 발견한 것이 아니라 유물의 중요성에 대해 아무것도 모르는 아마추어들이 발견한 것이다. 우연하게 유물과 유적을 발견한 사람들은 그들의 발견이 역사에 얼마나 큰 영향을 끼칠지에 대해서는 잘 모를 것이다.

병마용의 발견은 얼마나 중요한 것인가? 그리고 어떤 상황들이 역사를 다시 쓸 정도로 커다란 영향을 주는 것인가? 병마용이 발견된 이 지역은 고대 수도인 시안의 근처로 규모로는 세계에서 가장 큰 왕릉이며 또한 한 왕릉에서 가장 많은 유물이 출토된 곳이다. 그야말로 셀 수 없을 정도로 많은 유물들이 지금까지도 고스란히 보관되어 있는 지역이다. 부분적으로는 왕릉이 건축된 특별한 방법 때문에 그 안에 있는 유물들이 고스란히 남아 있다. 이 무덤은 중국인들이 알려진 것보다 더 이전시기에 기술, 특히 야금술에 있어서 대단한 기술을 가지고 있었다는 것을 보여준다. 심지어 이전에는 알려지지 않은 것으로 역사 초기 무술의 세부적인 형상까지 증명해주었다. 수천 개에 이르는 흙으로 만든 상, 즉 테라코타 전사들은 놀랍게도 각자 모두 다른 모습을 하고 있다. 이는 10개에 이르는 나라가 나눠 지배하던 전국시대를 하나로 통일한, 중국 역사상 진정한 의미의 통일제국이라는 것을 보여주기 위함이다. 이 놀라운 창조물들을 만든 진나라의 황제는 또한 과감하고도 엄격한 제도를 수립해 훗날 중국 사회에 엄청난 영향을 미쳤다. 그 무덤은 진 왕조에 이어 다시 중국을 통일한 한 왕조가 중국 문화의 개화기에 진의 제도를 고스란히 이어받았는지를 이해하는데 도움을 주었다. 무덤에서 나온 유물들은 그 수가 방대하고 놀라울 정도로 정교하기 때문에 이 유적은 다른 유적들보다 중국 고고학 연구에 커다란 영향을 주었다.

중국 최초의 통일 제국

중국은 오랜 역사를 가진 나라로 그 역사는 8000년보다 훨씬 오래전인 쌀을 재배하는 벼농사의 시작과 마지막 석기를 사용한 신석기시대까지 거슬러 올라간다. 초기 중국 역사의 많은 부분은 신화에 가려져 있다. 중국 최초의 황제는 서양의 기준에서 보자면 기원전 2000~1800년에 해당하는 시기로 상나라(은나라)의 왕으로 '황제(黃帝, Huangdi)'라

칭했다. 그러나 이러한 발견이 있기 전까지만 해도 부족 국가들 사이에 싸움이 끊이지 않았던 중국을 하나의 국가로 통일한 기원전 200년 무렵의 한나라 이전에 중국의 거대한 영토를 다스린 진정한 왕조가 있었다는 결정적인 증거는 없었다.

아시아 지도를 보면 중국이 다른 아시아 지역이나 서양과는 독립적으로 발전할 수 있었는지를 알 수 있다. 수천 년 동안 오직 아주 작은 변화만을 허락한 자연적인 성벽이 있는 지형은 다른 문화들로부터 고립된 독립적인 문화를 형성할 수 있는 놀라운 증거를 보여준다. 중국은 북으로는 몽골의 고비사막 같은 사막으로, 동쪽은 태평양인 바다로, 서쪽은 히말라야와 같은 산맥들로 둘러싸여 있다. 일부 산맥은 7000미터가 넘는 눈으로 덮인 수백 개의 봉우리들이 있다. 그리고 평균 4500미터가 넘는 티베트고원이 있는데 세계의 주요 산맥들보다 높은 고도에 위치하고 있다. 이러한 고립된 지형으로 인해 다양한 미스터리가 비밀로 유지될 수 있었던 신비스러운 땅 중국이 오랜 기간에 걸쳐 서양에 잘 알려지지 않은 것은 별 이상한 일이 아니다.

이러한 산들의 동쪽에서부터 언덕과 계곡을 따라 서쪽으로 흐르며 큰 강줄기를 형성한다. 양쯔강과 황허강은 수천 년 동안 교통과 운송 수단으로 이용됐다. 산시성에 있는 시안 근처 린퉁의 병마용갱이 중국의 거대한 통로라고 할 수 있는 두 개의 강 사이에 위치한 진나라 중심에 만들어졌다는 것은 우연이 아니다. 거대한 물줄기와 그 물줄기를 통제하는 일은 광대한 중국 영토를 지배하는데 아주 중요한 일이기 때문이다. 그렇기 때문에 시안의 지리적 위치는 중국의 진정한 최초의 황제로 하여금 다양한 지역 국가들을 하나의 국가로 통일해 제국이 될 수 있는

진시황제는 중국 최초의 통일 제국 진나라를 세우고 초대 황제가 됐다.

기회를 제공했다. 오늘날 시안 지역은 중국에서 가장 중요한 고고학적 유산의 본산이다. 시안에서 43킬로미터 떨어져 있고 웨이허와 인접한 이 지역은 사실 7000~8000명의 동상들이 있기 때문에 과장된 표현이지만 1만 명의 전사 무덤으로 불린다. 중국의 이 '최초의 실제 황제'는 그의 백성들과 미래 세대에게 잊지 못할 인상을 주고 싶어 했다.

모든 사람들이 세세한 내용에 모두 동의하는 것은 아니지만 황릉의 주인은 진시황제(秦始皇帝, 기원전 259~기원전 210)이다. 그는 6개의 나라를 멸망시키고 중국을 통일해 최초의 제국을 세웠다. 이 최초의 실제 '황제'는 다양한 이름이 있다. 초기에 그는 정진(政秦) 또는 '진의 호랑이'로 불렸는데 나중에는 주로 진시황제 또는 시황제로 불렸다. 중국 역사상 '황제'란 호칭은 신화 속의 나라인 상나라 이후에 불리기 시작한 명칭으로 국왕을 총칭하는 말이라고 할 수 있다. 진시황제는 기원전 246년 그가 쉰이 되는 해부터 210년까지 약 36년 동안 통치했다. China라는 호칭이 파생될 수 있었던 진(Qin) 왕조를 출발시켰다. 진나라와 다른 지역의 문헌을 통해볼 때 진시황제는 매우 빈틈없고 무자비했을 뿐만 아니라 정치적으로는 사려가 깊은 것으로 묘사됐는데 전체주의적인 법을 만들어 중국 사회에 많은 변화를 가져왔다. 이 새롭고 가혹한 법들의 대부분은 중앙집권에 관한 것으로 필수적이었으며 통일 왕국을 가능하게 해줬다.

이 거대한 무덤으로 인해 역사학자들은 중국 초기 왕국의 역사 그리고 어떻게 이 최초의 제국이 성공할 수 있는지에 대해 이제는 이해할 수 있게 됐다. 진시황제가 만든 법의 일부는 여전히 보존돼 왔고 그 법들이 어떻게 실효를 거둘 수 있는지를 보여준다. 그는 제국의 건설을 지속하기 위해 조언을 해줄 수 있는 유능한 학자들과 숙련된 참모와 행정가들을 주변에 두었다. 만약 진시황제가 사람들에게 이전엔 생각하지 못했던 과감한 변혁을 추진하지 못했다면 중국의 통일은 불가능했을 것이다. 그러나 그의 목적을 달성하기 위해 적어도 8만에 이르는 가구가 고향에서 쫓겨나거나 심지어는 파괴되는 일을 당했다.

제국을 이룬 초기에는 반대 세력을 억압했고 그들을 제거했다. 이른바 분서갱유(焚書坑儒)라는 탄압책으로 개인주의를 추구하는 많은 유학자들이 그 대상이 됐는데 대부분은 죽임을 당하고 추방당했다. 그리고 그들이 쓴 책들도 개인주의와 관련된 위험한 사상을 억압하기 위해 모두 태워버렸다. 자신을 화나게 한 사람을 물론 마을 전체를 파괴해버리는 것과 같은 대량학살 등 그의 무자비한 탄압은 잔인하기도 했고 불필요한 일이었다. 진시황제는 이후 과대망상자가 된 것 같다. 교육은 허락되지 않았다. 이는 사상과 철학을 하나의 길로 통일하려는 생각의 발로였다. 국가에 대한 복종은 크게 권장됐고 미덕으로 여겨졌다. 기원전 221년 동판에 새겨진 법령에서 그와 같은 예를 찾을 수 있다.

진시황제 통치 26년 모든 국가들은 합병되어 그의 통치 아래 놓이게 됐다. 국민들은 이제 평화를 되찾았고 제왕의 위대한 업적으로 황제라는 호칭을 얻게 됐다. 그는 대신들에게 도량형을 표준화해 통일하라고 명령했다.

법과 행정제도의 표준화는 황제에게 권력이 집중되게 하기 위한 한 가지 방법이었다. 그러나 이뿐만이 아니다. 심지어 문자 표기법과 도량형 그리고 화폐를 포함해 모든 제도를 바꿨다. 진시황제가 '신민들에게 평화를 안겨준' 제왕으로서 황제 타이틀을 충분히 받을 만하다는 과장된 내용 외에도 대신들이 황제의 집권을 어떻게 도왔는지 알 수 있다. 그들은 수백 킬로미터가 떨어진 서로 다른 지역에서 각기 다르게 사용되던 도량형을 통일해 '혼란'을 제거했다. 중국은 넓고 방언이 많아 수를 세는 방법과 기호들이 서로 달랐다. 그러나 하나의 제국을 통치하는 것은 하나로 맞추는 것이다. 이러한 도량형 통일로 '혼란'을 제거해 제국의 관리들이 정확하게 인구를 파악할 수 있도 또한 세금을 징수하는 데 도움이 됐다. 제국의 가장 중요한 원천 가운데 하나인 세금은 정확한 기록이 있어야 가능하기 때문이다. 세금을 받기 위해선 먼저 정확한 인구를 파악해야 한다. 제국이 안정을 이루기 위해선 경제적 혼란은 결코 용납할 수 없는 것이다. 이러한 도량형이나 문자 표기 등이 고대 중국의 혼란스러웠던 '춘추전국시대'의 여러 나라들에 잘 전달되었다면 이는 진시황제에게 더 많은 권력을 안겨준다는 의미가 된다. 이처럼 거대한 변혁들은 고통스러웠을 것이고 저항이 없을 수 없었다. 그러나 새로운 왕조는 최초의 황제인 진시황제의 통치 아래 이러한 목표를 잔인한 수단으로 이룩했다. 그의 거대한 무덤이라는 강력한 메시지는 기원전 210년 그가 죽은 이후 이러한 권력은 결코 다시 볼 수 없을 정도로 강력했다는 것을 말해준다.

가장 거대한 무덤

진시황릉의 전체 크기는 대략 55제곱킬로미터로 샌프란시스코 면적의 절반 정도이다. 그러나 황제의 실제 무덤은 일종의 공원묘지를 연상케 하는데 5킬로미터 정도의 벽으로 둘러싸여 있다. 무덤의 봉분은 축구장 3개 크기보다 크며 가운데 높이는 14층 건물 높이로 43미터 정도이다. 확실한 것은 70만 명이 동원돼 몇 년에 걸쳐 조성됐다는 것이다. 일꾼 대부분은 죄수이거나 강제 노역자들로 그 가운데 일부는 작업에 매진하도록 거세된 것으로 알려져 있다. 왕릉 주위로 4개의 거대한 갱이 있는데 아직 다 발굴되지 않은 상태다. 한나라 때의 역사가 사마천(司馬遷, 기원전 145?~기원전 86?)에 따르면 마치 중국의 강을 본떠 무덤 속 중앙에서부터 액체 상태의 수은이 흐르도록 되어 있다고 한다. 실제로 능에 남아 있는 수은이 발굴을 방해하고 있다. 4개의 갱은 거대한 공간으로 길이가 대략 200미터이고 폭이 60미터에 이른다. 그리고 3개의 갱 안쪽에는 수천 개의 도용들이 있다. 하나의 갱에는 11개의 참호를 따라 도용들이 질서정연하게 줄지어 서 있다. 참호의 폭은 3미터 정도로 다른 갱에 대해서는 정리하기 쉽지 않다. 각 참호의 바닥에는 벽돌이 깔려 있으며 나무 지붕이 갱을 덮고 있다. 이 거대한 고분의 건설은 아마도 진시황제의 통치 초기부터 시작됐으며 완성하는데 40년은 걸렸을 것이다. 불행하게도 그의 후계자들은 그의 제국을 유지할 수 없었으며 반세기만인 기원전 206년 멸망하고 만다. 훗날 중국 당국이 위대한 역사가라고 칭송한 사마천의 자세한 기록은 무덤 축조 계획의 일부를 증명해준다.

그는 70만 명이 넘는 남자들을 그 지역으로 이주시켰다. ··· 땅을 파고 리산산의 모습을 형상화하기 시작했을 때 ··· 왕궁의 모형, 전망 좋은 탑들 ··· 또한 희귀한 가정 용품과 놀라운 물건들이 무덤을 가득 채웠다. 무덤을 축조하는 장인들은 석궁과 화살을 설치했다. 무덤을 파괴하려고 시도하는 누구에게든 즉시 쏠 수 있도록 하기 위해서다. 황허강과 양쯔강 같은 수백 개의 강과 바다를 형상화해 그것들이 흐르는 것처럼 보일 수 있도록 수은을 사용해 축조했다.

서양과 비교해볼 때 개인 무덤은 말할 것도 없고 심지어 고대의 공동묘지조차 이처럼 하나의 왕릉이 무덤 속 소장품을 그렇게 잘 보관하고 있는 경우는 찾아볼 수가 없다. 순전히 크기만 봐도 고대 페르시아의 할리카르나소스의 마우솔레움(Mausoleum)은 근처에 얼씬거리지 못할 정도다. 마우솔레움은 세계 7대 불가사의 가운데 하나로 기원전 350년 카리아의 총독 마우솔로스(Mausolos, ?~기원전 353)의 업적을 미화하기 위해서 만들어진 무덤이다. 진시황릉과 비교할 때 4분의 1 수준에도 못 미친다.

가장 많은 유물이 들어 있다

아직 다 발굴하지 않았다. 그러나 이 거대한 무덤에서 출토된 유물은 세계 어떤 무덤보다 많다. 거의 2만 점이 넘는다. 아직 조사가 끝나지 않은 유물들을 고려해볼 때 아마도 유물은 지금의 두 배 가량 될 것이다. 첫 번째 갱 하나에서만 3210개의 도용 보병들이 줄지어 서 있다. 두 번째 갱에는 1400점이 넘는 군인과 말 그리고 64점의 전차와 기갑기병과 1400점의 청동 화살촉이 발견됐다. 세 번째 갱은 가장 작은 지하 방으로 약 70점의 병사들이 있는데 대부분 장교들로 청동 전차도 같이 발견됐다. 약 7000~8000점의 도용들이 수백 점의 말과 거의 10만 점에 달하는 금속 유물들과 함께 출토됐다. 금속은 대다수가 청동이나 다른 금속의 합금으로 만들어졌다.

양호한 유물의 상태

중국의 시안은 정기적으로 내리는 비 그리고 습도가 조금 높은 온화한 기후이다. 그러나 왕릉에서 발견된 유물 대부분은 도자기로 된 것이기 때문에 보존 상태가 매우 좋다고 할 수 있다. 부분적으로는 완벽

병마용은 수천 명에 달하는 병사 동상들을 흙을 구워 만들었다.

한 배수를 위해 습기가 많은 표면에서 평균 10미터 정도 아래 묻혔다.
유물이 지금까지 남을 수 있었던 또 다른 이유는 대부분의 유물이 흙
을 구워 만든 도기이기 때문이다. 실제 크기와 같은 청동 말이 끌고 청
동 바퀴가 달린 황제의 마차를 포함해 세심한 계획 아래 준비됐기 때
문에 잘 보존될 수 있었다. 연평균 강우량이 1270~1780밀리미터인 비
교적 온화한 기후에서도 부식과 산화가 덜 진행될 수 있었다. 다른 금
속들 역시 잘 보존돼 있는데 당시 뛰어난 금속 기술의 정교함을 엿볼
수 있다. 이 도용들에 칠한 색은 거의 사라졌지만 그 형태는 원래 모습
을 간직하고 있다.

특히 테라코타가 그렇다. 수천 명에 달하는 전사의 동상들은 흙을 구
워 만들었기에 대량으로 만들 수 있었다. 찰흙은 전 세계에 걸쳐 정착

또는 농경사회 모두에서 사용된 것으로 전통적으로 깨끗한 물이 흐르는 강 주변의 주거지역에서 발견된다. 찰흙 자체는 부식이 된다. 진흙은 바위에서 떨어져 나온 파편에서 시작하지만 강을 따라 오랫동안 물과 중력의 영향을 수백 만 년이 지나면서 닳아 고운 입자로 변하게 된다. 이런 찰흙의 이중적인 성질이 중요하다. 수분을 머금은 찰흙은 부드러워서 쉽게 원하는 모양으로 만들 수 있다. 그러나 원하는 모양을 만들어 말린 다음 불에 구우면 입자들이 유리처럼 변해서 돌처럼 단단하고 내구성이 강한 도기가 되는 것이다. 그래서 무덤 속 도용들이 잘 보존될 수 있었던 것이다. 도용들의 모습을 각기 다르게 만들 수 있었던 이유이기도 하다.

청동으로 된 전차와 화살촉 역시 거의 부식이 되지 않았다. 갱을 덮고 있는 거대한 지붕은 먼저 등나무 섬유로 짜서 바닥을 만들고 그 위에 구운 찰흙으로 덮었기 때문이다. 무덤은 유물이 가능한 오랫동안 완벽하게 보존될 수 있도록 만들어졌다. 유물들의 완벽한 보존 상태를 보면 그 계획은 완벽하게 성공했다고 할 수 있다.

초기 중국의 기술

이 거대한 무덤은 당시 중국의 문화에 대해 많은 것을 알려준다. 그러나 이 이외에도 당시 기술은 놀라울 정도로 발달했다는 것을 알려준다. 예를 들어 구리와 주석의 합금인 일반적인 청동 이외에도 구리와 니켈의 합금인 백동 그리고 코발트와 크롬 등이 있다. 이처럼 당시의 발전된 야금술은 이 무덤이 축조되고 불과 얼마 지나지 않아 한나라에서 기록한 것과 완벽하게 일치한다. 기록에 따르면, 원하는 색과 원하는 소리 등의 각기 다른 기준에 따라 여섯 종류의 청동이 있었다. 만약 은이 들어가지 않지만 은의 색깔을 원한다면 진나라가 만든 주석청동 합금이 있다. 이 합금은 모든 사람을 속일 수 있을 만큼 은과 똑같은 색을 낸다. 이렇게 뛰어난 야금술도 무덤 속에 있는 물건들에 대해 사마천이 말한 '경이로운 물건들' 가운데 일부에 불과하다.

중국이 구리와 주석을 이용해 처음으로 청동을 만든 것은 아니다. 그러나 서양에서는 만들지 못한 강력한 청동을 만들어냈다. 청동은 보통 구리 85퍼센트와 주석 15퍼센트의 비율로 만든다. 그러나 중국의 초기 청동을 보면 종종 주석의 비율이 22퍼센트를 넘을 때가 있다. 구리의 녹는점은 약 섭씨 1080도이고 주석의 녹는점은 섭씨 230도이다. 때문에 구리가 녹는 온도에서는 주석은 타서 증발해버려 많이 넣을 수가 없는 것이다. 중국은 긴 주입구가 있는 원형의 틀 안에 녹은 상태의 주석을 부어 증발할 수 없게 봉한 다음 구리를 부어서 합금을 만들었다고 추정한다. 서양에서는 몰랐던 합금 방법을 통해 은처럼 보이며 오래가는 청동을 만들 수 있었던 것이다.

작은 갱의 장교 도용 17점은 아직까지도 여전히 예리하고 날카로운 검을 지니고 있다. 이 검은 크롬 도금된 얇은 층으로 잘 덮여 있다. 크롬 도금법은 당시로는 불가능한 기술이다. 약탈당한 갱의 일부가 불에 탄 점으로 미뤄 탄소가 없는 지하 환경에서 청동 위에 크롬산이 피복된 것으로 우연하게 크롬 도금이 된 것이라고 생각했다. 그러나 설득력이 약하긴 하지만 다른 주장은 고대 중국의 야금술로 가능했다고 주장하기도 한다.

게다가 니켈이나 코발트 그리고 크롬의 녹는점은 매우 높다. 서양에서는 산업혁명에 이르러서 가능했던 온도보다 더 높다. 대게 매우 적은 양의 구리와 함께 몇몇은 자연적으로 발생할 수 있으나 이와 유사한 광물조차 서양에서는 18세기 중엽까지 발견되지 않았다. 이러한 합금은 고대 중국의 놀라운 기술력을 보여주는 것이며 오늘날 다른 어떤 고고학적 증거보다 이 거대한 무덤이 잘 말해주고 있다.

지금까지 약 1만 점이 넘는 청동 무기들이 이 무덤에서 발굴됐다. 각각의 도용들이 무기를 들고 있다. 이 거대한 갱의 일부가 기원전 206년에 도굴된 이유가 될 수 있는 이 무기들은 도굴 당시에는 실제로 사용해도 손색이 없었을 것이다. 무기들은 투창, 도끼, 창, 단도, 검, 밀낫, 석궁, 활, 방아쇠와 화살촉 등이다. 화살촉 가운데 몇 개는 독성이 강한 납을 함유하고 있어 매우 치명적이다. 또한 이 화살촉의 무게는 좀더 무거운데 석궁으로 쏘면 강한 공격력이 있다. 당시 이러한 무기는 아주 최신 무기였고 서양에서는 없던 것이다. 당시 중국 의학이 납중독에 대해 몰랐다고 해도 어쨌든 빨리 제거하지 않으면 납중독으로 치명상을 입게 된다는 것은 알았을 것으로 보인다. 기원전 200년 무렵의 이 무기들은 아주 진보된 전쟁 기술들이었다. 이것을 보면 진나라가 제국을 건설하고 그 제국을 굳건한 황제의 통치 아래 두려고 얼마나 고심했는지 알려주는 증거이기도 하다.

개성이 살아 있는 도용들

많은 사람들이 여전히 도용들의 모습이 각기 다른 모습을 표현한 것이라는 점에 의심하지만 이는 사실이다. 중국의 여러 지역의 서로 다른 민족적 특색들이 바로 이 왕릉에서 출토된 도용들의 특징과 같다. 다양한 머리 모양과 귀 모양이나 수염의 길이와 방향 그리고 군복과 고유한 색상의 문양이 서로 다르다. 이런 지역적 다양성은 약 10개의 민족들로 헤아려 볼 수 있으며 매우 분명하게 나타난다. 세부적으로 살펴보면 중국이 여러 민족이 결합된 형태라는 것이 드러난다. 남방 계열의 둥근 얼굴은 북쪽의 긴 얼굴과 섞여 있다. 또한 동쪽의 작은 눈이 서쪽으로 가면서 커지고 있다는 것도 알 수 있다. 이 다양한 도용의 모습은 너무 완벽해서 20~30개의 도용으로 이루어진 그룹 가운데 어떤 그룹도 동일한 민족이나 같은 머리모양을 하고 있지 않다. 이 도용들의 얼굴이 실제 개인의 초상이라는 이야기는 여전히 논란거리이며 많은 학자들이 앞으로 풀어야 할 숙제이기도 하다. 그러나 타당한 설명은 그 서로 다른 얼굴과 다양한 모습은 당시 중국 최초의 통일 제국인 진나라가 정복한 10개 나라의 민족을 표현하기 위한 것이라는 이야기다.

도용들의 모습을 살펴보면 비어 있는 머리는 몸통과 결합돼 있다. 그래서 그들의 몸통은 덜 다양하다. 몸통이 덜 다양한 것은 같은 군복을 입고 있는 것을 표현하려 한 것이며 다리 모양은 특색이 없고 발 크기도 거의 같다. 그러나 신발의 모양은 조금씩 다르다. 당시 문화적 전통을 확립하기 위해 개인주의가 억압받았다. 그러나 통일 제국은 다양한 나라의 결합이었기 때문에 다양한 얼굴이 나왔을 것이다. 이는 황제의 통치 아래에서 오직 한 명의 지시와 공통의 목적 즉, 통일된 군사체제를 보여주고자 한 것이다.

문헌에 없는 새로운 정보를 보여주다

몇몇 병사들을 보면 단단하게 구부린 팔과 곧게 편 손바닥 그리고 무릎을 앞으로 구부린 자세를 하고 있다. 이는 무술을 하고 있는 것으로 보인다. 무술에 대한 전통은 《손자병법(孫子兵法)》을 쓴 손자(孫子)의 철학을 통해 기원전 6세기 무렵 만들어졌을 가능성이 크다. 그러나 2세기 무렵까지 이 무술에 대한 정확한 역사는 알려지지 않았다. 이 병사들은 손에 활을 쥔 궁수의 모습도 아니며 그래서 이것을 기원전 200년 무렵 무술을 연마하는 전사라고 해석하기 어렵다는 주장도 있다. 곧게 편 손에 엄지는 안으로 접혀 있어 병사들은 손에 무기를 아무것도 들지 않았다는 의미로 해석되기 때문이다.

한나라는 왜 진나라를 따랐나

거대한 한나라는 전국시대라는 혼란 속에서 생겨난 비밀 속에 감춰진 나라로 간주되곤 했다. 그러나 이 거대한 왕릉을 통해 진시황제가 통치했다는 것이 분명한 사실로 드러났기 때문에 그 뒤를 이어 한나라가 탄생했다는 사실은 이제 대답보다 질문이 더 많은 감춰진 이야기가 아니다. 비록 그 수명은 짧았지만 전례 없이 막강한 권력을 소유했다는 것을 보여주는 진시황릉은 다음 세대인 한나라가 완벽한 중앙집권 국가를 건설하는데 큰 도움을 주었다는 것을 보여준다. 이런 중앙집권화 현상은 중국 역사 속에서 반복해 일어난다. 권력자들은 거대한 제국으로 재조직하고 황제를 중심으로 관료주의의 틀을 완성한 진시황제를 모델로 삼았다.

이후의 황제들은 진시황제로부터 배울 수 있었다. 심지어 한참 뒤에 탄생한 만주족의 청나라도 중국과 같이 거대한 국가를 통치하는데 무엇을 따라야 하는지 배웠다. 진시황의 예를 따라 청나라는 거대한 인구와 자원들을 관리하는 데 있어서 잔인한 지배를 합리화했다. 진나라의 가치와 미덕도 수 세대에 걸쳐 가르쳤다. 그래서 고대부터 현대까지 모두 볼 수 있는 질 좋은 도자기, 금속, 직물을 생산해내는 다양한 노동 인구가 점차 자리 잡게 됐다. 이렇게 형성된 인구는 세심한 계획과 징발을 통해 풍부한 농업 생산이 이루어질 수 있었다. 국가는 장인들도 지원했다. 그들은 혁신적이고 독창적인 기술을 발전시키는데 이바지했다. 중앙집권적인 국가는 언제나 치명적인 약점을 가지고 있다. 다양한 종교와 개인주의의 더 많은 희생이라는 대가를 지불해야 한다. 중국이 오랜 역사를 유지하게 된 것은 2000년도 훨씬 전 진시황제로부터 시작된 중앙집권화라는 통치자 중심의 강력한 관료주의가 깔려 있다. 중국의 창조적인 발명품인 비단과 도자기가 없었다면 서양은 어떻게 되었을까? 화약과 종이 그리고 현대 화폐의 전조가 된 신용화폐가 없었다면 서양은 어떻게 되었을까? 이 모든 것들은 잘 조직되고 운영된 국가와 황제의 기술이었다. 마르코 폴로(Marco Polo, 1254~1324)는 중국의 기술 그리고 쿠빌라이(Khubila, 1215~1294) 칸의 정복과 원나라의 경이로움을 보고 너무나 놀랐다. 충분히 이해할 만하다. 시안의 거대한 왕릉을 보고 나면 이러한 놀라운 기술들이 탄생한 배경을 더욱더 이해할 수 있다. 국가와 황제의 이익을 위해 최고의 상품을 생산하게 한 무자비한 권력 통치 아래에서 억압받았던 많은 사람들을 생각하면 더욱 그렇다. 그것이 바로 기원전 221년 무렵 진정한 의미에서 중국 최초의 통일 황제인 진시황이 추구한 것이다.

셀 수 없이 많은 병사들이 지하 무덤 가득히 열을 맞춰 서 있는 병마용은 진시황제의 강력한 권을 보여주는 '시적인 방정식'이다. 또한 중국의 미래에 대한 예측을 가능케 하는 고고학적 유물이기도 하다. 중국의 다른 선조와는 달리 최초의 황제인 진시황제는 무엇보다 가장 중요한 원천이라고 할 수 있는 것은 다양한 민족의 중국을 하나로 통일한 거대한 업적을 달성했다는 것이다. 이 수천 개에 이르는 도용들의 얼굴은 일률적인 군복과 그리고 잘 조직화된 군사체제와 함께 큰 대가를 지불해 이룩한 통일에 대한 철학적 표현이라고 할 수 있다. 또한 진시황제라는 개인에게 모든 권력을 부여함으로써 거대한 국가의 잠재성을 나타내는 것이라고도 할 수 있다. 이것은 또한 현대 중국이 모순적으로 여전히 진시황제를 따르며 공산주의와 자본주의의 장점을 받아들이는 다양한 이유 가운데 하나가 될 것이다. 황제와 그의 무덤은 고대와 현대 중국뿐만 아니라 세계 전체의 인식을 변화시켰다. 그러나 이 무덤은 대단한 통치 권력의 상징으로 현재와 과거를 연결해주고 있다.

참고문헌

일반

Atwood, Roger. *Stealing History: Tomb Raiders, Smugglers and Looting of the Ancient World*. New York: St. Martin's Press, 2004.

Bahn, Paul. *Lost treasures: Great Discoveries in World Archaeology*. New York: Barnes and Noble, 2000.

Ceram, C. W. Gods, Graves, *Scholars: The Story of Archaeology*. 2nd rev. ed. New York: Random House value Publishing, 1994.

Fagan, Brian. *Quest for the Past: Great Discoveries in Archaeology*. 2nd ed. Long Grove, Ill.: Waveland Press, 1994.

_____, ed. *The Oxford Companion to Archaeology*. Oxford: Oxford University Press, 1996.

Palmer, Douglas, with Paul Bahn and Joyce Tyldesley. *Unearthing th Past*. Guilford, Conn,: The Lyons Press, 2005.

Reeves, Nicholas. *Ancient Egypt: The Great Discoveries*. London: Thames and Hudson, 2000.

Robbins, Lawrence. *Stones, Bones and Ancient Cities: Great Discoveries in Archaeology*. New York: St. Martin's Press, 1990.

Romer, J., and E. Romer. *Great Excavations: John Romer's History of*

Archaeology. London: Cassell, 2000.

Scarre, Christopher, ed. *The seventy Wonders of the Ancient World: The Great Monuments and How They Were Built*. London: Thames and Hudson, 1999.

제1장 로제타스톤

Andrews, Caro. *The British Museum Book of the Rosetta Stone*. London: British Museum Press, 1986.

Baines, John, and Jaromir Malek. *Cultural Atlas of Ancient Egypt*. New York: Checkmark Books, 2000.

Davies, W. V. *Egyptian Hieroglyphs: Reading the Past*. London: British Museum Press, 1987.

Fagan, Brian. *The Rape of the Nile: Tomb Robbers, Tourists, and Archaeologists in Egypt*. Rev. ed. Boulder, Colo.: Westview Press, 2004.

Hirst, Anthony, and M. S. Silk, eds. *Alexandria, Real and Imagined*. Center of Hellenic Studies, King's College London. London: Asgate Publishing, 2004.

James, T. G. H. *The British Museum Concise Introduction to Ancient Egypt*. Ann Arbor: University of Michigan Press, 2005.

Parkinson, Richard. *Cracking Codes: The Rosetta Stone and Decipherment*. London: British Museum Press; Berkeley: University of California Press, 1999.

Reeves, Nicholas. *Ancient Egypt: The Great Discoveries*. London: Thames and Hudson, 2000.

Robinson, Andrew. *The Story of Writing*. London: Thames and Hudson, 1995. Ch.

1, "Reading the Rosetta Stone," 20-35.

Vercoutter, Jean. *The Search for Ancient Egypt*. New York: Harry Abrams, 1992.

제2장 트로이

Brackman, Arnold. *The Dream of Troy*. New York: Van Nostrand Reinhold, 1979.

Cline, Eric H. *Sailing the Wine-Dark Sea: International Trade and the Bronze Age

Aegean*. (BAR) British Archaeological Reports - International Series 594.

Oxford: Tempus Reparatum, 1994.

Easton, Donald. *Schliemann's Excavations at Troia 1870-1873*. Munich: Philip

von Zabern, 2002.

Jablonka, Peter, and C. Brian Rose. "Late Bronze Age Troy: A Response to Frank

Kolb." *American Journal of Archaeology* 108, no. 4 (October, 2004).

Korfmann, Manfred. *Studia Troica 1-10*. Maniz: Philip von Zabern, 1991-2000.

Latacz, Joachim. *Troy and Homer: Towards a Solution of and Old Mystery*.

Translated by K. Windle. Oxford University Press, 2005.

Mellink, Machteld, ed. *Troy and the Trojan War*. Bryn Mawr Troy Symposium

1984. Bryn Mawr: Bryn Mawr College, 1986.

Ottaway, James. "New Assault on Troy." *Archaeology* 44 (1991): 54-59.

Traill, David. *Schliemann of Troy: Treasure and Deceit*. 1995. Reprint,

New York: Penguin, 2000.

Wood, Michael. *In Search of the Trojan War*. 1985. Reprint, London: BBC Books,

2005.

Collon, Dominque, and Andrew George, eds. *Nineveh: Papers of the XLIXe Recontre Assyriologique Internationale*, London (2003).

Dalley, Stephanie. "Nineveh, Babylon and the hanging Gardens: Cuneiform and Classical Sources Reconciled." *Iraq* (Journal of the British School of Archaeology in Iraq) 56 (1994): 45-58.

Finkel, Irving. "The Hanging Gardens of Babylon." *In Seven Wonders of the Ancient World*, edited by Martin Price, London: Routledge, 1981.

Layard, Austen Henry. *Nineveh and Its Remains*. London: John Murray, 1854. Facsimile, Elibron Classics/Adamant, 2001.

Reade, Julian. *Assyrian Sculpture*. London: British Museum Press, 1983.

Russell, John Malcolm. *Sennacherib's "Palace without Rival" at Nineveh*. Chicago: University of Chicago Press, 1992.

Saggs, H. W. F. *The Might That Was Assyria*. London: Sidgwick and Jackson, 1984.

Scott, M. Louise, and John MacGinnis. "Notes on Nineveh." *Iraq* (Journal of British School of Archaeology in Iraq) 52 (1990): 63-73.

Silverberg, Robert. *The Man Who Found Nineveh: The Story of Austen Henry Layard*. New York: Holt, Rinehart & Winston, 1964.

Stronach, David, and Steven Lumsden. "U.C. Berkeley's Excavations at Nineveh." *Biblical Archaeologist* 55 (1992): 227-33.

Bierbrier, Morris L. *The Tomb Builders of the Pharaohs.* New York: Scribner, 1985.

Carter, Howard, and A. C. Mace. *The Discovery of the Tomb of Tutankhamen.* Reprint, New York: Dover Publications, 1977.

_____. *The Tomb of Tut-Ankh-Amen: Discovered by the Late Earl of Carnarvon and Howard Carter.* 1923. Reprint, London: Duckworth, 2003.

Fletcher, Joann, et al. *Who Killed King Tut?: Using Modern Forensics to Solve a 3300-Year-Old Mystery.* Amherst, NY: Prometheus Books, 2004.

Freed, Rita, Yvonne Markowitz, and Sue D'Auria, eds. *Pharaohs of the Sun: Akhenaten, Nefertiti, Tutankhamen.* Boston: Museum of Fine Arts, 1999.

Hawass, Zawi. *Tutankhamun and the Golden Age of the Pharaohs: Official Companion Book to the Exhibition sponsored by National Geographic.* Washington, DC: National Geographic, 2005.

James, T. G. H. *Howard Carter: The Path to Tutankhamen.* London: Tauris Park, 2001.

El Mahdy, Christine. *Tutankhamen: The Life and Death of a Boy-King.* New York: St. Martin's Press, 1999.

Reeves, Nicholas. *The Complete Tutankhamun: The King, the Tomb, the Royal Treasure.* 1990. Reprint, London: Thames and Hudson, 1995.

_____. *Ancient Egypt: The Great Discoveries.* London: Thames and Hudson, 2000.

제5장 마추픽추

Bingham, Alfred. *Machu Picchu: Portrait of Hiram Bingham*. Boston: Abeel Publishers, 2000.

Bingham, Hiram. *Lost City of the Incas: The Story of Machu Picchu and Its Builders*. 1948. Reprint, Westport, CT: Greenwood Press, 1981.

_____. *Inca Land: Explorations in the Highlands of Peru*. National Geographic Adventure Classics. Washington, DC: National Geographic Press, 2003.

Burger, Richard, and Lucy Salazar, eds. *Machu Picchu: Unveiling the Mystery of the Incas*. New Haven: Yale University Press, 2004.

Hagen, Victor W. von. *The Incas: People of the Sun*. New York: Collins World, 1977.

Hemming, John. *Machu Picchu*. Wonders of Man. New York: Newsweek Books, 1981.

_____. *The Conquest of the Incas*. New York: Harvest/Harcourt, 2003.

Lewin, Ted. *Lost City: The Discovery of Machu Picchu*. New York: Philomel/ Penguin, 2003.

Wright, Kenneth, Alfredo Zegarra, Ruth Wright, and Gordon MacEwan. *Machu Picchu: A Civil Engineering Marvel*. American Society of Civil Engineers, 2000.

제6장 폼페이

Ciarell, Annamaria. *Gardens of Pompeii*. Rome: L'Erma di Bretschneider, 2000.

Etienne, Robert. *The Day a City Died*. New York: New Discoveries, Thames and Hudson, 1992.

Grant, Michael. *Eros in Pompeii: The Secret Rooms of the National Museum of Naples*. New York: William Morrow, 1975.

Jenkins, Ian, and Kim Sloan. *Vases and Volcanoes: Sir William Hamilton and His Collection*. London: British Museum Press, 1996.

Laurence, Ray. *Roman Pompeii*. London: Routledge, 1996.

Ranieri Panetta, Marisa. *Pompeii: The History, Life and Art of the Buried City*. White Star Press, 2004.

Sontag, Susan. *The Volcano Lover*. 1992. Reprint, New York: Picador, 2004.

Varone, Antonio, and Eric Lessing. *Pompeii*. New York: Terrail, 1997.

Wallace-Hadrill, Andrew. *Houses and Society in Pompeii and Herculaneum*. Princeton: Princeton University Press, 1996.

Zanker, Paul. *Pompeii: Public and Private Life*. Translated by D. L. Schneider. Revealing Antiquity Series, vol 11. Cambridge, Mass.: Harvard University Press, 1998.

제7장 사해문서

Abegg, Martin G., and Peter Flint. *The Dead Sea Scrolls Bible: The Oldest Known Bible Translated for the First Time into English*. New York: HarperCollins, 1999.

Charlesworth, James. *Jesus and the Dead Sea Scrolls*. Anchor Bible Reference Library. New York: Random House, 2006.

Davies, Philip, George Brooke, and Phillip Callaway. *The Complete World of the Dead Sea Scrolls*. London: Thames and Hudson, 2002.

Eisenman, Robert H., and Michael Wise. *The Dead Sea Scrolls Uncovered: 50 Key Documents Withheld for Over 35 Years*. New York: Penguin, 1993.

Flint Peter. *The Dead Sea Scrolls: An Essential Guide*. New York: Abingdon Press, 2007.

Hirschfeld, Yizhar. *Qumran in Context: Reassessing the Archaeological Evidence*. Peabody, MA: Hendrickson Publishers, 2004.

Schiffman, Lawrence. *Reclaiming the Dead Sea Scrolls*. Anchor Bible Reference Library. New York: Random House, 1995.

Schuller, Eileen. *The Dead Sea Scrolls: What Have We Learned?* Louisville, Ky.: Westminster/John Knox Press, 2006.

Vanderkam, James, and Peter Flint. *The Meaning of the Dead Sea Scrolls: Their Significance for Understanding the Bible, judaism, Jesus and Christianity*. Reprint, San Francisco: HarperSanFrancisco, 2004.

Vermes, Geza, ed. and trans. *The Complete Dead Sea Scrolls in English*. 1962. Rev. ed. New York: Penguin, 2004.

제8장 티라

Casson, Lionel. *The Ancient Mariners*. 2nd ed. Princeton: Princeton University Press, 1991.

Cline, Eric H. *Sailing the Wine-Dark Sea: International Trade and the Late Bronze Age Aegean*. BAR-International Series 591. Oxford: Tempus Reparatum, 1994.

Doumas, Christos. *Thera: Pompeii of the Ancient Aegean: Excavations at Akrotiri 1967-1979*. London: Thames and Hudson, 1983.

Forsyth, Phyllis Young. *Thera in the Bronze Age*. American University Studies IX: History. New sork: Peter Lang Publishing, 1999.

Manning, Sturt. *A Test of Time: The Volcano of Thera and the Chronology and History of the Aegean and East Mediterranean in the Mid Second Millennium BC.* Oxford: Oxbow Books, 1999.

Marinatos, Nanno. "Thera." In *An Encyclopedia of the History of Classical Archaeology* (L-Z), edited by Nancy Thomson de Grummond, 1097-98. Westport, CT: Greenwood Press, 1996.

Marinatos, Spyridon. *Excavations at Thera 1-7.* Athens: Greek Archaeological Service, 1967-76.

Palyvou, Clairy. *Akrotiri, Thera: An Architecture of Affluence 3,500 Years Old.* Prehistory Monographs 15. Philadelphia, Pa.: INSTAP (Institute for Aegean Prehistory) Academic Press, 2005.

Pellegrino, Charles. *Unearthing Atlantis: An Archaeological Odyssey to the Fabled Lost Civilization.* New York: HarperCollins, 1991.

Shelmerdine, Cynthia, ed. *The Cambridge Companion to the Aegean Bronze Age.* Cambridge University Prees, 1994.

제9장 올두바이 협곡

Isaac, Glynn Llywelyn, ed. *Human Origins: Louis Leakey and the East African Evidence (Perspectives on Human Evolution).* W. A. Benjamin, 1976.

Johanson, Donald, and Maitland Edey. *Lucy: The Beginnings of Humankind.* New York: Touchstone Books, 1981.

Johanson, Donald, With Blake Edgar. *From Lucy to Language.* New York: Simon & Schuster, 1996.

Klein, Richard. *The Dawn of Human Culture.* New York: Wiley, 2002.

Leakey, Mary D. *Olduvai Gorge: My Search for Early Man*. New York: Collins, 1979.

Morrell, Virginia. *Ancestral Passions: The Leakey Family and the Quest for Humankind's Beginnings*. New York: Touchstone Books, 1995.

Schick, Kathy D., and Nicholas Toth. *Making Silent Stones Speak: Human Evolution and the Dawn of Technology*. Trafalgar Square, 1994.

제10장 진시황릉

Fu Tianchou, ed. *Wonders from the Earth: The First Emperor's Underground Army*. Rev. ed. San francisco: China Books and Periodicals, 1989.

Giusso, R. W. L., and Catherine Pagani with David Miller. *The First Emperor of China*. New York: Birch Lane Press, 1989.

Ho, Erling. "China's Great Enigma: What's Inside the Unexcavated Tomb of Emperor Shihuangdi?" *Archaeology* 54, no. 5 (September/October 2001).

Klein, Julia. "The Rise of China." *Archaeology* 59, no. 4 (July/August 2006).

Kwang-Chih Chang et al. (Sarah Allan, Ping Fang Xu, Liancheng Lu and Wangping Shao). *The Formation of Chinese Civilization: An Archaeological Perspective*. New Haven: Yale University Press/New World Press, 2002.

Li Liu and Xingcan Chen. *State Formation in Early China*. Duckworth Debates in Archaeology. London: Duckworth Publishing, 2003.

Sima Qian. *Records of the Grand Historian: Qin Dynasty*. Translated by Burton Watson. Renditions. New York: Columbia University Press; Chinese University of Hong Kong, 1993.

Xiaoneng Yang, ed. *New Perspectives on China's Past: Twentieth-Century Chinese Archaeology*. New Haven: Yale University Press/Nelson Atkins Museum of Art, 2004.

_____. ed. *The Golden Age of Chinese Archaeology: Celebrated Discoveries from The People's Pepublic of China*. Washington, DC: National Gallery, 1999. Esp. pp. 366-87.

Yuan Zhongyi. *Terra Cotta Warriors*. Beijing: People's China Publishing House, 1996.

역사를다시쓴
10가지 발견

인류의 역사를 바꾼 위대한 고고학적 발견들

초판 1쇄 발행 2011년 3월 31일

지은이 패트릭 헌트
옮긴이 김형근
기획편집 김윤곤
디자인 강진영
마케팅 정복순
관리 안상희
펴낸이 박영철
펴낸곳 오늘의책

출판등록 제10-1293호(1996년 5월 25일)
주소 121-839 서울시 마포구 서교동 377-26번지 1층
전화 02)322-4595~6 | **팩스** 02)322-4597
이메일 tobooks@naver.com

ISBN 978-89-7718-321-6 03900